한국외국어대학교 일본연구소 총서 10

公·私관으로 본

# 일본 교육 이데올로기

김경옥

제이앤씨
Publishing Company

# 머리말

　현대를 숨 쉬는 일원으로서 인류 공영의 문제를 객관적으로 바라보려는 내 삶의 노력이 21세기 인류의 과제로 눈을 돌리게 한다. 공생, 과연 공생을 어떻게 정의하고 어떻게 실천해야 하는가. 이 책은 공생이라는 인류의 과제와 내 소소한 연구의 한 분야를 접목시킨 것이다.

　교육학으로 학부를 시작했지만 석박사를 인간학과 지역학으로 옮겨 다녔다. 길고도 지루한 유학생활을 정리하고 귀국했을 때는 부초와 같이 뿌리 없는 학문을 한다는 비난을 받기도 했다. 그러나 단 한 번도 학문적 외도로 치부되어버린 내 선택을 후회해 본적이 없다. 이 책이야말로 그렇게 여러 학문의 영역을 넘나든 경험으로 만들어졌다. 더구나 지금은 오히려 학제간학문이 요즘말로 대세라 가끔은 지난날의 비난을 위로받는다.

이 책은 박사학위 논문에서 다루었던 내용이 반 이상을 차지한다. 다소 늦은 감은 있으나 박사학위 논문을 작성하며 미처 언급하지 못했던 부분을 추가했다. 딱딱한 논문의 틀에서 벗어나려 오랜 세월동안 다듬었음에도 불구하고 매끄럽지 못한 부분이 많다. 그 부분은 송구하게도 독자의 아량으로 읽어주시길 부탁드리고 싶다.

각 장과 각 절의 제목 아래에 해당 장과 절의 내용을 요약하여 서술하였다. 절 아래는 번호로 구분하여 내용을 서술하였고, 내용의 흐름을 인식하는데 도움이 되도록 해당 내용의 키워드를 각 문장의 서두에 두었다. 각주는 인용 자료에 대한 표기가 대부분이지만 보충 설명과 필자의 의견을 달아놓기도 했다. 그림은 내용을 이해하는데 도움이 되었으면 하는 바람으로 넣어 보았으나 오히려 방해가 되었다면 그 또한 이해를 구하고 싶다.

학위논문에 정진할 때의 기억이 새삼 떠오르며 도움을 주셨던 잊지 못할 분들께 감사의 마음을 전하고 싶다. 특히 지도교수 박용구 교수님의 전생은 분명 석공이었으리라. 모나고 단단하여 보잘 것 없는 돌을 잘 다듬어 주셨으니 말이다. 심사위원 교수님들을 비롯해 함께 응원해 주셨던 여러 교수님들과 선후배 선생님들, 그리고 늘 안타까움으로 지켜봐 주던 가족들. 이들을 떠올려 보면 감사한 마음뿐만 아니라 학문은 혼자 할 수 있음이 아님을 절실히 느끼게 된다.

나의 신으로 내게 온 라이언 윤호를 사랑하는 일에 최선을 다하며 향후의 학문에도 게으르지 않겠다.

# 목 차

# 제Ⅶ장 | 맺음말

281

제 I 장

# 公·私관과 교육

● ● ●　　제1장에서는 왜 우리가 일본의 公·私관과 교육에 주목해야 하는가에 대한 이해를 구하고자 한다. 그리고 이 책의 주제이기도 한 '公·私 관점에서 본 교육이데올로기'가 무엇을 말하고자 하는 것인지, 또 그것을 어떻게 파악할 수 있는지, 말하자면 이 책의 목적과 답을 얻는 방법에 대해 이야기해보려 한다. 우선 최근 논의되고 있는 '共生을 위한 公共性 형성'의 배경에 대해서도 알아보아야 하고, 公共性 형성에 있어서의 다양한 문제점도 파악해 두어야 하겠다. 또 이 책에서 자주 언급하는 각각의 용어에 대해서도 간단히 정리해두자.

公·私관으로 본

# 일본 교육 이데올로기

# 왜 일본 公·私관과 교육인가

▌ 共生과 公共性

오늘날 자본주의 사회의 부작용 중 하나라고 할 수 있는 개인주의·이기주의의 만연에 관해서는 주지하는 바일 것이다. 그리고 어느 사회를 막론하고 이에 대한 비판적 논의가 활발한 양상을 보이고 있다는 것도 실감할 것이다. 이러한 가운데 '共生을 위한 公共性 형성'이 21세기의 인류가 지향해야 할 보편적 가치로서 주목을 끌고 있다.[1] 그 필요성은 일본의 경우도 예외가 아닌 듯하다. 최근 일본의 학계를 비롯한 사회각층에서는 '公'의 중시를 통해 公共性을 회복해야 한다는 담론이 무성하다.[2]

---

1  카시마 미쓰히로(中嶋充洋), 『ボランティア論 —共生の社会づくりをめざして—』, 中央法規, 1999, p.i.
2  대표적 예로, '公共哲学共同研究会'는 1998년부터 2001년까지 4년간 각 분야의 연

일본에서의 위와 같은 논의는 법과 제도를 바꾸는 결과로도 나타났다. 즉 지난 2006년 12월에 드디어 교육기본법을 개정한 것이다. 기존의 교육기본법은 아시아·태평양전쟁이 끝난 직후(아시아·태평양전쟁 이후는 이하 '전후'로 표기함)에 설정하였다. 그리고 60여 년간 유지해왔는데 이를 개정하여 교육이념을 재설정한 것이다.[3] 개정된 교육기본법 전문의 내용은 '公共의 정신을 존중하고'라는 문구로 시작한다. 전문을 보다 명확히 한 제1장 2조 교육 목표에는 '公共정신을 기반으로, 주체적으로 사회형성에 참가하며 그 발전에 기여하는 태도를 육성하고 전통과 문화를 존중하며 이를 길러온 우리나라와 향토를 사랑하고'라고 명시했다.

이러한 내용으로 명시한 것은 1947년에 제정한 기존의 교육기본법[4]이 너무 지나치게 '개인' 중시에 편중된 교육이념으로 설정되어 있

---

구자들이 모여 공동연구를 진행했고 이후로도 계속되고 있다. 약 30회에 걸쳐 개최된 연구 성과를 20여개의 테마로 분류하여 『公共哲学』이라는 제목으로 20권의 시리즈로 엮었고 東京大学出版会에 의해 출판되었다. 2018년 현재에 이르러서도 '公共哲学' 연구는 다양한 분야에서 진척되고 있다.

3  전후 60년간이나 유지해온 교육기본법을 개정해야 한다는 논의는 갑자기 등장했다기보다 1947년에 교육기본법이 제정된 이래로 줄곧 거론되어 왔다. 논의 내용은 조문의 해석이나 추가에 관한 단순한 개정이 아닌 교육의 기본 이념에 관한 수정을 의미하는 것이었고 이는 사상적 대립양상으로 전개되어 왔다. 고전 『日本教育改革黒・白書』, 학지사, 2003, pp.117-118. 이러한 상황으로 볼 때 公共性 논의는 '개인' 중시를 기본 이념으로 한 기존의 교육기본법을 개정하는 방향으로 결착시킨 요인이라고 할 수 있다.

4  1947년에 제정한 교육기본법의 교육이념 원문은 "前文: われらは、さきに、日本国憲法を確定し、民主的で文化的な国家を建設して、世界の平和と人類の福祉に貢献しようとする決意を示した。この理想の実現は、根本において教育の力にまつべき

다는 것을 문제시한 것이다. 즉 교육을 통해 '개인' 중시를 너무 강조한 나머지 학생들이 자기 자신만을 생각하는 자기중심적 성향을 갖게 되었다는 것이다. 그리고 이로 말미암아 '公'을 경시하게 되었다고 한다.[5] 더구나 '公'을 경시한 경향으로 인해 사회 병리적 현상으로 일컬어지는 청소년비행이 급증[6]하는 것이라고도 했다. 이러한 상황을 교육 황폐화의 원흉으로 간주하였고 따라서 교육이념에 '公' 중시를 추가했다. 이른바 '公'과 '私(개인)'의 균형이 갖추어진 교육이념을 설정함으로서 '公'도 중시하는 교육을 해야 한다는 것이다. 그리고 '公' 중시 교육을 하면 公共性 부재의 문제도 해결할 수 있다고 했다. 그런데 위와 같은 논리에는 크게 두 가지 문제가 제기된다.

▶ 문제제기 1 : 公 중시

첫째는, 일본 문부과학성에서 중시해야 한다고 말하는 '公'은 과연 어떠한 '公'인가, 그 '公'을 '公共性'과 같은 의미로 생각해도 좋은가 라는 점이다.

---

ものである。われらは、個人の尊厳を重んじ、真理と平和を希求する人間の育成を期するとともに、普遍的にしてしかも個性ゆたかな文化の創造をめざす教育を普及徹底しなければならない。ここに、日本国憲法の精神に則り、教育の目的を明示して、新しい教育の基本を確立するため、この法律を制定する。"로 되어있다. 문부과학성, http://www.mext.go.jp/b_menu/kihon/about.

5  文部科学白書, http://www.mext.go.jp/b_menu/hakushol.

6  청소년비행문제에 관한 내용은『청소년백서』2004와 尾崎ムゲン,『日本の教育改革—産業化社会を育てた一三〇年—』, 中公新書, 1999, pp.220-223 등을 참조.

```
公     = 국가(일본)  ?
公共   = 국가(일본)  ?
公共性 = 국가(일본)  ?
*公과 公共性은 동일어인가?
```

<그림 1> 公과 국가와의 관계

金泰昌[7]은 "公・私에서의 公은 公共性과 어떠한 관계에 있는가. 최근의 논의 경향은 公을 公共性과 동일한 의미로 해석하는 입장이 전제된 논의가 주류를 이루고 있으나 이를 옳다고 할 수 있는가."라는 문제를 제기했다. 일본에서의 '公'을 단순히 '公共性'과 동일한 의미로 해석하기 어렵다는 얘기다. 일본은 전통적으로 천황과 국가를 '公'으로 인식해 왔으며 아시아・태평양전쟁에서 패전하기 직전까지 멸사봉공(滅私奉公)적 사회구조를 형성하고 있었다는 점도 강조하고 있다. 〈그림 1〉에 나타난바와 같이 이로 인해 아직도 '公=국가'라는 인식이 자리하고 있다는 것이다.

또 일본이 '公共性=국가'로 인식하고 있다는 견해도 있다. 권혁태[8]는 "일본 우익 측은 전후 민주주의가 이기심으로 무장한 사적 개인주의를 낳아 사회문제를 다량 발생시켰으며 이에 따라 일본이라는 국가

---

7  佐々木毅・金泰昌 編,『公共哲学3 日本における公と私』, 東京大学出版会, 2002, p.293.
8  권혁태 외,『아시아의 시민사회 -개념과 역사-』, 아르케, 2003, pp.204-205.

체제 자체가 위기에 빠졌고 따라서 私를 버리고 公을 회복하는 것, 즉 국가(公)를 복원함으로써 위기에서 벗어날 수 있다고 말한다. 다시 말하면 이들에게는 국가가 즉 公共이며 公共이 국가이며 국가=公 이 었던 전전 체제로의 회귀가 곧 公共性의 회복인 셈이다."라고 했다. 이는 일본 지배층이 公共性 회복을 위기에 빠진 국가 체제의 복원으로 생각하며 '公共性=국가'로 간주하고 있음을 지적한 것이다.

그런데 '公共性' 개념을 비롯하여 '公'의 개념은 시대 흐름에 따른 변용으로 인해 다양하고 폭넓은 의미를 지닌다. 뒷부분에 자세히 서술하겠지만 〈그림 2〉에 나타난바와 같이 '公'이라는 용어는 개개인으로 구성된 시민 주도의 시민사회적 '公'이 있다. 그리고 그런가 하면, 반면에 국가·정부 주도의 국가권력적 '公'도 있다.

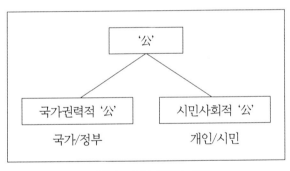

<그림 2> 公의 다양한 의미

## ▍국가권력적 '公'

국가권력적 '公'에 대해 조한상[9]은, 지금까지 국가권력적 속성과 公共性을 같은 개념으로 이해하는 경우가 적지 않았다고 말하고 있다. 그런데 이러한 이해는 公共性의 실질적 의미 요소인 인민, 공공복리, 공개성 등은 고려하지 않은 것이라고 한다. 즉 국가권력적 속성과 公共性을 형식적으로 단순 등치시킨 것으로서 公共性에 대한 형식적 이해라는 것이다. 그는 "대체로 公共性의 형식적 이해는 민주정이나 시민사회가 몰락했거나 성숙하지 못한 시기에 부각되어 '公적인 것=국가권력적인 것'이라는 공식이 확고해졌다"고 한다. 그리고 오늘날 국가권력적 '公'을 지향하는 것은 현실적으로 바람직하지 않다고도 했다. 또 그는 국가권력적 속성에 대해 Alfred Rinken(1971)의 논리를 인용하여 "공무원에 의하여 구성되고 운영되며 일정한 상하 위계적 감독 관계를 유지한다는 징표를 가지고 있으면 대체로 국가권력의 범위에 해당한다."고 했다.

이러한 국가권력적 속성을 우리가 일반적으로 단순히 인식하고 있는 'public'으로서의 公共性으로 간주하는 데에는 무리가 따를 것이다. 왜냐하면 국가권력적 '公' 과는 상반되거나 또는 확연히 비교할 수 있을 정도의 다른 의미를 갖고 있는 시민사회적 '公'도 '公'에 포함되기 때문이다.

---

9   조한상, 『공공성이란 무엇인가』, 책세상, 2009, pp.80-86.

## ▌시민사회적 '公'

그러면 시민사회적 '公'은 무엇인가. 시민사회적 '公'에 대해 김정훈[10] 등은, "국가라는 공적인 권위에 대항하는 순수한 자율성의 영역으로서 시민사회가 등장하게 되었고, 국가와 시민사회의 분리와 함께 시민사회 에서도 공적 영역과 사적 영역의 분리가 나타났다."고 했다. 즉 '公'은 주로 국가권력적 '公' 으로서의 의미를 지니고 있었다. 그러나 시민의 등장으로 인해 국가와 분리되어 국가에 대항하는 영역 안에서의 시민사회적 '公'으로 그 개념의 범위가 넓어졌다는 것이다.

이렇게 국가와 시민사회를 분리하여 국가 권력에 대항하는 시민사회를 형성했다는 관점에서 생각해보자. 오늘날 개인주의 및 이기주의에 대한 비판적 인식에서 출발한 公共性 형성을 국가권력적 '公'으로 설명할 수 있겠는가. 公共性 형성은 적어도 시민사회적 '公' 안에서 논의되어야 할 문제가 아닌가. 바꾸어 말하면 公共性 형성에 관한 논의는 시민사회적 '公'으로 설명해야 하는 것이다.

그러나 전술한 金泰昌 및 권혁태의 견해를 보자. 과연 일본에서의 '公' 중시가 시민사회적 '公' 으로서의 公共性 형성을 추구하려는 것이라고 할 수 있는가. 그보다는 오히려 국가권력적 '公'의 강화로 연계될 수 있는 가능성과 우려를 시사하고 있다. 그리고 만약 새롭게 교육이념으로 설정한 '公' 중시에서의 '公'이 국가권력적 '公'이라는 의미

---

10 한국산업사회학회 편, 『사회학』, 한울아카데미, 1998, p.288.

를 갖는다면 어떻겠는가. 과연 이것이 지나친 '개인' 중시 교육이념으로 인한 公共性 부재의 문제를 바람직한 방향으로 발전시키려는 목적에 부합한 것인가 라는 의문으로 연동한다.

▶ 문제제기 2 : 私 중시

둘째는, '私' 즉 '개인'의 측면에서 제기되는 문제를 생각해 보자.[11] 전후 일본의 교육이념은 '개인' 중시를 너무 지나치게 강조했고 이로 인해 여러 가지 사회 병리적 문제를 초래하게 되었다고 했다. 상술한 바와 같이 교육기본법을 개정하게 된 주요 원인 가운데 하나가 바로 이것이다.

그런데 과연 실제로 일본 교육에서 '개인' 중시가 과도하게 강조되어왔는가. 만약 그렇다고 한다면 일본 교육에서 강조한 '개인' 중시라는 것은 구체적으로 어떤 것을 말하는 것인가. 이러한 의문은 다음의 견해에 연유한다.

사사키 타케시(佐々木毅)는 "지금의 일본이 처해있는 모든 문제의 원인은 私의 과잉이라기보다는 명확한 私의 결여 또는 私의 미성숙에 의해 公·私간의 균형이 무너진 것에 기인한다."고 하며, "公으로부터

---

11 여기에서는 '私'를 '개인'과 동일한 개념의 용어로 사용하고 있으나 '私=개인'으로 간주할 수 있는가에 대해서는 입장에 따라 이견이 있을 수 있다. 일본에서의 '私'는 'individual'의 개념과는 다른 의미를 갖고 있다. 그러나 통상적으로 '私'의 최소단위를 '개인'으로 간주하고 있다는 것은 사전 『広辞苑』의 개념 설명을 통해서도 알 수 있다. 따라서 여기에서는 '私의 최소단위=개인'으로 정리해 두겠다.

자립한 私와 그것에 기반 한 公·私간의 균형 있는 상호관계야 말로 국가와 개인이 함께 공존할 수 있으며 이에 따라 국가와 개인이 보다 바람직한 위치를 갖게 된다."[12]고 했다.

여기에서 사사키는 '公'과 '私'를 '국가'와 '개인'으로 대별하고 있다. 결국 '개인'이라는 것이 명확하지 않고 미성숙 하다는 것을 지적하며 '公(국가)'으로부터 자립해야 한다는 것이다. 그렇다면 일본에서 교육 이념으로 지나치게 강조해 왔다는 '개인' 중시는 무엇인가. 사사키의 말대로 불명확하고, 미성숙하고, 국가로부터 자립하지 못한 '개인'의 중시를 강조해 왔음을 의미하는 것인가. 그리고 이러한 '개인' 중시가 公共性 부재의 원인으로까지 작용 했는가 라는 의문으로 연동한다.

## ▎ 교육이념과 公·私

두 가지 문제제기에 대해 다시 한 번 생각해보고 정리해보자. 전 술한바와 같이 일본에서는 公共性 형성 추구와 궤를 같이하여 기존의 교육기본법을 개정하였다. 전후의 교육이념이 '개인' 중시에 편중되어 있기 때문에 '公'을 경시하게 되었고 이로 인해 교육 황폐화로 대변되는 청소년비행 문제가 심각한 상황에 이르렀다고 했다. 그래서 '公' 중시 교육이 필요하다는 것이다. 그런데 만약 교육이념으로 추가 설정하여 중시하도록 해야 한다는 '公'이 김태창 등이 말한 국가 중시를

---

12  佐々木毅·金泰昌 編, 앞의 책, p.ii.

가리키는 것이라면 이는 무엇을 의미 하는가. 다시 말해 국가를 중시 하는 마음을 가르치면 청소년비행 문제를 해결할 수 있다는 것인데 과연 이것이 가능한가. 사실 이러한 논리는 청소년비행 문제를 해결 하기 위한 公共性 형성의 추구와는 거리가 먼 것이 아닌가.

그리고 과도했다고 판단한 '개인' 중시에서의 '개인'이 사사키의 말 대로 명확한 私의 결여, 미성숙한 私, 公으로부터 자립하지 못한 私 로서의 '개인'이라면 이 또한 지나치게 '개인'을 중시 했다고 보기는 어려운 것이 아닌가. 개인은 독립된 개체로서 존재해야 하는데 公으 로부터 자립하지 못하고 미성숙 하다면 민주적이라고 하기 어려울 것 이다. 즉 민주적 교육이념으로서의 '개인' 중시의 방향에서 벗어나 있 는 것이다. 이렇게 김태창 및 사사키 등의 견해로 비추어볼 때 일본 교육에서의 公·私 논리는 公共性 형성 추구와는 무관해 보인다. 이 러한 의문점들이 일본의 公·私관과 교육에 주목한 배경이다. 그리고 일본 교육이념으로서의 '公' 중시와 '개인' 중시가 구체적으로 무엇을 의미하는 것인지 알아보려는 이유이다.

이 책에서는 위와 같은 公·私에 관한 문제의식을 기반으로 일본 公·私관의 변천사적 검토와 제외국의 公·私관에 대해 알아보겠다. 이 검토결과와의 비교를 통해 우선 일본의 전통적 公·私관의 특징을 알아보고자 한다. 그리고 교육이념의 실천적 매개체라고 할 수 있는 학교에서의 도덕교육 및 공민교육, 무도교육에 대한 내용을 검토하겠 다. 이를 통해 현재의 교육에 내포된 公·私의 이데올로기성을 밝히 겠다. 마지막으로 이것이 일본의 전통적 公·私관과 어떠한 연관성을 지니고 있는지 알아보겠다. 검토에 앞서 이 책에서 다루고자 하는 내용의 영역을 정리하고 이에 관련하여 선행된 연구에 관해서도 정리해 보자.

제2절

# 公·私와 교육을 어떻게 볼 것인가

## ▌ 검토내용 분류

이 책에서 최종적으로 이야기 하고자 하는 것은 일본 전통의
公·私관과 현재 교육에서 보이는 公·私의 이데올로기성이 어떠한
연관성을 지니고 있는지에 관해서이다. 公·私에 대한 전통적 인식과
현재의 교육에 나타난 公·私관의 연관성은 과거와 현재를 연결해보
는 것이다. 뿐만 아니라 '公'과 '私'에 대한 관념과, 교육내용이 실천되
는 현상을 대조하여 생각해 보아야 하는 영역이라고 할 수 있다. 따
라서 하나의 테마에 초점을 맞추어 한 방향으로 검토를 진행하는 것
은 무리이다. 그래서 검토 과정에서는 내용별로 분류하여 검토할 필
요가 있다.

또 내용별로 분류한다고 하더라도 활용 가능한 자료는 한정적이
다. 예를 들면, 교육이념이 갖는 이데올로기성에 관한 연구는 전전의

교육칙어나 수신교육의 이데올로기성에 관한 연구가 주류를 이루고 있다.[13] 또 전후에 관한 연구를 보면 교육사회학적 측면에서의 연구보다는 교육학적 측면에서의 연구가 주류를 이룬다. 즉 효과적인 교육 내용 및 방법 등에 관한 것이 대부분이어서 이 책에서 다루는 내용과 직접적으로 관련성이 있는 자료의 도움을 받기가 어려웠다. 따라서 각각의 분야에서 별도로 진행된 연구 자료들을 각각 검토해 보고 이들을 연결하여 설명할 수 있는 구조를 구상해 보고자 한다. 각각의 분야는 첫째, 역사 및 사상·철학에서 다루는 公·私관, 둘째, 사회학에서 다루는 公共性, 셋째, 교육사회학에서 다루는 학교교육의 이데올로기성으로 분류했다. 다음은 각 분야의 연구 동향에 대해 알아보겠다.

## ▌公·私관

우선 첫째로 분류한 公·私관에 대해 생각해보자. 동양과 서양을 대별해서 살펴보면 동양[14]의 公·私는 집단 전체와 개인과의 이해관계에 있어서 우선순위를 어디에 두는가에 관한 가치적인 측면에서 인

---

13  서기재·김순전, 「日本 메이지(明治)·다이쇼(大正)期의 '修身'교과서 연구 -'균질 공간'과 어린이 수신교육-」, 『일본 학보』, 한국일본학회 제56호 2권, 2003. 문철수, 「교육칙어와 수신교육」, 『일본학보』 74집 2권, 2008.

14  이 책에서는 동양의 公·私관을 중국의 公·私관으로 범위를 한정하고자 한다. 그 이유는 동양의 公·私관이 주로 중국의 유교사상을 배경으로 논의가 전개되는 경향과 일본의 '公' 개념이 중국을 기원으로 하고 있기 때문이다.

식하는 것이었다(최석만 2002, 정태섭 2004). 이에 비해 서양의 경우 公·私는 사회를 '公'으로 개인과 가정을 '私'로 여기는 공간적인 또는 영역적인 차이로 인식하고 있다고 한다(紙谷雅子 2002). 이러한 견해는 동양과 서양에서 公·私에 대해 인식하는 관점이 서로 다르다는 것을 의미한다. 서양의 公·私관과 대비하여 일본 전통의 公·私관이 지니는 특징을 찾고자 한다면 동양과 서양의 公·私관이 다르다는 것은 기본적으로 염두에 두어야 할 것이다.

한편, 일본의 전통적 公·私관에 대해 미조구치 유조(溝口雄三 1995) 등은,[15] 公·私라는 용어 자체가 중국을 기원으로 하고 있는 점에 주목하고 일본과 중국의 公·私관을 대비하여 유사점과 차이점을 밝혔다. 이러한 자료는 일본 公·私의 용어가 중국에 기원함에도 불구하고 일본적 특징을 갖게 되는 과정을 보여줄 것이다. 또 일본적 특징을 나타내는 요인이 무엇인지에 대해서도 구체적으로 검토가 가능하도록 할 것이다.

사사키 타케시(佐々木毅 2001) 등은[16] 현재 일본에서는 전통적 '公'에 관한 논의가 주류를 이루고 있으나 이를 '公共性' 논의로 전환시킬 필요가 있다고 했다. 즉, '公=국가'라는 인식에서 벗어나야함을 지적하고 있는 것이다. 뿐만 아니라 이는 현재 일본에서 인식하고 있는

---

15  미조구치 유조 외에, 미즈바야시 다케시(水林彪, 1996), 다하라 쓰구오(田原嗣郎, 1995) 등을 참조.

16  사사키 타케시 외에, 사이토 준이치(斎藤純一, 2000), 야마와키 나오시(山脇直司, 2004), 카쓰라기 다카오(桂木隆夫, 2005), 김태창(2001), 권혁태(2003) 등을 참조.

'公'을 단순히 '公共性'으로 인식하는 것은 문제가 있다는 설명을 뒷받침해준다.

이러한 견해들은 오늘날의 公·私관을 정리하는 데에 있어 기초자료로서 유용하다. 그도 그럴 것이 사상·철학적 측면에서 심도 있는 수준의 연구 진척을 보이고 있다. 그러나 일본의 전통적 公·私관이 현재에 미치는 영향에 대해서는 아직 다루고 있지 않다.

## ▮ 公共性

둘째로 분류한 公共性에 관한 것은 한나 아렌트(Hannah Arendt, 2003)등이 주장하는 내용을 검토해 보았다.[17] 이들은 근대 이후에 형성된 公共정신 없는 公共性에 대해 비판적인 분석을 내놓고 있다. 그리고 현대 사회에 있어서 윤리적 公共性 형성의 필요성에 대해 주장하고 있다. 특히 조나단 터너(Turner, Jonathan H)는 현대 사회가 경제 안정을 위한 국가 관료의 확대로 인해 자유가 쇠퇴하였다고 지적했다. 그러므로 시민사회에서의 '公'적 영역을 부활시키는 것이 해결방법이라고 했다.[18]

일본에서도 특정 비영리 활동 촉진법(NPO) 및 볼런티어(volunteer) 활동 촉진에 관한 기본적 방침 등을 세워 公共性 부재에 관한 원인을

---

17  한나 아렌트 외에, 레이먼 게스(Raymond Geuss, 2004), 위르겐 하버마스(Jurgen Habermas, 2004) 등을 참조.
18  조나단 터너 저, 정태환 외 역, 『현대 사회학 이론』, 나남, 2001, p.684.

검토했다. 그리고 각 분야의 입장에서 바람직한 公共性을 형성하기 위한 논의를 진행했다.[19] 특히 교육 분야에서는 후지다 히데노리(藤田 英典, 2003)의 견해에 주목된다. 그는 새로운 公共性 형성을 위해 인문·사회과학 영역에서의 탐구가 필요하며 교육 현장에서 公共性 형성에 관한 교육의 실천이 요구된다고 했다. 이러한 주장은 公共性 형성의 필요성에 대한 인식을 갖도록 한다. 그리고 公共性 형성을 위한 논의가 어떠한 측면에서 이루어지고 있는지에 대한 전반적인 상황을 충분히 설명한다. 뿐만 아니라 公共性 형성 문제를 NPO 법이나 볼런티어 활동으로 접근하고 있는 점에서 생각해보자. 이는 현대에는 적어도 公共性 문제를 국가와는 분리된 시민사회 영역에서의 公·私 문제로 다루어야 함이 논의되고 있음을 말하는 것이다.

그런데 논의 내용을 직·간접적으로 사회에 어떻게 반영하여 실천할 것인지에 대한 제시가 없다. 단지 '公共性을 어떻게 인식하고 있는가' 내지는 '公共性을 어떻게 규정해야 하는가' 라는 추상적이고 원론적인 차원에 머물러있는 경향이 있다. 추상적·원론적 차원의 논의는 논의에 그칠 뿐 현실에의 반영 이라는 실천으로 전환할 때 진부함이라는 한계를 지닌다. 이 책에서 다루는 내용이나 그 결과가 일본 교육에 반영될 것을 목적으로 하는 것은 아니다. 그러나 일반적으로

---

19  公共性 형성에 관한 논의는, 나카지마 미츠히로(中嶋充洋, 1999), 이마다 다카토시(今田高俊, 2004), 이나가키 히사카즈(稻垣久和, 2006), 야마와키 나오시(山脇直司, 2006), 스즈무라 고타로(鈴村興太郎, 2006), 야마구치 야스시(山口定, 2003) 등을 참조.

교육에 관련한 연구 성과는 대부분 교육에 반영하여 실천하는 것을 지향한다. 따라서 이러한 점으로 볼 때 교육에서 다루고 있는 公共性의 실체에 대한 규명이 요구된다고 할 수 있다.

## ▎ 학교교육과 이데올로기

셋째로 분류한 학교교육의 이데올로기성에 관해 살펴보자. 마이클 애플(Michael W. Apple 1996)은 미국의 학교에서 가르치고 있는 사회 교과와 과학교과의 교육내용을 분석했다. 그 결과 교육 내용의 서술과 설명 방식이 지배적인 이데올로기와 맥을 같이 하는 무언의 이념적 요소들을 가르치도록 되어있다는 것을 알아냈다. 그리고 수사적 기능이 발휘된 교육 내용이 이데올로기성을 지니고 있음을 밝혔다.[20] 즉 학교 교육 내용이 이데올로기성을 지닌다는 이론과 연구 방법을 제시한 것이다. 그러므로 이 책에서 교육 내용을 검토하고 분석하는 데 있어 동일한 이론을 활용할 수 있다.

일본 학교 교육의 이데올로기성에 관해서는 모리다 히사토(森田尙人 2003)의 견해를 참고할 필요가 있다. 그는 일본의 교육이 보수파와 개혁파간 대립의 각축장이 된 특수한 구조에 대해 지적했다. 즉 보·혁 대립의 이원적 도식을 넘어 교육과 정치의 관련을 새롭게 분석해야 한다는 것이다. 전후 교육사에 대해 '치우친 권력의 한 형태로

---

20  마이클 애플 외에, 애니언(J. Anyon, 1991) 참조.

서의 교육 활동'이라고 하며 교육 정책 및 실천을 포함한 다양한 문제를 헤게모니 틀에서 재분석 했다. 이러한 자료는 교육 정책을 결정하는데 있어 어느 세력의 영향력이 어디에 어떻게 미치는가를 파악하도록 하는데 유용하다.

마시코 히데노리(益子英雅 2003)는 국어와 일본사 교과서에서 사용하는 용어가 일본인 의식을 주입하는 장치로서 이데올로기적 기능을 한다고 밝혔다. 또 황혜숙(2000)은 국가가 국민을 통치하는 목적으로 교육을 사용하지 않아야 한다고 말한다. 그럼에도 불구하고 일본의 사회과 내용에 반영된 이념이 국가에 의한 국민 통치의 기능을 하고 있다는 점을 밝혔다. 그러면서 충군애국 하는 '일본주의'의 사회인을 육성하려는 일본 정부의 의도를 지적하기도 했다. 그밖에도 일본의 도덕교육에 관해 살펴보면, 도덕의 필요성을 강조하는 내용과 도덕교육 자체가 지니는 영향력에 대한 연구(島淳子 1998, 홍현길 2001)가 있다. 그리고 도덕 수업에 사용되는 자료에 관한 비판적 연구(宇佐美寬 1982)도 있다.

이러한 연구는 일본 교육이 지닌 이데올로기성을 파악하는데 유용한 자료라고 할 수 있다. 그러나 교육에 내재한 이데올로기성을 파악하는데 있어 과거의 역사적 배경과의 연관성을 고려하지 않고 있다. 현재적 상황만을 대상으로 검토하거나(森田尚人 2003, 황혜숙 2000) 언어사회학적 측면에서 용어 자체만을 분석한 것(益子英雅 2003)에 한정되어 있다. 따라서 역사를 관통하는 전체적 맥락에서 '왜 그러한 이데올로기성을 갖게 되었는가' 라는 의문에 대한 해답을 찾아보기가 어렵다. 즉 현재의 현상만을 보고 검토한 것이기 때문에 분석의 편협함 이라는 한계에서 벗어나 있지 않다는 점이 아쉽다.

## ▎ 분류 항목간의 연관성

이상에서 살펴본바와 같이 각각 분류하여 알아본 항목 마다 기존연구에서 다루지 못한 부분이 발견된다. 기존의 견해 및 자료들이 간과한 부분을 정리하면, 첫째는 公 · 私의 관점으로 본 公共性 형성의 문제가 논의에 그치고 있다는 점이다. 더구나 논의 내용을 보면, 현재일본의 公 · 私관은 무엇을 의미하고 있는가, 公共性을 추구한다는 것은 어떤 것을 말하는 것인가 등이 명확하지 않고 추상적이다. 둘째는 公 · 私관을 통해서 본 과거와 현재의 연관성에 대한 고찰이 결여되어있다는 점이다. 오늘날 일본인들이 갖게 된 公 · 私관은 언제부터 어떻게 만들어진 것이며 어떻게 전승되어왔는가에 대해 알지 못한다.

이 책에서는 이러한 기존 연구의 한계에 주목하여 우선 지금까지 추상적 · 원론적 차원에서 진행되었던 公共性에 관한 논의를 학교 교육 내용에 접목시켜 보고자 한다. 이러한 시도는 일본 교육에서의 '公'이 지닌 의미와 '公共性'이 지닌 의미의 괴리를 드러낼 것이다. 그리고 결과적으로는 괴리의 사실적 형태를 파악할 수 있게 할 것이다. 괴리의 사실적 형태라는 것은 국가권력적 '公'과 '公共性'의 의미가 같은 것인지 아니면 다른 것인지가 드러나는 것을 말한다. 그리고 만약 다르다면 어떤 부분이 어떻게 다른지 등이 명확해지는 것을 말한다. 이러한 의미가 명확해 질 때 비로소 어떤 것을 公共性으로 인식하고 교육해야 하는지가 명확해지는 것이 아닐까. 그러므로 이는 곧 公共性 논의의 성격을 추상적·원론적인 것에서 교육을 통해 실천적인 것으로 바꾸는 것이다. 즉 교육을 통해 公共性 형성을 사회적 실천으로 구체화 하는 방법이 된다. 따라서 기존 연구 자료가 지닌 실천으로의 진부성을 극복할 수 있을 것이다.

그리고 다음으로 公·私관에 대한 과거와 현재의 연관성을 도출하고자 한다. 즉 도덕교육 내용에 나타난 公·私 이데올로기성의 근원을 전통적인 公·私관에서 찾아보겠다. 이는 과거와 현재의 연관성을 알아보는 것이다. 현재는 역사의 총체라는 말이 있다. 그렇듯이 현재 일본인에게 내재되어 교육 내용에 함축되어 있는 公·私관은 과거의 公·私관으로 부터 적지 않은 영향을 받았을 것이다. 따라서 '어떠한 연관성이 있는지를 밝힐 수 있는 것이다. 이는 현재의 현상만을 검토하는 것으로 인한 분석의 편협함을 극복하는 것이라고 할 수 있다.

▶ 검토과제 1

이 책을 통해 풀어야 할 과제는 크게 두 가지로 나뉜다. 첫 번째 과제는 일본의 公·私관을 변천사 적으로 검토하여 그 특징을 알아보는 것이다. 이것을 일본적 公·私관이라고 하자. 그리고 이 일본적 公·私관이 현재 교육에 반영된 교육이념의 이데올로기성과 어떻게 관련되어 있는지 알아보려 한다. 다시 말해 일본적 公·私관은 교육이념에서의 '公' 중시와 '개인' 중시 의미와 어떠한 연관성이 있는지를 밝히는 것이다.

이를 위해 제2장에서는 우선 公·私 개념을 개관하고, 公共性 개념의 정의를 통해 오늘날 우리가 公·私를 어떻게 이해해야 하는지 살펴보겠다. 또 일본 公·私관의 변천과 특징을 알아보기 위해서는 제 외국 公·私관과의 비교가 불가피하다고 할 수 있다. 그러므로 서양의 경우는 근대[21]를 주도했던 영국·프랑스·독일·미국으로 한정하여 알아보기로 하자. 그리고 동양의 경우는 일본 公·私 개념의 근원지인 중국으로 한정하여 각각의 公·私관을 알아보기로 하자.

그런 다음 이를 일본과 비교해 보겠다. 이러한 검토는 각국의 개괄적인 역사적 배경을 토대로 公·私에 관한 인식이 시대에 따라 어떠했는가에 대해 알아보는 것이다. 따라서 주로 용어의 개념 및 고문헌에 나타난 용례와 대표적인 정치·사상적 논의에 나타난 公·私관을 살펴보겠다.

---

21  사전에 의하면 "근대의 시작에 대해서는 적지 않은 견해가 존재 하지만 일반적으로 17~18세기부터라고 본다. 근대는 봉건이 끝나고 전개되는 시대인 만큼 개인의식·자본주의 및 시민사회의 성립이 특징이다. 즉 봉건사회를 극복한 근대사회는 개인을 존중하며, 정치적으로는 민주주의, 경제적으로는 자본주의의 모습을 가진다."라고 되어있다(http://ko.wikipedia.org/wiki).
이러한 규정에 의하면 서양의 경우 개인으로 구성된 시민의 형성과 시민사회의 등장이 17~18세기이므로 이 시기를 근대라고 할 수 있으며 이 책에서도 이 규정을 적용하겠다. 그러나 이때의 시민은 부르주아에 한정된 시민을 의미한다. 따라서 국가와는 별도의 사회 경제적 제도 안에서 정부로부터 아무런 지도나 간섭 없이 개개인이 그들의 공동이익을 추구할 수 있게 되는 19세기의 근대와는 구분할 필요가 있는 점을 염두에 두자. 중국의 경우는 아편전쟁(1840)을 기점으로 근대라 규정하는 것이 일반적이고, 일본의 경우는 메이지기(明治期, 1868)를 근대의 출발점으로 보는 것이 일반적이므로 이를 적용하겠다.

특히 개인이 주체가 되고 우선시 되어야 한다는 인식이 생겨나면서 개개인으로 구성된 시민사회가 형성되는데, 이에 초점을 맞추어 公·私관의 변화를 조명하고자 한다. 그 이유는 역사적 흐름으로 볼 때 公·私관이 비교적 크게 달라지는 것이 개인으로 구성된 시민 영역의 확대에 있다고 볼 수 있기 때문이다. 물론 시민 및 시민사회는 서양 유입의 용어이므로 중국이나 일본의 역사에서 이 용어 자체를 찾아내는 것은 거의 불가능하다. 따라서 이와 유사한 형태, 예를 들면 인민(人民)이나 민중(民衆)등의 용어로 대신하여 '私' 영역의 확대를 살펴보겠다.

▶ 검토과제 2

두 번째 과제는 현재 학교교육에 반영된 公·私관을 통해 公·私 이데올로기성을 밝히는 것이다. 이는 학교 교육과정의 검토를 통해 알아보고자 한다. 학교는 어느 사회에서나 아동과 청소년인 새로운 세대에 대하여 기성세대가 보편적 가치를 부여한 문화를 전수시키는 사회존속의 기본기제이다. 그리고 사회의 특성을 그대로 반영하는 곳이다. 이를 일본에 대입해 보면 일본의 학교교육에 내포된 公·私관은 일본의 기성세대가 보편적으로 갖는 公·私관이 반영된 것이라고 할 수 있다.

학교에서의 교육과정은 사회적 힘의 분포와 직결되어 있을 뿐만 아니라 한 사회가 사회 질서를 유지하고 재생산해가는 방식의 한 표현이다.[22] 따라서 각 사회 및 시대의 사회적 특성과 무관한 교육과정은 있을 수 없다. 그리고 그 특성을 반영하지 않을 수 없다. 그러므로 우리는 각 사회의 특성에 따른 교육과정의 성격을 확인할 수 있음과 동시에, 교육과정의 성격을 연구함으로써 사회의 특성을 밝힐 수도 있다. 즉 교육과정 연구는 전통적 교육 연구의 범위를 넘어서 사회 연구와 연결할 수 있는 것이다.[23] 이와 같은 논리는 일본의 경우도 예외가 아니므로 일본의 학교에서 가르치고 있는 내용에는 일본 사회의 특성이 반영되어 있다고 할 수 있다.

학교교육 가운데 에서도 특히 도덕교육의 검토가 유용하다.[24] 왜냐하면 교육기본법에 명시한 교육이념 즉 '公' 중시 및 '개인' 중시 이념을 집약하여 교육 내용으로 구성하고 교육으로 실천하는 것이 도덕교육이기 때문이다. 도덕교육은 그 성향으로 볼 때 지식 및 기능을 습득하는 차원의 교육이 아니다. 인간의 정신 구조를 확립시키는데 결정적인 역할을 수행하는 정신적 가치 전수의 장(場)이다. 더구나 일본의 도덕교육은 학교교육에서 차지하는 범위가 상당히 크다.[25] 세키

---

22  일본이 도덕성을 강조한 것이 어제오늘의 일은 아니지만 최근 '公'이 경시되었음을 주장하면서 이 문제는 도덕교육의 보강을 통해 해결해야 한다며 도덕교육의 강화를 적극적으로 강조하고 있다. 이러한 현상을 왈라스의 논리에 근거하여 부합시켜 보면 일본은 보수기의 말기에 해당하는데 과연 그러한가에 대해서도 생각해볼 필요가 있다.

23  김신일,『교육사회학』, 교육과학사, 1997, pp.369-370.

24  Durkheim, *The Evolution of Education Thought,* Routledge and Kehan Paul, 1978.

25  다른 나라와 비교해 보면, 미국의 경우 각 주에 따라 각각 다른 내용으로 구성되어 있으므로 도덕교육의 전체를 서술하는 데에는 어려움이 있다. 그러나 일반적인 경향으로 '사회과'나 공민교육·금주교육·성서통독·인격교육 등의 형식으

네 히데유키(関根英行)[26]에 의하면 일본의 도덕과목은 국가 사회적 요구를 학교교육에 반영시키는 핵심적인 교과목이라고 한다. 그리고 교육 전체의 조타수 역할을 하는 기능을 가지고 있다고도 한다. 정치적 기능과 관련이 있기 때문에 특정 정치 집단의 존속이나 세력 기반 확대의 도구가 되기도 한다고 했다. 따라서 제3장에서는 일본의 교육이념에 관한 논점이 무엇인지 알아보고, 제4장에서는 이념의 실천적 매개체라 할 수 있는 도덕교육에서 '公'과 '私'의 개념을 어떻게 설정하여 교육하고 있는지를 살펴볼 것이다.

도덕교육의 내용을 일층 더 보강하는 차원에서 제5장에서는 公民교육을 검토하여 여기에 나타난 公共性의 의미를 알아보겠다. 또 武道교육을 검토하여 정신교육에 대한 내용을 좀 더 포괄적인 범위에서 알아보겠다. 제6장에서는 제3장과 제4장, 그리고 제5장의 검토 결과를 토대로 허위의식과, 애플의 문화적 헤게모니 이론에 근거한 公・私의 이데올로기성을 밝혀보겠다. 마지막으로 부르되(P. Bourdieu)의 아비투스 이론에 근거하여 현재 교육에 나타난 公・私 이데올로기성과 제2장에서 검토한 일본적 公・私관의 연관성을 알아보도록 하겠다.

---

로 이루어지고 있다. 窪田祥宏 編, 『道德教育』, 啓明出版, 2003, pp.47-48. 한국의 경우 도덕교육이 하나의 교과로 되어있어 도덕과목 교사가 별도로 있으며(초등학교의 경우는 담임 교사가 지도) 도덕 교과서라는 교재가 있어 이것을 중심으로 수업 형식의 도덕교육이 행해진다. 홍현길, 『일본의 도덕과 도덕교육』, 보고사, 2001, p.61.

26 関根英行 공저, 「일본의 도덕교육」, 『세계의 도덕・윤리교육』, 교육과학사, 1998. 関根英行, 「韓・日 中等學校 道德・倫理(科) 教育課程 比較研究」, 서울대학교 국민윤리교육과 석사학위논문, 1993.

## ┃ 교육과정과 도덕교육

앞서 서술한 검토과제 내용에 대한 이해를 돕기 위해 교육과정과 도덕교육에 관해 좀 더 알아볼 필요가 있다.

우선 교육과정(敎育課程, curriculum)에 대해 알아보자. 학교 교육과정에서 '교육과정'이 의미하는 것은 단순히 교육을 받는 기간만을 말하는 것이 아니다. 특정한 교육 목적을 달성하기 위하여 시행하는 모든 계획과 활동을 포괄하는 개념으로, 그 내용을 체계적으로 조직한 교육의 전체 계획, 즉 학교의 지도 아래 이루어지는 교과 학습 및 생활 영역의 총체를 뜻한다.

교육과정에 관한 연구로 왈라스(Wallace, A. F. C. 1956)의 견해를 살펴보면 다음과 같다. 사회의 변화에 따라 교육과정의 강조점이 달라지는데, 사회적 역사는 혁명기(革命期, rerolutionary phase), 보수기(保守期, conservative phase), 복고기(復古期, reactionary phase)를 거치며 진행된다. 그리고 이러한 사회의 시기적 특성에 따라 교육과정의 강조점이 달라진다. 혁명기에는 중국 및 프랑스혁명 이후의 여러 나라가 그랬듯이 교육과정에서 도덕성이 강조되었다. 왜냐하면 구체제의 사회·문화적 질서를 부정하고 새 질서를 수립하기 위해서는 낡은 이념을 철저히 극복해야한다. 그리고 새로운 이데올로기, 가치관, 철학과 같은 혁명 이념을 국민 모두에게 교육시켜야 하기 때문이다. 이 단계에서는 실용주의적인 기술과 지식은 높이 존중받지 못한다.

그러나 혁명이 일단 완수되고 보수기에 접어들면 실용주의가 득

세하여 규범 문화와는 대조적인 실제적 기술과 지식이 가장 우선적으로 교육과정에 반영된다. 보수기의 말기 또는 혁명의 실패 뒤에 따라오는 복고기 에는 도덕성 교육이 다시 강조된다. 종래의 정치 이념과 가치관이 부활하여 학교 교육과정에 반영되고 자유로운 지적 탐구 활동에 관련된 내용은 억제된다. 이와 같은 왈라스의 논리로 볼 때 교육과정의 우선순위가 역사적 안목에서 보면 각 시대의 사회 정치적 특성에 의하여 결정된다는 것을 알 수 있다.[27]

다음으로 도덕교육에 대해 알아보자. 일본의 도덕교육은 하나의 교과로 되어있는 것이 아니라 특수교과 영역인 '도덕시간'이 도덕교육의 주축이 되고 있다. 도덕시간의 특징은 각 교과·특별활동·종합학습시간을 포함한 학교의 모든 교육 활동에서 행해지는 도덕교육이 서로 어떻게 관련되어 있는가를 명확히 하고 학생의 발단 단계에 입각하여 계획·발전적으로 지도하는 것이다. 다시 말하면 도덕을 하나의 교과로 분리해서 따로 지도하는 것이 아니라 학교생활 전체에 도덕교육이 기초하고 있다. 도덕시간의 수업은 주로 담임 교사가 담당하고 있으나 교장의 지도력과 지도체제의 충실을 강조하여 교장 및 교감도 수업에 참가하고 있다. 지도 자료 또한 교사·교장·교감 등이 문부과학성의 지침에 의거하여 만들고 있다.[28]

---

27  김신일, 앞의 책, pp.369-370.
28  小学校, 『学習指導要領解説 道徳編』, 文部科学省, 2004.

## 교육내용 검토 범위

　교육 내용 모두를 검토하는 것도 바람직하겠지만 이 책에서는 학습과 관련된 교육 내용은 대부분 제외하였다. 그리고 검토 대상 가운데 도덕교육 내용의 검토 범위는 초·중학교로 한정하였다. 그 이유는 사고 및 인식과 인격 형성의 기반을 마련하는 것이 초·중학교 시기이기 때문이다. 물론 인격의 기반 형성은 유아기도 무시할 수는 없다. 그러나 유아기의 교육은 의무교육에 의한 일괄적인 교육 자료를 활용하기 보다는 보육원이나 유치원의 재량에 맡기고 있다. 이로 인해 원장 또는 교사가 지향하는 교육이념에 따라 교육의 성향이 다양하게 나타나므로 유아기의 교육 내용은 별도의 구체적인 검토가 필요하다. 그러므로 여기에서는 검토 대상에서 제외하기로 하자.

　고등학교 에서는 도덕 과목을 따로 정하고 있지는 않지만 대신 公民科(공민과)의 '현대사회' '윤리' '정치·경제'를 통해 도덕과 윤리에 관한 내용을 가르치고 있다. 公民科의 교육이념과 교육내용이 도덕교육과 어떠한 연관성이 있는지에 대해서도 알아볼 필요가 있다. 그리고 公民교육 내용에 대한 검토를 통해 公民科에서 가르치고 있는 '公民' 및 '公共性'이 무엇인지도 알아보아야 한다. 武道교육은 정신교육의 일환으로 필수교과목화 하여 시행하고 있다는 점에서 도덕교육 및 公民교육의 연장선상에 있다고 볼 수 있다. 따라서 武道교육의 배경은 물론 교육 목표에 대한 정밀한 검토가 요구되므로 검토 범위에 포함했다.

## ▎ 학습지도요령

교육 내용에 관한 주요 검토 자료는 '학습지도요령'이다. 일본의
경우 국가가 교육 전반에 대해 강한 통제력을 갖고 있다고 할 수 있
는데[29], 정부 통제를 나타내는 대표적인 제도로 학습지도요령 고시를
들 수 있다. 학교교육법 시행규칙 제25조를 보면 "초등학교 교육과정
에 관해서는 이 절에 정한 것 외에 교육과정의 기준으로서 문부대신
이 별도로 공시하는 초등학교 학습지도요령에 의한 것으로 한다(중학
교 등도 같은 형태로 규정)."고 규정하고 있다. 2017년에 공시된 것이
전후 9번째 개정한 것으로써 현재(2018) 사용하고 있는 학습지도요령
이다. 최초의 것은 1947년에 '시안(試案)'의 형태로 발표되었다. 당시
에는 현장 교사가 각급의 학교에서 지도계획을 세워 교육과정을 전개
할 경우 활용하는 안내서 정도의 것이었다. 그런데 1958년 개정에서
는 시안이라는 용어대신 '고시(告示)'라는 용어를 사용하여 학습지도
요령의 국가 기준성을 강조하며 그 성격의 변화를 보였다. 이에 대한
반발도 있었으나 1976년 최고 재판소에서 법적 구속력 인정의 판결이

---

29 학습지도요령 외에 직접적인 형태로 교육내용을 규정하는 것은 교과서 검정제도
   이다. 교과서 검정제도는 전쟁 말기 모든 교과서가 국정으로 전환되었던 것을
   전후 이를 폐지하고 都道府県(도도부현)의 광역자치단체 교육위원회에 교과서
   검정권한을 부여(1948)함으로써 시작되었다. 검정 과정에서 교과서 내용에 대한
   수정지시나 검정보류는 저자의 견해에 대한 침해로 이어지는 경우가 많아 그에
   대한 항의 및 소송 등이 뒤따르기도 했다. 그러나 대부분의 경우 문부과학성의
   의도가 관철되고 재판에 있어서도 문부과학성의 검정이 적법하고 타당하다는 것
   이 일반적이었다.

내려짐에 따라 국가의 교육 통제에 대한 방침이 확립되었다. 1958년 이후에는 10년에 1회 정도의 주기로 개정된 바 있다.[30]

학습지도요령은 유치원과 초등학교 및 중·고등학교의 교육과정 편성에 관한 국가의 기준이다. 법적 구속력이라는 정도의 차이는 있지만 한국에서의 학교 교육과정에 해당한다. 학습지도요령에 명시된 내용은 강제성을 띠며 기본적으로 모든 학교에 적용하는 교육 지침서이다. 그렇기 때문에 학교 교육내용에 관한 핵심적인 검토 자료로 적합하다고 할 수 있다. 그 밖에도 교육기본법에 명시한 교육이념을 비롯하여 '교육사료집'과 『마음의 노트』 등을 검토하였다. 교과 교재로서는 公民교육 및 도덕교육 교재 등의 자료를 검토하였다.


## ▌ 내용분석법

이 책에서 언급하는 公·私관에 관한 내용은 대부분 기존의 문헌들을 참고했다. 그리고 교육이념을 둘러싼 논쟁에 관한 것은 교육 시책으로 공포한 문서를 검토했다. 교육 내용에 관한 것은 교육사회학에서의 교육과정 연구 방법론의 하나인 내용분석법을 활용했다. 내용

---

30  고전, 앞의 책, pp.149-151. 이러한 학습지도요령을 통한 문부과학성의 의도 관철은 통제의 형식을 띠고 있지만 동시에 강제기제로서 작용하고 있다. 이경호, 「일본사회의 국제화와 사회통합을 위한 학교교육의 대응 ―일본 고등학교 사회과 교과서에 나타난 외국인 노동자관을 중심으로―」, 서울대학교 사회교육과 박사학위논문, 2000, pp.75-76.

분석법[31]의 분석 대상은 책자나 신문 등 문서화된 각종 텍스트 자료 및 담화 등을 포함한 메시지 일반을 포함한다. 내용분석법은 과학적 연구방법 일반이 가지는 객관성·체계성·일반성 등을 갖춘 연구 기법의 일종이다. 의사소통의 과정에서 발생하는 중요한 문제인 '누가·무엇을·누구에게·어떻게 전달하며 그 효과는 무엇인가'라는 문제를 확인하고 분석하기 위해 개발된 방법이다. 이 책이 교육에 관련하여 교육시책으로 공포한 문서와 학습지도요령 등의 내용을 연구한 책이므로 내용분석법이 갖는 장점을 활용하였다. 즉 '어느 시점에서, 어떠한 배경에 의해, 누가, 어떠한 내용으로 교육 시책을 공포했으며, 교육 현장에서 어떻게 교육하고 있는가'에 주목하였다.

내용분석법을 활용하는데 있어서 특히 수사적 기능에 초점을 두었다. 수사적 기능의 모태가 되는 것은 수사학이다. 수사학은 언어를 매개로 사상이나 감정을 주고받는 사람 사이에 의사소통의 정도를 높일 수 있도록 말 또는 글을 효과적으로 이용하는 방법 또는 그 방법을 가르치는 학문이다. 언어뿐만 아니라 언어와 관련된 문화의 여러 담론 형태를 포함한다. 예를 들면 영화·TV·광고·금융시장·정당·교육제도 등을 검토하는 방법이기도 하다. 이런 담론 형태는 남을 설득하여 특정한 결과를 낳는 것이 목적이다. 따라서 교육과정 영역에

---

**31** Krippendorf, K, *Content analysis.* Beverly Hills, CA: Sage 1980. 한준상, 『교육사회학이론과 연구방법론』, 한국학술정보, 2003, p.186.

서 이데올로기적인 기능을 수행하게 할 때 수사적 기능이 발휘된다.[32]

---

32　Michael W. Apple 저, 박부권 역, 『교육과 이데올로기』, 한길사, 1985, p.38.

제Ⅱ장

# 일본의 公·私관

●●● 　제2장에서는 여러 나라들과의 비교를 통해 일본 公·私관의 변천과 특징을 알아보고자 한다. 우선 公·私 용어에 대해 개관하고 公·私와 公共性의 연관성을 살펴보자. 일본 公·私관의 비교 대상은 서양의 영국·프랑스·독일·미국과 동양의 중국으로 나누고, 주로 근세와 근대를 중심으로 한 시민의 등장과 시민사회의 형성에 초점을 맞추어 살펴보자.

公·私관으로 본

일본 교육 이데올로기

# 公·私 개관

시민의 등장은 국가권력적 '公'에 대해 '私(개인)'의 입장을 주장하고 우선시하려는 동향에서 시작한 것으로 파악된다.[1] 다시 말해 국가와 분리되어 대항하는 시민의 등장으로 인해 시민사회 속에서 公·私관이 형성되었다. 그리고 오늘날 논의되고 있는 公共性 형성은 바로 이 시민사회적 '公'으로서의 公共性에서 출발했다고 볼 수 있다. 즉 시민은 국가 중심의 국가권력적 '公'에서 개인이 주체가 되는 시민사회적 '公'으로 전환하는 요소가 되었다. 그리고 이러한 전환으로 인해

---

1  시민·시민사회라는 개념 또한 다양하다. 퍼거슨의 자본주의적 천박성에 대응되는 시민사회 개념, 마르크스의 부르주아 사회와 등치시킨 시민사회, 토크빌이 주장한 결사체와 자율성으로서의 시민사회, 그람시의 헤게모니 쟁탈 공간으로서의 시민사회 등이 모두 혼재해 있다. 이들이 말하는 시민사회를 시대적으로 구분하여 규정하면, 17세기의 계약관계로서의 시민사회, 19세기의 국가와 대립하는 시민사회, 20세기의 독자 영역으로서의 시민사회로 변화한다. 조효제·손혁재, 『아시아의 시민사회 ─개념과 역사─』, 아르케, 2003, p.17, pp.67-81.

公·私관도 상당한 변화를 보였다. 검토에 앞서 우선 여러 용어들이 갖는 각각의 의미와 연관성에 대해 알아보자.

## 1. 公·私의 의미

公·私의 개념 및 범주 등을 단순히 정의하기란 쉽지 않으나 여기에서는 우선 용어의 사전적 의미를 영어·중국어·일본어로 나누어 살펴보겠다.[2] 그리고 용어에 대한 어원을 알아보는 것으로 公·私의 의미를 정리해 보겠다.

아래 〈표 1〉은 현대에 사용하고 있는 사전에 명시된 公·私 개념을 간략하게 정리한 것이다.

---

2  公·私 개념에 대해 영어는 『WEBSTER』, 중국어는 『現代漢語詞典』, 일본어는 『広辞苑』 사전을 참조했다. 참고로 한국어의 『동아새국어사전』에 의하면 '公'은 '개인적인 것이 아니고 사회 일반의 많은 사람에게 관계되는 것'을 가리키며, '私'는 '사사로움, 자기나 자기편의 이익만 꾀하는 일, 숨기어 드러내지 않는 일'이라고 되어있다.

<표 1> 公·私에 관한 영어·중국어·일본어의 사전적 개념

| | 영어<br>(WEBSTER) | 중국어<br>(現代漢語詞典) | 일본어<br>(広辞苑) |
|---|---|---|---|
| 公 | 1. 공중의/일반 국민의/<br>공공의/공공에 속<br>하는<br>2. 공립의/공설의<br>3. 공적인/공무의/國事의<br>4. 공개의, 공공연한 | 1. 국유/공유/공공의<br>2. 공통/공동/공인(公<br>認)의<br>3. 세계 공통의<br>4. 공개하다<br>5. 공평/공정하다<br>6. 공사(公事)/공무 | 1. 천황/황후/중궁<br>2. 조정/정부/관청/관사<br>3. 국가/사회/세켄(世間)<br>4. 표면화된/公然<br>5. 사유가 아닌/公共/<br>公有<br>6. 사심이 아닌/공명/<br>공정 |
| 私 | 1. 개인(individual)적<br>인/개인에 속하는<br>私營/私立/사적인<br>2. 비밀의/은밀한/남<br>의 눈을 피한 비공<br>개의/비공식의<br>3. 은둔적인 | 1. 사사로움<br>2. 자기나 자기편의 이<br>익만 꾀하는 일<br>3. 숨기어 드러내지 않<br>는 일 | 1. 오오야케(公)에 대한<br>자기 한사람 만에 관<br>한 사항/내밀한 사항<br>2. 공공연히 알려지지<br>않은 것/몰래함/内<br>密/秘密<br>3. 자신만의 이익이나<br>형편을 생각하는 것/<br>제멋대로인 것/마음<br>대로 |

## ▎ 영어의 公·私

일반적으로 볼 때 서양에서의 '公'은 'public'이라고 하며 '私'는 'private'이라고 한다. 『WEBSTER』에 나타난 'public'의 사전적 의미를 보면 첫째로 공중의, 일반 국민의, 공공의, 공공에 속하는 이라는 의미로서 다수의 사람들에게 공통적 혹은 보편적으로 관련되는 경우를 말한다. 둘째로 공립의, 공설의 라는 의미로서 경제학에서의 공공재 개념을 말한다. 셋째로 공적인, 공무의, 국사(国事)의 라는 의미로서 정부 및 공공 기관에서 이루어지는 행위를 규정하고 있다. 넷째로 공개의, 공공연한 이라는 의미를 갖고 있다.

'private'은 첫째로 개인적인, 개인에 속하는 사영(私營)·사립(私立)등의 개인에 관한, 사적인 이라는 의미를 갖고 있다. 둘째로 비밀의, 은밀한, 남의 눈을 피한 비공개의, 비공식의 이라는 의미를 갖고 있다. 셋째로 은둔적인 이라는 의미를 갖고 있다. 여기에서 'private'의 중심 주체가 되는 것은 '개인(individual)'이다.

다음으로 'public'과 'private'의 어원을 살펴보자.[3] 먼저 'public'은 라틴어 'pubes'로서 개인의 행동이 다른 사람들에게 미치는 영향을 이해할 수 있는 능력을 의미한다. 또 자기 자신의 입장에서 벗어나 전체를 볼 수 있는 능력인 성숙성(maturity)을 의미하기도 한다. 처음에는 광장이라는 공간에서 시민의 참여에 의해 행하는 것을 의미했다. 예를 들면 그리스·로마 공화정에서 지도자를 선출하거나 전쟁을 벌이는 등의 공동체 운명을 결정하는 주요 정책 결정을 하는 경우를 말한다. 그리고 17세기말 'public'은 어느 누구라도 볼 수 있는 상태라는 의미를 갖게 되었다.

---

3  public과 private의 어원에 대해서는, Wolfgang Martens, *Offentlich als Rechtsbegriff*, Berlin Zurich: Geheln, 1969, p.25. 임의영, 「공공성의 개념, 위기, 활성화 조건」, 『정부학연구』 제9권 제1호, 2003. 조한상, 앞의 책, pp.17-23 참조.

한편 'private'은 박탈(to deprive)을 의미하는 라틴어 'privatus'에서 유래한다. 박탈은 부족함 또는 모자람을 의미하는 것으로 인간으로서의 자격이 없는 상태를 말한다. 17세기말 'private'은 어떤 사람의 가족과 친구로 한정되는 보호된 생활 영역이라는 의미를 갖게 되었다.

## ▮ 중국어의 公·私

중국어로 찾아볼 수 있는 公·私에 대한 설명은 양적 질적으로 그 내용이 방대하다. 더구나 일본 公·私의 기원도 중국에 있기 때문에 더 구체적으로 설명이 되어야 하겠으나 자세한 설명은 제2절에서 하기로 하자. 여기에서는 사전에 나타난 내용에 한정하여 간략하게 언급하도록 하겠다.

중국의 『現代漢語詞典』에 명시된 '公'은 첫째로 국유, 공유, 공공의 라는 의미를 갖는다. 둘째로 공통, 공동, 공인(公認)의 라는 의미를 갖는다. 셋째로 세계 공통의 라는 의미를 갖는다. 넷째로 공개하다 라는 의미를 갖는다. 다섯째로 공평, 공정하다 라는 의미를 갖는다. 여섯째로 공사(公事), 공무라는 의미를 갖고 있다. 그리고 그 외에도 성(姓)의 하나, 옛날 작위(爵位)의 첫째, 남자에 대한 존칭, 친족의 호칭 및 노인에 대한 경칭, 수컷을 의미하기도 한다.

한편 '私'는 첫째로 사사로움 이라는 의미를 갖는다. 둘째로 자기나 자기편의 이익만 꾀하는 일이라는 의미를 갖는다. 셋째로 숨기어 드러내지 않는 일 이라는 의미를 갖고 있다.

다음으로 중국 公·私의 어원을 살펴보자. '私'는 『한비자』[4]에 의하면 '자환(自環)'이라고 되어있다. 즉 '스스로 에워싸다'라는 의미를 갖고 있었다. 『설문해자』[5]에서는 이를 간사(姦邪)의 의미로도 풀이하고 있다. 그리고 '公'은 '私를 등지다'라는 의미로, 다시 말하면 '에워싼 것을 개방하다'라는 의미를 갖고 있었다.

## ▎ 일본어의 公·私

일본의 『広辞苑』에 의하면, '오오야케(公)'는 첫째로 천황·황후·중궁 이라는 의미를 갖는다. 둘째로 조정·정부·관청·관사라는 의미를 갖는다. 셋째로 국가·사회·세켄(世間) 이라는 의미를 갖는다. 넷째로 표면화된·공연(公然) 이라는 의미를 갖는다. 다섯째로 사유가 아닌·公共·公有라는 의미를 갖는다. 여섯째로 사심이 아닌·공명·공정이라는 의미를 갖고 있다. 그리고 그 외에도 재산가·광(狂)이라는 의미를 갖고 있다.

한편 '와타쿠시(私)'는, 첫째로 오오야케에 대한 자기 한사람 만에 관한 사항, 내밀한 사항 이라는 의미를 갖는다. 둘째로 공공연히 알려지지 않은 것·몰래함·內密(내밀)·秘密(비밀)이라는 의미를 갖는

---

4 중국 춘추 시대 말기의 한비가 지은 책으로 형벌의 이름과 방법을 논한 것이다. 55편 20책.

5 중국 후한 때 허신이 편찬한 자전이다. 문자학의 기본적인 고전의 하나로 한자 9,353자를 수집하여 540부로 분류하고 육서(六書)에 따라 글자의 모양을 분석·해설했다(15권).

다. 셋째로 자신만의 이익이나 형편을 생각하는 것·제멋대로인 것·마음대로 라는 의미를 갖고 있다. 그리고 그 외에도 私적 상업(商業)·私적인 일의 약(略)이라는 의미를 갖고 있다.

다음으로 公·私의 어원을 살펴보자. 전술한바와 같이 公·私는 원래 중국기원의 언어로 일본의 야마토(大和)시대[6]에는 公·私에 대한 개념이 존재하지 않았다. 지금의 '公'인 '오오야케(オオヤケ)'는 '오호야케(オホヤケ)'라는 야마토 언어가 있었다. 고대의 일본인이 중국의 公·私 관념을 처음 접했을 당시 중국의 '公'이 의미하는 것과 일본의 '오호야케'가 의미하는 것을 연관시켜 중국의 '公'을 '오호야케'로 읽게 되었다고 추측한다.[7] 이에 비해 '私'에 해당하는 적당한 야마토 언어는 없었다. 그래서 어원미상의 훈독어로서 '와타쿠시(ワタクシ)'라는 신조어가 탄생한 것이라고 추측한다.[8]

---

6  일본역사의 시대구분은 시대상황이나 학자에 따라 조금씩 다르지만 여기에서는 고대(710~1185), 중세(1185~1603), 근세(1603~1868), 근대(1868~1945), 현대(1945~현재)로 나누었다. 야마토(大和) 시대는 고대 이전인 4세기 전반에 야마토 지방을 중심으로 야마토 정권이 형성된 시대를 말하며, 여러 호족의 통합으로 6세기 중반(쇼토쿠태자 17조 헌법)의 중앙집권 국가체제를 확립하는 기반을 마련한 시대이다.

7  '오오야케'는 커다란 '야케'를 말한다. '야케'는 지역 호족의 한 구획으로 된 부지·건물의 경영시설이었고 나라 시대에는 주로 宅(택) 및 家(가) 라는 한자를 썼다. '야케'에는 大豪族(대호족)의 큰 것과 小豪族(소호족)의 작은 것이 있으며, 큰 '야케'라는 의미로 '오호야케', 작은 '야케'의 의미로 '오야케(ヲヤケ)'가 있다. 당시의 권력구조는 '오호야케' 및 '오야케'가 중층적으로 존재했고 그 수장이 인적으로 결합한 국제(国制)의 형태를 갖고 있었다.

8  水林彪, 「日本的公私觀念の原型と展開」, 『公共哲学3 日本における公と私』, 東京大学出版会, 2002, pp.5-6.

이상에서 살펴본바와 같이 '公'은 국가나 지배기구 등을 가리키기도 하고 공평이나 공정함 등을 가리키기도 하기 때문에 개념적으로 혼재되어 있다. 그래서 무엇을 '公'이라고 하며 어디까지를 '公'이라고 하는지 구분하기 어렵다. '私' 또한 개인이나 가족을 '私'라고 하기도 하고 인간의 욕망과 같은 추상적인 용어를 '私'라고 한다. 따라서 단순한 개념정의가 불가능하다.[9] 더구나 역사적 흐름과 문화적 차이에 따라 公·私의 개념이나 각각의 범주가 조금씩 다르다. 또 개인차에 따라 公·私에 대한 인식을 달리한다.

이렇게 개념이나 범주의 정의가 복잡하고 다양한 만큼이나 '公'과 '私'를 다루는 문제도 다양하다. 예를 들면 전체와 부분, 국가와 개인, 원칙과 현실, 대의명분과 이해욕망과 같은 포괄적 내용들이 公·私 문제로 논의되고 있다고 한다. 그러면 이러한 포괄적 내용 가운데 公共性이란 구체적으로 무엇을 의미하며 公·私와 어떠한 연관성이 있는지 알아보자.

9  최석만, 「공公과 사私-유교와 서구근대사상의 생활영역 비교」, 『동양사회사상』, 동양사상학회, 2002.

## 2. 公·私와 公共性의 연관성

### ▎公共性이란

우리 사회에서 흔히 이야기되는 公共性은 그 자체가 어떤 의미를 내포하고 있는지에 대한 사회적, 학문적 합의가 명확하지 않다. 그럼에도 불구하고 公共性은 오늘날 우리 사회가 지향해야 할 다양한 실천 목표 가운데 하나로 자리 잡고 있다. 일반적으로 公共性은 개념 자체가 가지는 의미 규정을 중심으로 논의되지 않는 경향이 있다. 그보다는 公共의 이익이나 公共의 가치, 公共영역, 公共재 등과 같이 다른 용어나 개념에 내재하는 속성으로서 논의되고 있다. 이를 개념의 타자성이라고 한다. 바로 이런 公共性 개념의 타자성이 公共性 개념에 대한 이해를 어렵게 한다고 일컬어진다. 뿐만 아니라 각 학문 영역의 용어 인식과 개념이 서로 생소하여 公共性에 대한 정의가 어렵다.[10]

그렇기 때문에 公共性을 '개념의 인플레이션'에 비유한다. 개념의 인플레이션이란 빈번하게 사용되어 그 의미가 익숙한 것 같은 용어가 실제로는 불명확하게 이해되는 상황이 지속되는 경우를 말한다. 그래서 그 용어가 담고 있는 본래의 또는 잠재된 가치까지 상실되는 현상이다.[11] 이러한 이유로 여기에서는 용어의 사전적 의미를 기반으로

---

10  김세훈 편, 『공공성』, 미메시스, 2008, pp.9-10.

公共性의 개념을 정의하고자 한다.

일본의 사전[12]에 의하면 公共이란 私(private) 및 個(individual)에 대치되는 개념으로 영어의 'public'을 번역한 말이라고 되어있다. 사전에 설명된 내용을 간단히 정리해보면 다음과 같다. 公共의 성질을 말하는 公共性 개념의 정의는 논자에 따라 다양하지만 대체로 'official, common, open'[13] 이라는 3가지 의미로 나뉜다. 이 가운데 公共적인 활동으로서는 'offcial'과 'common'을 들 수 있다. 'official'은 국가 및 지방자치체가 법 및 정책 등에 기반 하여 하는 활동을 말한다. 여기에는 정부·구청·우편사업·公共사업·公교육·경찰·소방 등이 있다. 또 'common'은 공무원이 아닌 개개의 시민이 지역적 네트워크 및 목적 네트워크, 종교적 네트워크 등을 모체로 하여 볼런티어 및 기부금 등을 자원으로 하는 활동이다. 여기에는 자선사업·NGO 및 NPO·자치회·주민운동 등이 있다.

---

11 민주주의나 인권이라는 용어를 진지한 고찰 없이 사용하다 보면 종종 반민주적, 반인권적 상황에서도 사용되고 마는 경우가 대표적인 예다. 조한상, 앞의 책, pp.15-21.

12 http://ja.wikipedia.org/wiki.

13 open은 '누구라도 접근(이용)하는 것을 거부할 수 없는 공간 및 정보'라고 서술되어 있다.

# ▌ 국가권력적 '公'과 시민사회적 '公'

위의 2가지 'official'과 'common'에 대해 "일본에서는 역사적인 사정으로 전자(official)만이 '公共'이라고 이해되고 있는 경우가 있으나 엄밀한 것은 아니다. 전자는 '관(官)'이고, 후자(common)는 '민(民)'이다."라고 서술하고 있다. 즉 '官' 영역으로의 公共과 '民' 영역으로의 公共으로 대별하여 설명하고 있는 것이다. 여기에서 전자는 대부분의 경우 유일배타적인 권위·권력(정부)으로 유지된다고 서술하고 있다. 이러한 점으로 볼 때 이는 국가권력적 '公'을 말하는 것이라고 할 수 있다. 또 후자의 경우 참가자·구성원 개개인이 주체가 되는 시민[14]이라고 서술하고 있다. 이러한 점으로 볼 때 시민사회적 '公'을 말하는 것이라고 할 수 있다. 다시 말해 전술한바와 같이 국가권력적 '公'은 국가 및 지방자치체가 법이나 정책 등에 기반 하여 하는 활동을 가리킨다. 이에 비해 시민사회적 '公'은 볼런티어나 기부금 등을 자원으로 하는 활동을 가리킨다.

앞서 국가권력적 '公'과 시민사회적 '公'의 설명을 통해 이 두 가지 의미는 서로 상반된다고 해도 과언이 아닌 의미를 지니고 있음을 언

---

**14** 사전에 의하면 시민에 대한 정의는 다양하나 사회의 정치적 주최자로서 주로 자립성·公共性·능동성을 지니는 것으로 정의하고 있다. 여기에서 '자립성'이란 '익명적인 대중의 일부로서가 아닌 개개인으로서 자주독립의 기개를 지니면서 자율적으로 활동하는 것'을 말한다(http://ja.wikipedia.org/wiki). 시민은 공동체의 유지·발전을 추구한다는 규범적 의미가 강조된다는 점에서 여타 개념과 다소 차이가 있는데 시민의 유사 개념으로는 신민, 인민, 공민, 국민, 민족, 민중, 공중, 군중, 대중 등이 있다. 이희승 편저, 『국어대사전』, 민중서림, 1995, p.261.

급한바 있다. 이렇게 公共性은 국가권력적 '公'을 의미하는 것과 시민사회적 '公'을 의미하는 것을 모두 포함하는 의미를 갖고 있다. 그렇기 때문에 단순히 '公' 또는 '公共性'이라는 용어만으로는 정확히 무엇을 의미하는지 그 개념을 이해하기가 어렵다.

그러면 국가권력적 '公'에 대한 인식과 시민사회적 '公'에 대한 인식의 연관성 또는 구분하여 인식하게 된 배경을 역사적 흐름을 통해 살펴보자.

## ▌ 시민의 등장

세계사 적으로 볼 때 公·私관은 근대 시민의 등장으로 인해 크게 달라진다. '公'은 국가권력적 '公'을 '公'으로 인식하던 것에서 시민사회 속에서의 公적 영역과 私적 영역의 문제로 나뉘게 되었다. 즉 국가권력적 '公'과는 구분된 시민사회적 '公'을 '公'으로 인식하게 된 것이다. 김정훈[15] 등에 의하면 유럽에서 발전한 시민사회도 나라마다 다른 특성을 보이고 있다. 그러나 공통된 것은 자본주의의 발달과 함께 국가와 시민사회가 하나로 결합되어 있던 시대로부터 국가에 대항하는 시민사회가 생기기 시작했다는 사실이다. 다시 말해서 시민사회는 公적 이익의 담지자를 자처하면서 폭력을 독점하는 국가와 분리되었다. 국가의 권위에 문제를 제기하고 영향을 미치게 된 것이다. 왕

---

15  한국산업사회학회 편, 앞의 책, p.289.

권의 지배 아래 수동적 신민으로 존재하던 사람들이 비로소 독립적이고 능동적인 주체가 되었다. 그리고 국가에 대해 자신들의 권리를 제도화시키기 시작했다. 그 과정을 바로 시민사회의 형성 과정이라고 한다.

이와 같이 근대 시민이 등장하기 이전까지는 주로 국가권력적 '公'이 '公'으로 존재 했었다. 그러나 국가라는 公적인 권위에 대항하여 '私' 즉 '개인'이 주체가 되고 우선시되어야 한다는 인식이 생겨나면서 개개인으로 구성된 시민이 출현하게 되었다. 그리고 앞서 언급한바와 같이 시민사회 안에서도 公적 영역과 私적 영역이 존재하게 되었다.

그렇다면 오늘날 우리의 현실에 비추어 볼 때 이기주의 또는 개인주의에 대한 비판적 입장에서 公共性 형성을 추구해야 한다는 것은 무엇인가. 적어도 국가권력적 '公'을 강화해야 한다는 것으로 이해하기 보다는 시민사회적 '公'을 추구하자는 것으로 이해해야 할 것이다. 뿐만 아니라 권혁태[16]가 일본 사회에 대해 "국가와 公共性의 관계, 다시 말하면 국가로부터 시민사회를 분리시켜 이를 국가에 대항적인 公共性으로 자리매김하는 것이 무엇보다도 실천적 함의를 지니게 된다."고 한바와 같이, 公共性 형성에 있어서는 국가권력적 '公'이 배제되어야 할 것이다.

이렇게 公·私 문제는 어디까지나 시민사회 속에서 公적 영역의 公共性과 私적 영역의 자율성이라는 관점으로 논의해야 할 것이다.

---

16 권혁태 외, 앞의 책, pp.204-205.

따라서 일본 교육이념에서의 '公' 중시나 '개인' 중시 문제도 국가권력적 '公'의 범위 안에서 논의해서는 곤란하다. 이는 오히려 현 시대의 상황을 전혀 고려하지 않고 인류의 미래지향적 성향에 역행하는 것이라고 할 수 있다. 그러므로 公共性 형성을 위해 교육이념을 논의해야 하는 것이라면 시민사회 속에서의 公 · 私 문제로 풀어가는 것이 타당할 것이다. 다음으로는 시민의 등장과 시민사회의 형성을 중심으로 제 외국의 公 · 私관을 살펴보자.

제2절

# 제 외국의 公·私관

시민의 개념은 서양사회에 기인한 개념이다. 따라서 중국 및 일본 公·私관을 검토함에 있어 시민의 형성을 근거로 국가권력적 '公'에 대항하는 '私'의 출현을 조명하는 것은 상당히 어렵다. 따라서 중국과 일본의 경우는 시민과 유사한 형태의 人民(인민)이나 民衆(민중)의 출현 등을 역사 속에서 찾아보고 그 형성 과정을 통해 公·私관의 흐름을 살펴보겠다.

## 1. 서양의 公·私관

### ▌서양 公·私관의 변천

시민이라는 개념의 원형은 고대 그리스의 도시 국가와 로마에서 찾을 수 있다. 시민은 그리스의 도시 공동체였던 폴리스를 구성하고 지배했던 계층을 의미한다. 이들은 정당한 정치적 평등을 누림으로써 자유로이 지배하기도 하고 지배받기도 했다. 따라서 현대적 민주주의의 유형과는 다르다. 그렇다고 해도 민주주의의 뿌리는 고대 민주주의에서 찾을 수 있다는 것이 학자들 간의 지배적인 의견이다.[17]

사실상 도시는 도시의 유력자들에 의해 지배되었다. 더구나 로마 시민 사회는 시민권을 가진 사람들의 평등성을 반영한 것이 아니다. 이 도시가 허용한 권력을 행사하는 데는 계급이 존재했고, 로마 시민권은 어떤 기능을 수행하기 보다는 신분 그 자체였다.[18] 따라서 고대의 시민은 오늘날의 정치 주체인 보편적인 시민 개념과는 달리 특권계급을 의미 했다고 봐야할 것이다.

중세는 봉건체제의 절대왕정 시대였다. 따라서 고대의 시민계급이 갖는 민주적 참정권은 오랫동안 사라져 자취를 감췄다. 당시에는 봉건 영주인 귀족계급이 제1신분이기 때문에 제3신분인 시민은 왕과 귀족의 지배를 받았다.[19] 즉 봉건사회에서는 왕권의 절대적 보편성이라는 특성상 운명적으로 고정된 위계 서열로 인해 왕권이 '公'으로 존재했다. 상대적으로 개인이 私적인 자유와 이익을 자유로이 추구할 수

---

17 배한동, 『민주시민교육론』, 경북대학교출판부, 2006, p.3. 전득주, 『현대민주시민교육론』, 평민사, 1992, p.22.
18 클로드모세(Claude Mosse)저, 김덕희 역, 『고대 그리스의 시민』, 東文選, 2002, pp.131-133.
19 제2신분은 교회의 성직자들이다. 배한동, 앞의 책, p.5. 전득주, 앞의 책, p.22. 고영복 편, 『사상사 개설』, 사회문화연구소, 1992, p.67.

있는 상황은 아니었다.

르네상스 및 종교개혁을 통해 봉건적 질서는 철저히 비판되었다. 그러나 지배층은 자신들의 지위를 위협하는 것에 대해서는 가혹한 탄압을 가했다. 이로 인해 종교전쟁을 비롯한 신·구 양 세력의 충돌이 일어났다. 이러한 가운데 종래의 봉건적 귀족과는 다른 사회 계층, 즉 신흥 상업 계층들이 출현했다. 이들은 도시를 중심으로 상업 활동을 통해 재산을 증식시키기 시작했다. 그리고 봉건적인 토지 귀족들이 향유했던 지위와 특권에 대해 도전하기 시작했다.[20]

16세기에 국가라는 개념이 생기면서 영국의 홉스 토마스(Hobbes Thomas) 등의 『국가론』이 등장했다. 다나카 히데오(田中秀夫)[21]는 홉스가 말하는 국가는 근대의 국민국가로서의 자격을 갖추고 있으나 시민적 公共性은 결여되어 있다고 한다. 즉 절대주권이 주권자라는 한 사람의 손에 쥐어져 있기 때문에 홉스의 국가론을 절대주의적 公共性의 이념이라는 것이다. 따라서 여기에서는 한 사람의 절대주권자를 대표로 하는 국가가 '公'으로 자리한다고 할 수 있다.[22]

---

20 고영복 편, 앞의 책, p.119. 배한동, 앞의 책, p.4.

21 그는 "'시민적 公共性'은 국가와는 구별된 시민사회로, 경제생활을 기초로 하는 시민 상호의 교류, 사회적 생활, 公共的 언설을 교환하는 공간"이라고 했다. 田中秀夫, 「近代イギリスにおける公私観念の転換—絶対主義の公共性から市民の公共性へ—」, 『公共哲学4 欧米における公と私』, 東京大学出版会, 2002, p.1, pp.4-5.

22 프랑스의 정치사상가 장 보댕(Bodin, Jean) 또한 『국가론』에, 이상적인 사회질서는 신민의 요구를 바로 알고 이를 존중하는 주권자 즉, 국왕에 대한 복종 위에 세워지며, 종교전쟁 과정에서 경험한 바와 같은 무정부 상태를 극복하기 위해서는 정부의 정책 결정에 대한 절대적인 순응이 요구된다고 기술하고 있다. 이와

17~18세기에 산업 자본주의가 점차 확산됨에 따라 부르주아 (bourgeois)세력이 더욱 부상했다. 그래서 절대군주 체제에 대항하여 개인의 생명권과 재산권, 그리고 국민 주권 사상에 바탕을 둔 정치적 권리 보장을 요구하기에 이르렀다. 사회 전체가 분화의 과정을 겪게 된 것이다. 그러면서 자율적 개인들 간의 합리적·비판적 토론이 벌어지는 公共영역이 형성되었다. 公共영역은 기존의 국가가 마음대로 펼쳤던 정책에 문제를 제기했고, 그것에 영향을 줌으로써 민주주의 발달에 기여했다. 단, 당시 이러한 公共영역의 주체가 부르주아지 (bourgeoisie)였기 때문에 이것을 부르주아 公共영역이라고 한다. 이 영역은 합리적·비판적 토론이라는 질적 측면에 보편적 참여라는 양적 측면을 동시에 갖는 것을 이상으로 했다. 그러나 현실적으로는 부르주아지 이외의 참여를 배제한 한계를 갖고 있었다.[23]

## ▌각국 시민사회의 형성

이렇게 17~18세기의 시민이 부르주아에 한정되어 있다고 하더라도 이 시기를 시민사회 형성의 출발 시기로 본다. 개인의 권리를 주장하면서 공동체를 형성하고 국가권력적 '公'과는 구별되는 시민사회 속에서의 公적 영역과 私적 영역이 형성되었기 때문이다.[24] 즉 오늘

---

같이 당시는 국가와 절대주권자가 '公' 이었다.

23  한국산업사회학회 편, 앞의 책, p.288. 배한동, 앞의 책, p.4.

24  헤겔(Hegel)은 시민을 '부르주아 계급(bourgeois)'과 '공적인 시민(citoyen)'으로

날 논의되고 있는 公共性 형성 추구라는 것은 국가권력적 '公'과는 다른 시민사회적 '公'으로서의 公共性을 말하는 것이라고 했다. 그러므로 이 시기를 公共性 형성에 관한 논의의 출발점으로 볼 수 있다.

시민사회는 서유럽에서 다양한 발전 경로를 겪었다.[25] 우선 영국의 경우를 살펴보자. 다나카[26]에 의하면 17~18세기의 영국은 충분하다고는 할 수 없으나 시민적 公共性이 성립했다고 한다. 토지 귀족은 토지를 상업적 목적으로 이용하면서 토지에 뿌리를 둔 자본가 계급으로 전환했다. 그 결과 영국에서는 계급적으로 귀족과 부르주아지 간의 경계가 모호해 졌다. 그러면서 구체제를 대변하는 귀족과 새로운 체제를 대변하는 부르주아지 간의 격렬한 계급투쟁은 일어나지 않았다. 따라서 대의 민주주의가 점진적으로 발전했다. 커피숍이나 클럽과 같은 公共적인 장소가 정치적 토론의 장(場)이 되었다. 또 여러 가지 잡지들이 문학과 정치에 대한 토론을 활성화 시켰다. 이와 같이 영국에서 나타난 시민사회는 언론 및 대중교육의 발달이 시민사회 내의 의사소통을 확대시켰다. 그러면서 권위주의적 국가권력을 점진적으로 약화시키는 과정을 특징으로 나타낸다.

---

구분한다. 그는 "부르주아 계급은 사적인 이익에 결부되어 있으며, 공적인 시민은 시민적 자유를 통해 새로운 규범적 질서를 형성한다"고 했다. 이는 공적영역이 자유경제체제 안에서의 경제적 토대로만 형성되는 것이 아님을 의미한다. 조효재·손혁재, 앞의 책, p.71.

25  시민사회 형성에 관한 각국의 상황은, 한국산업사회학회 편, 앞의 책, pp.288-289 참조.

26  田中秀夫, 앞의 책, p.1.

프랑스에서의 시민사회 형성은 보다 혁명적이고 급진적인 격동 속에서 이루어졌다. 1789년 프랑스 대혁명으로 시작한 시민의 혁명은 거의 100년 동안 귀족 중심의 구체제와 신흥 부르주아지의 계급투쟁으로 이어졌다. 시민사회의 발전은 구체제 아래에서 절대왕권에 의해 억압되었다. 구체제가 붕괴된 이후에도 혁명과 반혁명의 소용돌이로 인해 법치주의를 바탕으로 한 시민사회의 발전을 이루지 못했다. 1877년 공화정이 승리한 이후에야 비로소 시민사회가 발전할 수 있었다.

다음으로 독일의 경우를 살펴보자. 미시마 켄이치(三島憲一)[27]에 의하면, 독일은 18세기에 자유로운 인간으로서의 공동 토론장이 생겼다고 한다. 그러면서 시민적 公共性이 형성되기는 했으나 시민사회는 프랑스보다도 지체되었다고 한다. 자본주의가 뒤늦게 발전하기 시작한 독일에서는 강한 국가의 영향력 아래 부르주아지가 독자적인 진보 계급으로 성장하지 못했다. 독일의 자본가 계급은 국가 권력에 기대어, 혁명적인 노동자 계급의 위협에 맞서는 보수적인 정치 세력이었다. 시민사회에 대해 국가가 우위에 서는 국가주의 전통이 지속되면서 위로부터의 개혁이 이루어졌다. 이러한 역사적 조건 속에서 독일의 시민사회는 상대적으로 늦게 발전했다.

미국의 경우 카미야 마사코(紙谷雅子)[28]에 의하면, 아메리카합중국

---

27  三島憲一, 「ドイツにおける公共性の三度の構造転換」, 『公共哲学4 欧米における公と私』, 東京大学出版会, 2002, p.63.
28  紙谷雅子, 「現代アメリカにおける公私観念の転換―フェミニズムからの挑戦―」, 『公共哲学4 欧米における公と私』, 東京大学出版会, 2002, pp.89-90.

의 기반이 되는 공동체가 생길 무렵에 시민사회 속에서의 公共性이 형성되었다고 한다. 이 때 통치에 관한 영역을 '公'으로 했다. 그리고 그것 이외에 대해 국가는 개입하지 않고 규제하지 않는다는 의미로 '私'라고 했다. 이것은 시민사회의 영역에 시장(market)이나 자선(charity)이라는 말로 표현되는 영역도 포함됨을 말한다. 이 '私'의 영역에서는 어떤 한 시민이 남들과 대등한 입장의 '개인'으로서 스스로의 능력을 활용했다. 그리고 서로 경쟁하는 것을 통해 자신의 가치와 존재를 증명했다. 이는 전형적인 시장원리 안에서의 개인 영역 확대를 의미한다.

## ▌ 근대의 公共性

이상에서 살펴본 바와 같이 서양의 公·私관은 시민사회가 형성되는 근대를 기점으로 달라졌다. 즉 개인을 사회의 주체로 인식하면서 국가권력적 '公'에 대항하는 시민사회가 형성되고 시민사회 안에서도 公적 영역과 私적 영역이 나뉜다. 시민사회는 자유경제 체제를 경제적 토대로 하여 私적 이익을 우선으로 하지만 시민의 公論을 통해 公共性을 형성했다.

그러나 이때의 公共性은 버나드 맨드빌(bernard de mandeville)[29]이 주장하는 '公共정신 없는 公共性'이다. 여기에서 말하는 公共정신

---

29 버나드 맨드빌(bernard de mandeville)은 『The Fable of the Bees, or Private Vices, Public Benefit』를 발표했다. 우리말로 『벌의 우화』라는 제목으로 번역된 이 책은 사적인 악이 공적인 이익이 된다는 내용이다.

이란 개인의 이익을 최우선으로 생각하는 것을 배제해야 한다는 사고를 말한다. 이마다 다카토시(今田孝俊)[30]는 公共空間(공공공간)을 경제행위의 공간으로 볼 때 여기에서는 개인의 이익이 무엇보다 우선된다고 했다. 그러므로 개인의 이익 우선을 타당한 것으로 만드는 '페어플레이'와 같은 용어가 '公共정신 없는 公共性'이라는 것이다. 그리고 또 그는 이러한 公共정신 없는 公共性을 과연 '公共性'이라 할 수 있는가 라는 문제제기를 했다. 그러면서 근대의 公共性을 문제 삼게 되는 것은 바로 이러한 점 때문이라고도 했다. 근대 이후 公共정신 없는 公共性은 公共性이 결여되었다는 자각과 비판을 초래했다. 즉 이기주의 또는 개인주의에 대한 비판으로 발전하게 된 것이다.

한나 아렌트(Hannah Arendt)[31] 또한 이기주의 또는 개인주의를 지적하여 비판했다. 모든 사람들이 자기 자신과 사적인 영역에 대한 관심만을 키움으로써 公共의 영역을 잃어버렸다고 한다. 그리고 주관적 욕구와 자아적 가치만이 남게 되었다고 한다. 또 조나단 터너(Turner, Jonathan H)[32]는 현대 사회에 이르러 시장 경제가 불안정해졌고 이에 따라 국가는 경제를 안정시키기 위해 확대 되었다고 한다. 그런데 관료제의 확대와 함께 자유도 쇠퇴했다고 하며, 이에 대한 해결은 시민

---

30  今田孝俊, 「近代イギリスにおける公私観念の転換―絶対主義の公共性から市民の公共性へ―」, 『公共哲学4 欧米における公と私』, 東京大学出版会, 2002, p.47.
31  이은선, 「한나 아렌트의 '인간의 조건'과 '公共性'에로의 교육」, 『교육철학』 제29권, 2003, pp.45-46.
32  조나단 터너 저, 정태환 외 역, 앞의 책, p.684.

사회 에서의 공적 영역을 부활시키는 것이라고 했다. 이는 시민사회적 '公'에 대한 국가 개입을 지적한 것이라고도 할 수 있다.

이상에서 살펴본바와 같이 서양에서는 오늘날 당면한 개인주의 및 이기주의 문제에 대해 비판한다. 그리고 문제의 해결을 위해 시민 사회 안에서 시민사회적 '公'으로서의 公共性 형성을 추구해야 한다고 논의하고 있다. 이러한 모습은 현재 서양의 公·私관을 대변한다고 할 수 있다.

## 2. 중국의 公·私관

### ❙ 윤리와 公·私관

중국은 오랜 왕도 정치가 지속되었다. 그러나 각종 결사체 등이 국가(官)를 견제하는 관계를 유지하면서 여론을 형성하여 정치 집단 으로서의 면모를 보였다는 견해도 적지 않다.[33] 이를 염두에 두고 중 국의 公·私관을 살펴보자.

고대 사회에서 '公'은 官을, '私'는 民을 뜻한다고도 하고, '公'이란

---

33 중국의 公共영역과 시민사회에 관련된 연구로는, Chamberlain, Heath B. "On the Search for Civil Society in China." *Modern China* Vol.19, No.2. 1993. 이남주, 『중국 시민사회의 형성과 특징』, 폴리테이아, 2007. 박영순, 「중국 전통 사회 속의 '시민사회'의 맹아적 현상 -명·청 시기 결사와 회관을 중심으로-」, 『한중일 시민사회를 말한다』, 이학사, 2006 등을 참조.

통치자의 입장을 말하는 것이고 '私'란 피통치자의 입장을 말하는 것이라고 한다.[34] 이러한 '公'은 윤리적 성향과 정치적 성향의 두 가지 유형으로 분류된다.

윤리적 성향의 '公'이란 衆人(중인), 즉 여러 사람과 공동으로 한다고 할 때의 '共(공)', 衆人과 함께 통한다고 할 때의 '通(통)', 그리고 고루 나눈다는 의미의 '平分(평분)'을 가리킨다. 한편, 정치적 성향의 '公'은 衆人의 공동작업장·제사장 등을 나타내는 公宮(공궁)·公堂(공당) 및 이를 지배하는 족장을 가리킨다. 나아가 통일국가 성립 이후에는 군주나 관부 등 지배기구에 관련된 개념을 '公'이라고 했다.[35]

윤리적 성향의 共·通·平分과 정치적 성향의 군주·지배기구라는 유형은 언뜻 보면 그다지 차이가 없는 것 같다. 그러나 미조구치 유조(溝口雄三)[36]는 "국가나 정부를 公으로 간주하여 군주·지배기구의 유형만이 존속한 일본의 公과는 전혀 다른 용어로서 차이가 현격해진

---

34  박충석, 「유교에서의 공·사 관념과 현대한국사회」, 『퇴계와 함께 미래를 향해』, 안동대 퇴계학연구소, 2001, pp.601-602.
35  중국과 비교해보면 일본의 '오오야케'의 의미로 수용된 '公'은 군주·지배기구 유형 쪽으로 기울게 되어 共·通·平分 유형은 거의 사라지게 되었다. 즉 '오오야케'의 본래 뜻에는 共·通·平分 유형의 개념, 특히 通이나 平分 부분은 포함되어 있지 않았다. 본래 '오오야케'는 '公'을 일단 포함하면서도 지배기능 쪽에 개념의 비중이 놓이게 되고, 야마토 조정의 정치이데올로기상의 요청에 따라 그런 경향은 더욱 증폭되었다. 또한 당시 그들이 도입한 한·당시대의 문헌은 선진시대의 문헌에 비해 公의 의미에 있어 군주·지배기구 유형이 우위였다는 등의 사정이 일본에서 共·通·平分 유형이 거의 사라지는 요인으로 작용했다. 溝口雄三, 『一語の辭典公私』, 三省堂, 1996. 溝口雄三, 『中国の公と私』, 研文出版, 1995, pp.16-17.
36  溝口雄三, 앞의 책, 1995 pp.17-19.

다."고 했다. 그리고 중국의 경우 군주·지배기구의 유형이 정치적으로는 우위에 있지만 가치적으로는 共·通·平分의 유형이 우위에 있고 후자는 전자에 영향을 미친다는 것이다. 한 예로 군주가 백성을 平分으로 다스려야 한다고 할 때의 경우를 들 수 있다. 이러한 경우를 共·通·平分 으로서의 '公'이 군주·지배기구 로서의 '公'에 영향을 미쳐 군주·지배기구를 윤리성으로 견제하는 것이다.

단 중국에서의 '公' 개념이 윤리적 성향을 지닌다고 해서 중국이 윤리적 '公'을 실현시킨 사회라는 의미는 아니다. 위와 같은 논리는 어디까지나 개념상의 논리에 한정된다는 것을 전제로 한다는 점을 기억해두자.

## ▌ '私'의 자주성

한편, '私'는 '법적인 유연성' 즉 법의 엄격한 객관성에 대조되는 '인간 주관적' 또는 '임의적으로 처리함'이라는 의미로 쓰였다. 이렇게 쓰이는 경우를 제외하고는, 공평하고 객관적이라는 의미의 '公'과는 모순되는 것으로서 부정적으로 간주했다. 여러 사람과 함께 할 때, 또는 여러 사람과 관련된 인륜 사회를 公的이라고 한다면, 관계성이 없는 상태의 개별적인 것을 私的이라고 했다. '私'는 자율적인 행위 주체를 의미하는 것이 아니라 이기심이나 물욕과 관련된 개인을 지칭했다. '公'이 객관성과 통용 가능성을 의미했다면 私意(사의)는 폐쇄적이거나 혹은 公共을 염두에 두지 않는 자기 관심사를 의미했다. 또 개체의 자기 지향성, 즉 개체의 사사로움(己私)으로서 '公'과는 함께 할 수 없다. 왜냐하면 자기의 사사로움(自私)은 '公'(사회적 관계 지향성)에 장애 요인으로 부정적 개념을 지녔기 때문이다.[37]

이러한 부정적 개념으로서의 '私'는 宋代(송대, 960~1279)에 들어서 개인의 자주성이 중시되는 개념으로 나타난다. 주희 철학을 보면 자율적 행위자는 '私'가 아니라 주로 己(기) 또는 身(신)으로 표현했다. 그런데 己는 사유하는 주체, 소유하는 주체, 반성하는 주체, 판단과 결단하는 주체, 인식하는 주체, 타자(다른 사람이나 사회, 일, 사물 등)와 관계성을 형성하는 실천과 행동의 주체를 말할 때 사용했다.[38]

시어드어 드 배리(Wm. Theodore de Bary)는 宋代 유학이 자발성과 책임의식을 중시하는 서구의 전통적 자유주의 방식과 유사하다고 했다. 그리고 그런 의미에서 '근대적'이라고 했다. 그는 주희의 자유주의 교육을 예로 들어 외부적인 규칙이나 금령을 통해서 인간을 구속시키기 보다는 개인의 자주성을 중시했다고 주장했다. 또 주희가 말하는 마음의 자율성이라는 관념은 자기 인식, 비판적 의식, 창조적 사상, 자주적이고 주체적인 노력과 판단을 의미한다고도 했다. 그러면서 이것이 주희를 포함한 신유학의 개인주의라고 규정했다.[39]

---

37 권향숙, 「주희(朱熹)의 公과 私」, 『철학논구』, 서울대학교 철학과, 30권, 2002, pp.31-32.

38 溝口雄三, 앞의 책, 1995 pp.21-25. 권향숙, 앞의 논문, pp.35-37.

39 시어드어 드 배리(Wm. Theodore de Bary)저, 표정훈 역, 『중국의 '자유' 전통』, 이산, 1998, pp.126-127.

## ┃ 公共 영역

이렇게 개인의 자주성을 중시하는 개념이 나타나는 가운데 박영순[40]의 견해에 주목된다. 그에 의하면 명·청나라 시기의 중국 사회에는 현재의 여론 주도 기관과 비슷한 여론의 중심축이 될 만한 단초가 있었다고 한다. 특히 명나라 시대의 각종 결사는 民衆의 힘이나 조직력을 바탕으로 사회에서 여론의 중심축이 되었다. 그리고 '公'을 대변하면서 국가(官)를 견제하는 세력으로 존재했다. 물론 그들이 형성한 여론이 현대적 의미의 '여론'과 꼭 일치하는 것은 아니다. 더구나 민주적이고 비판적인 여론 정치의 주체로서의 기능을 수행한 것도 아니었다. 그러나 중국의 전통 사회에도 '비판적인 여론 정치의 주체로서의 公共영역'이 존재 했다는 추형으로 삼을 수 있다.

민국(民国, 1912~1949)시기에 대한 연구를 보면 그 당시 국가로부터 자주성을 갖는 사회 공간이 존재 했다는 것을 알 수 있다. 랜킨(Mary B. Rankin)[41]은 청나라 말기 중국 사회에서 지방 엘리트들이 주도하는 公(public)적 활동이 확대되었음을 강조했다. 이 활동은 관(官) 혹은 사(私)와는 구분된다. 그리고 이러한 민간에 의해 주도되는 공적

---

**40** 여론은 사(私)에 대비된 공정, 공평의 의미로 공론이라고도 하며, 이는 여론 정치의 핵심이 되는 요소이다. 중국 전통의 '공론'은 대중이 함께 모여 공개 토론하는 형태는 아니었지만 대중성 이라는 의미에서 '공론'의 요소를 갖추고 있다고 할 수 있다. 박영순, 앞의 책, p.316, pp.318-319.

**41** Mary B. Rankin. *Elite Activism and Ploitical Transformation in China Zhejiang Province 1685~1911*. Stanford, CA: Stanford University Press, 1986.

활동의 발전을 하버마스의 公共영역 개념과 연관시켰다. 이로서 청나라 말기와 민국 시기의 중국 사회에서도 서구의 公共영역 혹은 시민사회와 관련된 현상이 존재했다는 점을 강조했다.[42] 명나라 말기부터 지속적이고 느리게 발전한 公적 영역은 서구 시민사회의 출발과는 다르다고 했다. 그렇지만 청나라 말기와 민국 시기에는 시민사회의 일부 제도적·실천적 특징이 출현하기 시작했다는 것이다. 물론 이와 다른 견해도 있다. 로우(Rowe)[43]는 청나라 말기의 중국에서는 서구에서 논의되고 발전된 시민사회라는 개념에 부합할 수 있는 현상을 발견하기 힘들다고 했다.

## ▌ 公·私의 조화(調和)

이렇게 각각의 주장은 조금씩 다르지만 이들의 설명에서 나타나는 가장 중요한 특징을 간과해서는 안 된다. 즉 그들은 국가와 私적 이익의 충돌을 전제로 하는 시민사회 개념 보다는 公(public)에 초점을 맞추는 公共영역 개념을 적용하였다. 이로서 民衆(민중)과 국가의 관계를 대립적으로 설명하지는 않았다는 점에 주목된다.[44] 즉 서양의 경우 국가와 대립적인 관계에서 시민사회가 출발했으나 중국의 경우

---

42  Strand, David. *Rickshaw Beijing: City People and Politics in the 1920s*. Berkeley. CA: University of Califomia Press, 1989.

43  Rowe, William T. "The Public Sphere in Modern China." *Modern China* 16(3) 1990.

44  이남주, 앞의 책, pp.24-31.

民衆과 국가의 관계는 대립적인 것이 아니었다. 고염무(顧炎武)는 중국 전통에서의 '私'는 전체와 융합되는 조화(調和)로서의 '公'이라고 해석했다. 이는 중국 고대 문인이 '私'를 '公'과 대립되는 의미로 바라보지 않고 전체에 융합되는 조화로서의 '公'으로 인식하고 있었음을 나타낸다. 그리고 개인의 권리라기보다는 전체의 권리로 해석하고 있음을 나타낸다.[45]

현대에 이르러 중국은 공산당을 정점으로 하고 있다. 따라서 도시와 농촌의 기층 단위까지 수직적인 사회 관리 체제만이 존재했고 자율적인 수평적 관계는 거의 존재하지 않았다. 이러한 체제에 근본적인 변화가 시작된 것은 1978년 중국이 개혁개방 정책을 시작한 이후이다. 1989년 천안문 사태를 전후로 권위주의적 국가 체제에 도전하면서 정치적 민주화를 추진하기도 했다. 그리고 경제적인 측면에서는 시장경제로의 전환과 대외 개방을 성공적으로 추진하고 있다. 그러나 정치적으로는 당 국가 체제를 그대로 유지하고 있는 상황이다. 따라서 시민사회적 '公' 보다는 국가권력적 '公'을 '公'으로 인식하는 경향이 강하다고 할 수 있다. 이러한 상황으로 볼 때 중국사회에서의 公共性 형성에 관한 논의는 자본주의 사회가 지니는 이기주의·개인주의의 비판적 시각으로 논의되는 公共性과는 다를 것이다. 이에 관해서는 별도의 연구가 필요하다고 사료된다.

---

45 박영순, 앞의 책, p.320.

# 일본 公·私관의 변천과 특징

## 1. 公·私관의 변천

### ┃ 고대

전술한바와 같이 일본 公·私의 어원은 원래 중국기원의 언어이므로 중국에 있다. 지금의 '公'인 '오오야케(オオヤケ)'는 고대의 일본인이 중국의 公·私 관념을 처음 접했을 당시에 만든 것이다. 즉 중국의 '公'이 의미하는 것과 일본의 '오호야케(オホヤケ)'가 의미하는 것을 연관시킨 것이라고 했다. 또 '私'에 해당하는 적당한 야마토 언어가 없었다. 그래서 어원미상의 훈독어로서 '와타쿠시(ワタクシ)'라는 신조어가 탄생한 것이라고 추측했다는 것도 앞서 설명하였다. 그 후 8세기 초에 오호야케·오야케라는 개념은 소멸하고 公·私라는 말로 변용했다. 이때의 '公'은 천황 및 국가기구 내지 이를 맡은 지배층 이

라는 의미로 사용했고 '私'는 반국가적 또는 개별적 영역에서 '公'에 대비되는 의미로 사용했다.

이와 같은 公・私는 8세기 중엽부터 달라졌다.[46] 이전까지는 '公'과 '私'가 서로 대비되어 각자의 영역을 갖는 대비구조(公:私)의 경향을 보였다. 그런데 8세기 중엽을 기점으로 변용된 '公'과 '私'는 각기 영역의 구분이 없이 서로 겹쳐지기도 하고 분리되기도 하는 중층구조(公=私)[47]를 형성했다.

---

**46** 미즈바야시 다케시(水林彪)는 당시의 토지제도와 신분제도의 변화를 예로 들어 8세기 중엽부터 달라진 公・私의 중층구조를 설명했다. 그의 설명을 보면, 간전영년사재법(墾田永年私財法, 743년)의 성립은 "법 형식적으로는 公을 거점으로 하여 私 영역을 개척해 가는 私의 확대이다. 그러나 여기에서의 私는 公을 떠나서는 존재하지 않고 公的인 것으로부터 자립한 영역으로서는 성립이 불가능하다"고 했다. 즉 간전영년사재법은 각자가 자신의 힘으로 개발하여 자손대대로 걸쳐 상속시켜 갈 수 있는 간전(墾田)을 사전(私田)으로 인식할 수도 있기 때문에 私의 확대라고 생각할 수 있다. 그러나 그것은 어디까지나 公 안에서만 존재하는 것이다. 신분제도도 같은 시기에 변화되었는데, 公民의 관념이 율령국가 성립기에는 귀족층을 가리키는 말이었으나 이 무렵부터는 公의 관리 하에 있으면서 公田을 경작하는 백성도 公民이라고했다. 즉 국가기구 내지 이를 맡은 귀족층만을 公이라고 하지 않고 넓은 범위에서의 국가적 관계에 있는 것을 모두 公이라고 한 것이다. 水林彪, 앞의 책, pp.12-13.

**47** 公・私의 중층구조에 대해서는 溝口雄三, 앞의 책, 1996 pp.61-62 참조.

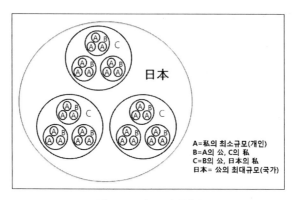

<그림 3> 公과 私의 중층구조

〈그림 3〉[48]에서와 같이 중층구조(公=私)란 최소 단위의 '私'가 여러 개 모여 작은 규모의 '公'이 된다. 그리고 작은 규모의 '公'이 여러 개 모여 조금 더 큰 '公'이 된다. 그렇기 때문에 최대 규모의 '公'과 최소규모의 '私'는 서로 연결되어 있다. 중간 규모의 '公'은 그보다 작은 규모에게는 '公'이 되지만 그보다 큰 규모의 '公'에 대해서는 '私' 이다. 그러므로 결국 '公'과 '私'는 각자의 영역이 구분되어있지 않다.

이 시기부터 公·私의 구조는 모든 경영체제의 중핵에 '公'이 있고 그 주변에 '私'가 부착해가는 형태였다. '公'이 국가권력체계로서만 존재한다는 것을 전제로 '公'과 '私'가 연속하여 서로 중첩되어 있는 것이다. 이러한 중층적 公·私 구조를 현대 일본 公·私관의 원형이라

---

**48** 〈그림 3〉은 公·私의 중층구조에 대한 이해를 돕기 위해 필자가 구상한 것이다. 따라서 그 밖의 다양한 형태로도 표현할 수 있다. 그리고 반드시 일본에만 적용되는 것이 아닐 수도 있다는 점을 밝혀두겠다.

고 한다.[49] 그런데 '公'이 국가권력체계 로서만 존재한다는 의미는 무엇인가. 이는 바로 公·私가 중층적 구조를 갖고 서로 중첩되어 있다고 해도 그 안에서는 결코 '私'가 '公'에 우선되지 않음을 말하는 것이다. 뿐만 아니라 권력체계 안에서 최고위의 '公'은 천황이므로 천황이 '公'이 된다.

## ▌중세

중세 가마쿠라(鎌倉) 시대에는 천황을 지칭하던 '公'이 가마쿠라 장군을 지칭하기도 했다. 예를 들어『中世法制史料集(중세법제사료집) 3』에 의하면 가마쿠라 막부의 신하 우쓰노미야(宇都宮)의 '식조(式条)' 서두에 '사정치조조(私定置条条)'가 있다. 그리고 그 다음에 조문이 열거되어 있다. 이때의 '私'는 우쓰노미야가 가마쿠라 장군을 군주로서의 '公'으로 받들고 종신(從臣)으로서의 자신을 '私'라고 칭한 것이다. 당시 실질적 권력이 천황에서 막부의 장군에게 이양되는 과정에서 '公'의 대상 또한 천황에서 장군으로 옮겨진 것이라고 생각할 수도 있다.

그러나 실질적 권력을 갖고 있다고 해도 결코 '公'이 될 수는 없다. 단지 천황(公)으로부터 '公'을 부여받은 형식을 취한 것이다. 이는 公·私가 서로 중첩되어 있다고 해도 결국 천황이 최고위 지배층으로서의 '公'이라는 것을 의미한다. 이렇게 중층구조적 형태로 중첩되어 있는

---

49  水林彪, 앞의 책, p.13.

公 · 私는 근세 막번 체제(幕藩体制)[50]에까지 변하지 않고 이어졌다.[51]

한편, 지금까지 설명한 것은 중층구조의 형태로 '公'의 전제하에서 만 '私'가 존재하는 전통적인 公 · 私관이다. 그런데 에도(江戸) 시대의 公 · 私관을 보면 이전과는 상당히 다른 모습을 보인다.

## ▌ 근세

에도시대 중기의 유학자 중에 오규 소라이(荻生徂徠)가 있다. 그 는 『변명(弁名)』에서 公 · 私에 대한 정의를 "대중과 똑같이 함께 하 는 것을 公이라 하고 오로지 나 홀로 하는 것을 私라 한다."고 했다. 또 『정담(政談)』에서는 "전반적으로 정무의 도리는 상(上)의 사사(私 事)가 아니다. 하늘로부터 부여받은 직분이다."라고 했다. 여기에서 '대중과 똑같이 함께 한다'와, '정무의 도리는 상(上)의 사사(私事)가 아니라 하늘로부터 부여받은 직분'이라는 말에 주목해보자. 이것은 다름 아닌 공도(公道)를 말하는 것이다. 즉 정무의 도리는 하늘로부터 부여 받은 직분을 사사로이 하지 말아야 한다는 윤리성을 말하는 것이다. 또 '나 홀로 하는 것을 私라 한다.'라는 말에 주목해보자. 이는 公=私

---

50 막번 체제는 막부(幕府)의 쇼군(将軍)과 번(藩)의 다이묘(大名) 간의 봉건적 주종 관계를 토대로 하여 성립하는 에도시대의 통치 체제를 말한다. 여기에서 다이묘 는 11세기 이후 일본 국토가 분할될 때 사유지에 지배권을 행사하던 무사의 우두 머리들을 가리키는 말이다.

51 渡辺浩, 「日本思想史的脈絡から見た公私問題」, 『比較思想史的脈絡から見た公私問 題』, 将来世代国際財団, 1998, p.119.

라는 중층구조와는 다른 사적 영역의 자율성을 인정하고 있는 것이라고도 볼 수 있다.[52]

뿐만 아니라 주권재민의 논리가 등장하기도 했다. 무로 큐소(室鳩巢)[53]는 인간 가치의 자각과 민주적 사회를 구상한 인물 중 한사람이다. 당시의 사회 통념에 이러한 견해가 받아들여질 수는 없었다. 그러나 그는, 왕은 人民의 공복(公僕)으로 民을 위해 봉사하는 것은 약속을 이행하는 당연한 의무라고 했다. 그러면서 그의 저서 등을 통해 주권재민에 기반 한 사회계약설의 견해를 소상히 밝혔다.

위의 오규 소라이가 인정하는 '사적 영역의 자율성'과 무로 큐소가 언급한 '주권재민의 사회구상'에 주목해보자. 이는 곧 근대 서양이나 宋代 중국에서 발견되는 '개인의 자주성'과 일맥상통한다. 그밖에도 일본에서의 '私'의 출현은 농민 중심의 민중운동을 통해서도 찾아볼 수 있다. 뿐만 아니라 에도시대의 상공업 발달로 인한 상인들의 부상은 사적 영역을 확대하여 근대로 이양할 조건과 가능성을 갖고 있었다고 볼 수 있다.

이렇게 에도 말기를 전후로 해서는 잠시나마 '私' 중심의 사상 및 인식을 갖고 있었음을 알 수 있다. 그러나 그 이후 국가 권력의 철저한 탄압과 일방적인 근대의 논리에 의해 개인이 주축이 되는 사적 영역을 확보하기는 어려웠다.[54]

---

52 『日本思想大系』, 荻生徂徠 36, 岩波書店, 1973, p.105.
53 尾形裕康 編著, 辛容局 訳, 『日本教育史』, 教育出版社, 1993, pp.84-88.

## ▌근대

근대는 메이지(明治) 국가 수립 후 헌법을 제정하여 천황의 신성 불가침성과 통치권을 법적으로 제도화시켰다. 뿐만 아니라 징병제도 와 학교제도 등을 통해 천황제를 기초로 한 국민 형성 작업을 추진했 다. 서구 근대 국민국가 에서는 국민이 법 앞에 평등하고 정치적 주 권자로서의 법적 지위를 부여받은 존재였다. 그러나 일본에서는 국민 이 통치의 객체로서 개념화 되어 헌법에서도 국민을 신민(臣民)으로 규정했다. 서구 근대 국민국가의 탄생은 개인의 해방이라는 측면을 내포했다. 이와는 달리 일본 지배층은 전통적·봉건적 사회관계 속에 개인을 매몰시키는 방식으로 지배를 관철시키고자 했다.[55] 이러한 상 황으로 인해 근대에는 에도 말기에 잠시 나타나기도 했던 '私'영역이 오히려 축소되었다. 그리고 천황과 국가라는 '公'에 대한 '私'의 절대적 종속 구조의 형태를 띠게 되었다.

메이지유신 정권의 지도 이념은 1867년 '왕정복고의 대호령(王政 復古の大号令)'을 통해 처음 밝혔다. 이에 대한 정치적 지도이념을 밝 힌 구체적 문서는 1868년에 발표한 '5개조의 서문'과 '국위선양의 칙 서'이다.[56]

---

54  근대 일본 민중운동의 실패에 관해서는 김필동, 『근대 일본의 민중운동과 사상』, 제이앤씨, 2005 참조.

55  한영혜, 「일본의 내셔널 아이덴티티와 전후 민주주의의 이중성」, 『역사비평』, 역 사문제연구소, 1998, pp.315-316.

56  〈五箇条の御誓文〉一、広く会議を興し、万機、公論に決すべし。一、上下、心を一にして、

위의 '5개조의 서문'에 대해 하가 토루(芳賀徹)는 "여러 제후 및 민중의 의견을 복합하여 '공론'을 창출하고 이에 따라 '국정'을 운영해 가려 한다는 '공의여론'의 이념을 나타낸 것이었다."[57]고 하며, 자유민권운동의 담당자들이 5개조의 서문에 그 사상적 지주 기반을 추구했던 것은 어느 의미로서는 당연했다고 말했다. 그러나 와타나베 히로시(渡辺浩)[58]는 "메이지 신정부의 공론(公論)은 개인의 의사를 토대로 하여 다수결로 결정되는 것이 아니었다. 실질적으로는 번론(藩論)을 의미했기 때문에 일본의 公論이라는 것은 私論을 배제하고 스스로 일치하는 것이라는 의미를 가지고 있었다."고 한다. 이는 5개조의 서문에서 밝힌 공론이라는 것이 여론을 의미하는 것이 아님을 말하는 것이다. 자유민권운동의 담당자들은 이 부분을 잘 못 이해했을 것이다. 또 "일본의 공의(公儀)는 '公共의 福祉(salus publica)'를 위하여 존재하지 않았기 때문에 公儀에는 公共性이라는 의미가 없다."고 했다. 여기에서도 알 수 있듯이 公論이라는 것은 결국 천황제를 뒷받침할 論의 합치를 의미하는 것이다.

같은 날 선포된 '국위선양의 칙서' 내용에는 천황을 '부모'로, 民衆

---

盛んに経綸を行ふべし。一、官武一途、庶民に至る迄、各々其の志を遂げ、人心をして倦まざらしめん事を要す。一、旧来の陋習を破り、天地の公道に基くべし。一、知識を世界に求め、大に皇基を振起すべし。『太政官日誌』四。慶応四年三月十四日、http://9112.teacup.com/bicchu/bbs, 〈国威宣布の宸翰〉의 원문도 동일한 홈페이지 참조.

57　芳賀徹 저, 손순옥 역, 『명치유신과 일본인』, 도서출판 예하, 1989, p.218.
58　渡辺浩, 앞의 책, p.121, p.125.

을 그 '赤子(적자)'로 비유하였다. 民衆의 천황에 대한 절대적 헌신을 내세운 소위 '일군만민론(一君万民論)'을 설명한 것이다. 이는 천황에 의 절대 복종과 지배적 체제를 강화하려는 의도를 분명히 나타내는 것이다. 이에 따라 천황과 국가는 '公'으로서의 위치를 굳게 확보하게 되었다.[59]

## ▍ 교육칙어

5개조의 서문에도 밝히고 있듯이 '지식을 세계에 구하며 크게 황 기(皇基)를 진작시키려 한다.'고 되어있다. 이것은 메이지의 이념이 황 실의 기반을 다지는 것으로 귀결됨을 말하는 것이다. 이러한 의도는 교육제도 및 교육이념으로 더욱 분명히 나타났다. 메이지 천황은 국 가 융성의 기본에 있어서 인재 육성이 가장 중요하다고 판단했다. 따 라서 황기를 떨치고 황도를 대내외에 선포하기 위한 전제로서 먼저 지식을 추구해야 한다고 강조했다. 당시는 문명개화라는 풍조에 의해 양학을 중시하여 일본 전통의 윤리 도덕에 관한 교육을 경시하는 정 세에 처해 있었다. 그렇기 때문에 유교사상[60]을 필요로 했으며 이를 배경으로 '교육칙어'를 발포했다. 일반적으로 교육장전의 내용은 당대 의 사상적 배경이 되는 이념을 바탕으로 구성하는데 교육칙어는 그

59  橋川文三 編, 『近代日本政治思想史』, 有斐閣, 1971, p.153.
60  오늘날 우익 단체들이 교육칙어 부활을 주장하며 그 필요성과 타당성의 근거로 삼는 것이 교육칙어의 사상적 배경이 되는 유교적 내용이다.

대표적인 것이라고 할 수 있다. 일본인들이 천황과 국가에 절대적으로 복종하도록 정신적 세뇌의 도구 역할을 한 '교육칙어'는 근대의 公·私관을 명확히 드러낸다.

하야시 유지로(林雄二郎)는 "公=국가라는 일본인의 발상은 메이지기에 만들어진 교육칙어에 그 정신이 집약되어 있다."고 했다. 그는 "국가 유사시에는 義(의)·勇(용)·公(공)으로 봉사함으로써 무궁한 황실을 보존해야 한다는 것이 그것이다."[61]라고도 했다. 이와 같이 교육칙어는 의리와 용기로 '公'에 헌신하여 황실의 운명을 구해야 한다(義勇公ニ奉シ以テ天壤無窮ノ皇運ヲ扶翼スヘシ)는 내용으로 되어있다. 신민으로서의 도리는 개인의 희생이라는 것이다. 이러한 교육칙어의 이념을 실천하기 위한 방법으로 수신교육이 행해졌다. 수신교육은 公民(공민)=臣民(신민)=皇民(황민)을 만들기 위한 교육의 지표가 되었다. 奉公(봉공)을 국민도덕의 실천으로 자리매김하며 일본인을 사상적·심리적으로 滅私奉公(멸사봉공)하도록 하는데 결정적인 역할을 한 것이다.

金泰昌은 "일본 근대는 公을 재판소, 학교, 군대, 세켄(世間)이라는 4개의 범위로 강화하여 형성하고 그것을 등지는 자는 처벌하고 배제해왔다. 국가적 '公'을 강화하면서 보다 일원화하고 배제의 논리를 구사하면서 국가가 만든 '公'을 확대·강화해 왔다. 그것이 근대 일본

---

61  林雄二郎, 「日本の原価値観とフィランソロピー」, 『日本社会における公と私』, アステイオン, No.45, 1997, p.46.

이다"[62]라고 했다. 이와 같이 일본의 근대 公·私관은 개인이 국가에 매몰되는 滅私奉公적 성격으로 나타난다.

## 2. 公·私관의 특징

### ▌ 중층구조적 公·私관

지금까지 살펴본 바와 같이 일본의 公·私관은 8세기 중엽부터 일본 公·私관의 원형이라고 일컬어지는 중층구조(公=私)의 형태를 지녀왔다. 근대에 이르러서도 이러한 중층구조가 지속되었다. 따라서 '公'은 일관되게 천황과 국가를 가리키는 개념으로 우선시되며 지배와 종속의 관계를 보이는 滅私奉公적 성향을 강하게 나타냈다.

미즈바야시 타케시(水林彪)[63]는 중층구조의 특징에 대해 "公은 국가권력체계로서만 존재한다. 여기에는 비국가적·사회적 '公共'으로 연결될 수 있는 계기는 용인되지 않는다."고 했다. 이는 '公=국가'라는 인식 외에는 '公'을 다른 것과 연관시킬 수 없음을 대변하는 것이다. 그리고 公과 私가 연속하여 서로 중첩되어 있다고 했다. 이는 '公'의 세계에 '私'가 부단히 침투해가는 것을 의미하기도 한다. 그러나 "私는

---

62  佐々木毅·金泰昌 編, 앞의 책, p.55.
63  水林彪, 앞의 책, p.13.

公을 떠나서는 존재하지 않고, 公적인 것으로 부터 자립한 세계로서는 성립하지 않는다."고 했다. 즉 국가권력체계 안에서 '私'보다는 '公'이 우선되며 '私'는 '公'을 전제로 존재하는 것을 말한다.

이와 같이 일본의 公·私관은 고대부터 근대에 이르기까지 지속적으로 중층구조적 형태를 갖고 있는 것으로 나타났다. 그렇다면 과연 이러한 구조는 오늘날 어떠한 형태를 지니고 있는가. 이에 대해서는 제4장과 제5장에서 일본의 교육 내용을 검토하는 것으로 알아보자.

## ▎公=국가

서양과의 비교에서 나타난 특징은 근대를 맞이하면서도 '私(개인)'의 영역이 확대되지 않고 오히려 축소된 경향을 보이는 점이다. 일본의 경우 근대 서양에서 '私' 영역의 확대로 개인이 주체가 된 시민이 형성된 것과는 다른 양상을 보였다. 이기호[64]는 "실제로 시민사회를 경험하지 않은 대부분의 신생독립국에서 공(公)은 관(官)에 의해 형성되고 집행되는 것으로 이해되었다."고 말한다. 시민사회를 경험하지 않은 일본의 경우도 마찬가지라고 할 수 있다. 에도 말기에 보였던 '私'의 출현으로 시민사회 형성을 기대할 수도 있었으나 이러한 기운이 근대로 이양되지는 않았다. 즉 시민사회를 경험하지 않은 일본은 시민사회적 '公'으로서 '公'을 인식하는 것이 아니라 국가에 의해 형성

---

64  이기호, 「21세기 공공성의 정치학적 재구성」, 『공공성』, 미메시스, 2008, p.255.

된 국가권력적 '公'을 '公'으로 인식하는 것이다.

고바야시 마사야(小林正弥)는[65] "신문(요미우리)의 논설에서 중시하는 국가적 '公'은 절대주의 및 국가주의 등과 같이 근대에도 보이지만 그 연원을 더듬어 가면 고대 이래의 王制(왕제)·帝制(제제)로 거슬러 올라갈 수 있다. 특히 일본의 公(오호야케)의 관념이 천황제와도 밀접불가분한 관계에 있는 것을 생각하면, 그것은 전근대적 '公'이라고도 부를 수 있다."고 했다. 이는 일본 근대의 '公'에 대한 인식이 전근대와 다르지 않음을 말하는 것이다.

즉, 일본의 '公=국가'라는 인식은 역사적으로 일관한다. 근대 서양에서 '개인(私)'영역의 확대와 더불어 형성된 시민사회에서 개인이 公共의 주체가 된 것에 비해, 일본의 경우 근대에 오히려 '개인(私)'의 영역이 축소되고 억압되었다. 따라서 '公=국가'라는 인식은 더 굳혀졌을 것이다.


## ▌ 윤리성 결여의 公·私관

중국과의 비교에서 나타난 특징은 일본의 公·私관에는 윤리성이 결여되어 있다는 점이다. 전술한바와 같이 중국의 公·私관에는 衆人과 공동으로 한다고 할 때의 '共', 衆人과 함께 통한다고 할 때의 '通' 그리고 平分이라는 윤리관이 있다.

---

65　小林正弥,『公共哲学4 欧米における公と私』,東京大学出版会, 2002, p.vx.

미조구치의 논리에 의하면 이 윤리성의 유무는 중국과 일본의 차이를 극명하게 보여주는 특징 가운데 하나이다. 중국의 共・通・平分의 유형은 公正(공정)에 대한 偏私(편사)라는 정・부정의 윤리성을 갖는다. 이에 반해서 일본의 公・私는 드러냄에 대한 숨김, 공식적인 것에 대한 비공식적인 것, 관사・관인에 대한 사사・사인이다. 근대에 들어와서는 국가・사회・전체에 대한 個人・個라고 말하는 것처럼 어떤 윤리성도 갖고 있지 않다. 그래도 '公'과 '私'의 얽힘이나 대립은 있다. 그러나 그것은 종종 의리와 인정에 비유될 수 있는 것으로 결코 선(善)과 악(惡)이라든가, 정(正)과 부정(不正)이라든가 하는 차원의 대립은 아니다. 굳이 윤리성이 있다고 한다면, 지배 측으로부터 혹은 전체의 의(義)로서 '公'을 위해서 행위 하도록 규범화되는 경우에 한해서이다. 이 경우에 그 지배자나 전체 의지의 선・악과 정・부정은 전혀 문제가 되지 않는다. 따라서 설령 이를 윤리라고 부른다 해도 그것은 소속된 집단 내부를 연대시키는 정도의 폐쇄적인 것이다.[66]

이와 같은 共・通・平分의 윤리성이 갖는 의미를 생각해보자. 이기호[67]는 공공영역에서 함께 이루어 가자는 의미를 갖는 것이 '共'이라고 했다. 또 하버마스는 公共性을 서로 통한다는 '소통의 원리'로 설명했다. 平分이라는 것은 말 그대로 고르게 분배한다는 의미를 갖고 있다. 이러한 점으로 볼 때, 共・通・平分이라는 윤리성이 갖는 의

---

66  溝口雄三, 앞의 책, 1995 pp.15-21.
67  이기호, 앞의 책, p.255.

미는 오늘날의 시민사회 속에서의 公·私관과 일맥상통한다. 결과적으로 公·私관에 이러한 윤리성이 결여되어 있다는 것은 '公'과 '私'를 단순히 지배와 피지배라는 관계로만 인식하는 것을 말한다. 따라서 일본의 '公=국가'라는 인식은 이러한 윤리성 결여에서도 영향을 받은 것이라고 생각할 수 있다.

## ▌ 전통적 일본 公·私관

그러면 이상과 같은 일본 公·私관의 특징에 내포된 문제점은 무엇인가. 오늘날 당면한 과제가 公共性 형성의 추구라는 점이고 여기에서의 公共性은 국가권력적 '公'을 말하는 것이 아니라 시민사회적 '公'을 말하는 것이라고 했다. 이는 일본도 마찬가지의 과제를 안고 있다고 할 수 있다. 이러한 시점에서 金泰昌[68]이 '公이 국가에 수렴되는 것은 일본 특유의 현상'이라고 말한 것에 주목해야 한다. 이 말은 결국 현대 일본인에게 아직도 '公=국가'라는 인식이 자리하고 있음을 의미하는 것이다. 따라서 일본의 근대 시기까지 보였던 전통적 公·私관이 사실상 현대에까지 이어져 내려왔는가. 이어져 내려왔다면 어떠한 과정을 거쳐 어떠한 형태로 이어져 내려왔는가에 대한 확인이 필요하다. 이 부분도 제4장과 제5장의 교육 내용 검토를 통해 드러날 것이다.

---

68  佐々木毅·金泰昌 編, 앞의 책, pp.i-iii.

어찌되었든 일본의 전통적 公·私관이 오랜 세월 '公=국가'로 자리하고 있었다는 점을 고려해보자. 그렇다면 일본에서의 公共性을 둘러싼 논의에서 선결해야할 과제는 국가권력적 '公'과 시민사회적 '公'의 개념이 동일하지 않다는 것을 인식하는 것이다. 그리고 명확히 구분하는 것이라고 할 수 있다.

제Ⅲ장

# 전후 일본의
# 교육이념 논쟁과 公·私

● ● ● 지금까지 살펴본 일본의 公·私관은 중층구조
적 형태를 지니며 천황과 국가에 대한 개인의 종속적
관계, 즉 지배와 종속의 관계를 나타냈다. 그러면 오늘
날의 公·私관은 어떠한가. 이에 관해 알아보기 위해서
는 교육 내용을 검토해야 하는데 그에 앞서 교육 전반
에 대한 이해가 필요하다. 따라서 제3장에서는 전후 교
육이념을 둘러싼 논쟁을 검토하고 이를 통해 公·私
이데올로기를 만들어내는 과정을 살펴보려 한다. 우선
전후 교육 체제의 성립 과정에 대해 알아보자. 다음으
로 국가권력적 '公'의 부활을 초래한 교육의 황폐화 문
제가 본격적으로 거론된 경위와 이에 대한 일본 사회의
인식과 진단을 검토해보자. 마지막으로 교육 황폐화가
명분이 된 교육이념 재론 및 교육기본법 개정을 둘러싼
논의 과정과 결과에 대해 살펴보자.

公・私관으로 본

# 일본 교육 이데올로기

제1절

# 교육 체제 및 이념의 성립과 전개

아시아·태평양 전쟁에서 패전한 일본은 당면한 국난을 극복하고자 새로운 교육체제와 이념을 정립하는데 주력했다. 〈그림 4〉에 보이는바와 같이 이를 주도한 세력은 두 부류로 나타난다. 하나는 연합국군 총 사령부(GHQ/SCAP, 이하 GHQ라 함) 및 일부 학자들이 중심이 되어 민주주의 이념을 구현하고자 개혁적 민주주의를 주장한 세력이다. 이들을 개혁파라고 하자. 다른 하나는 기존의 지배층이 중심이 되어 전전의 교육이념을 유지하고 계승시켜 가고자 보수적 국가주의를 주장한 세력이다. 이들을 보수파라고 하자.

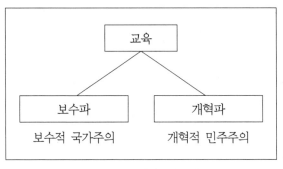

<그림 4> 대립적 교육이념

전후 일본의 교육체제 및 이념 설정을 둘러싼 논점은 주로 위의 개혁파와 보수파가 주축이 되어 전개되었다. 개혁파의 민주주의 성향과 보수파의 국가주의 성향은 교육 이라는 영역 안에서 상호 대립적 견해를 보이는 양상으로 지속되었다. 1980년대에 '교육 황폐화'의 인식으로 인해 가속화 된 교육기본법 개정의 문제에 있어서도 두 부류의 견해는 상당한 차이를 보였다.

전후 교육 체제의 성립 과정을 보면 처음에는 민주주의에 기반한 민주적 교육이념을 지향하고자 했던 면모를 보인다. 천황과 국가를 지칭하던 '公'을 우선시하기 보다는 '私' 즉 개인이 주체가 되는 민주국가로서의 교육을 구상한 것이다. 그러나 이러한 양상도 잠시 뿐이었다. 미·소 대립의 세계정세로 인해 미국의 일본에 대한 정책이 반공의 조력을 위해 간접 통치로 수정되었다. 이에 따라 일본의 새로운 교육 체제 정비에 대한 미국의 개입이 약화하는 경향을 보이면서 일본 보수 세력의 입지가 강해졌다. 이로 인해 전전의 교육이념을 부활시키려는 의도가 교육에 반영되었고 이 과정에서 자연스럽게 다시 천황과 국가 개념의 국가권력적 '公'을 우선시하려는 양상이 나타났다. 제1절에서는 그 구체적 과정을 살펴보도록 하겠다.

## 1. 개혁적 민주주의 교육이념

### ▌교육의 4대 지령

패전 직후 점령기의 교육개혁[1]은 총괄적으로 전전 교육을 부정하는 것으로부터 민주주의 교육체제를 정비하려 했다. 1945년 9월 22일에 미국군을 중심으로 한 연합국군 총 사령부 민간 정보 교육국(GHQ/SCAP, CI&E, 이하 CI&E라 함)이 설치되었다. 그리고 바로 10월에 '교육의 4대 지령'을 발표했다.[2] 1947년 교육기본법 제정의 기축이 된 것이 바로 이 GHQ의 지령과 '미 교육 사절단'의 보고서이다.

---

1  일본의 교육개혁은 크게 3차례에 걸쳐 시행되었다. 제1개혁은 1872년의 학제 공포에 의한 근대 교육 제도 창설을 말하고, 제2개혁은 전전 교육을 부정한 민주화·대중화 평등화를 지향한 신 교육체제의 수립을 말한다. 제3개혁은 1980년대 들어 세계적 교육개혁 조류 속에 추진된 교육개혁을 말한다.

2  맥아더는 10월 11일, 새로 수상에 취임한 시데하라 키쥬로(幣原喜重郎)에게 5대 지령을 보냈다. 그 속에는 교육의 민주화도 포함되어 있었다. 거기서 CI&E는 '부정적 조치(否定的 措置)'로서 일본교육의 비군사화에 착수했다. 그것이 같은 해 10~12월에 나온 교육의 4대 지령이다. 4대 지령의 대부분은 CI&E의 국원(局員)에 의해 기초가 마련되었으나, 일본 측의 학자도 여기에 협력했다. 鈴木英一, 『日本占領と教育改革』, 勁草書房, 1983, pp.65-88.

교육의 4대 지령은 첫째, '일본 교육제도의 관리정책에 관한 건'이다. 이는 교육내용·교육자·교과목·교과서·교재 등의 취급에 관한 긴급 조치를 지령한 것이다. GHQ는 교육 관계자에게 지령을 준수하도록 명령했으며 문부성이 연락·보고 하도록 지시했다. 주요 내용은 극단적인 국가주의·군국주의적인 사상 보급을 금지하고 기본적인 인권 사상에 합치하는 제 개념을 가르치고 실천해야 한다고 되어있다.

둘째, '교원 및 교육 관계관의 조사, 제명, 인가에 관한 건'으로 이는 교직 추방에 관한 내용이다. 문부성에 교원 적격 심사기구를 설치하도록 지시했고 이에 문부성은 즉시 적격 심사의 초안을 작성했다. 제1차 안은 심사의 기준 및 기관(機關) 불충분으로 CI&E에게 거부당했다. 그러나 6개월이 지난 1946년 5월 7일에 최종적으로 칙령 263호 '교직원의 제거취직금지(除去就職禁止) 및 복직(復職) 등의 건'으로 구체화되었다. 칙령 이전에 약 11만 명의 교원 및 교육 관계관사가 자발적으로 사직하고, 칙령 이후 1년간 5000여명의 교원이 추방되었다.

셋째, '국가신도·신사신도에 대한 정부의 보증·지원·보전·감독과 같은 홍보 폐지에 관한 건'이다. 이는 종교를 국가 체제와 분리한다는 보편적 원리를 표명한 것이다. 즉 황국교육·전쟁교육의 이념을 강요해 왔던 '국체(国体)의 본의(本義)' 및 '신민(臣民)의 도(道)'를 반포(頒布)할 수 없게 했다. 이 지령으로 일본의 교육은 국가신도로 부터 분리되었다.

넷째, '수신(修身) 및 일본역사·지리과목 교육의 정지에 관한 건'이다. 이는 교과를 통한 극단적인 국가주의·군국주의적인 교육을 금

지한 것이다. 즉 전전의 천황주의 및 국가주의 이념을 불식시키는데 근본 목적을 두고 있다. 따라서 국가주의·군국주의의 이념을 고취시키는데 주요 수단이 되었던 수신, 역사, 지리 등의 교육을 금지시킨 것이다. 수업 정지와 교과서 회수라는 엄한 대처 방법은 교육계에 큰 충격을 주었다. 이러한 금지 조치에 의해 교육 내용에 대한 개혁이 요구되었다. 이에 신교육 지침과 소학교용 교과서인 국가의 발자취(国のあゆみ), 학습지도요령(시안) 일반 편 등 신교과서의 편집 및 입문서가 만들어졌다.

## ▐ 민주주의적 신교육이념

이상에서 살펴본 바와 같이 GHQ의 '교육의 4대 지령'은 일본의 전전 교육을 부정하는 내용이 주류였다. 1946년에 들어서 CI&E는 교육의 민주화에 착수했으며, 미 교육 사절단을 요청한 것이 그 상징이라고 할 수 있다. 지령을 통해서 교육의 기본 지침을 마련했고 미 교육 사절단은 맥아더 사령관에게 보고서를 제출했다. 이를 바탕으로 민주주의를 기본 이념으로 하는 새 교육이 제시되었다.

미 교육 사절단은 6·3·3·4제의 신학제와 교육위원회 제도의 창설 등 전면적인 교육개혁을 제안했다. 보고서의 내용을 보면 '민주 정치하의 교육이념과 제도는 개인의 가치와 존엄을 기본으로 해야 한다'고 되어있다. 이는 연합군 사령부의 지령 내용을 구체화 한 것이다. 민주주의를 실현하기 위한 방법으로서는 '주입주의·획일주의, 충효, 복종 등을 강요하는 교수법을 개선하여 개인의 생각을 존중하고, 개성의 발전 및 민주적 시민으로서의 권리와 책임을 다하도록 해야 한다'고 되어있다. 충군애국 이라는 명목 하에 청소년에게 비합리적인 정신과 봉건적인 복종윤리를 강요했던 전전의 교육을 부정·배제한 것이다. 그리고 '개인의 가치와 존엄'을 기본으로 하는 민주교육의 방향을 제시한 것이다.

그 후 교육기본법, 학교교육법, 교육위원회법, 사회교육법 등 새로운 시대에 대응한 교육 법규가 공포되었다. 그리고 새롭게 등장한 사회과(社会科) 등의 교육 과정에 관한 '학습지도요령'이 시안으로서 발표되었다. 지방에서도 CI&E의 지도하에 다양한 교육 시책이 행해졌다. 이렇게 미국이 일본을 점령하고 있었던 점령기의 교육체제 정비 과정에 나타난 성향은 전전의 천황과 국가에 대한 滅私奉公(멸사봉공)으로서의 公·私관은 사라졌다. 그 대신 개인 중심의 민주주의적 신 교육이념이 설정되면서 개인의 가치와 존엄성이 부각되는 '私(개인)' 영역 확대의 성향을 보였다.

## ┃ 교육이념의 방향 전환

그러나 일련의 교육개혁이 진행되는 가운데, 일본을 둘러싼 국제정세는 크게 변화하고 있었다. 이미 1947년에는 트루먼독트린(Truman Doctrine)을 비롯하여 마셜플랜(Marshall Plan)이 발표되어 미국 국내에는 반공 분위기가 높아져 있었다. 이러한 상황은 일본에 대한 미국의 점령 정책을 전환할 수밖에 없도록 했다. 그리고 1948년 후반부터 레드퍼지(Red Purge)로 상징되는 점령 정책의 전환이 시작되면서 교육 정책의 양상도 변화하기 시작했다. 미국은 일본의 민주화 교육 보다는 일본이 사회주의화 되는 것을 우려하는 양상을 나타냈다. 따라서 중국을 비롯하여 아시아에 확대되는 공산화를 막는 최첨단 기지로 일본을 활용하는 것이 급선무였다. 이러한 상황에서 일본의 민주주의적 교육은 현안적인 관심의 대상에서 점점 멀어졌다고 볼 수 있다.

정책 전환의 결정적 근거는 1948년 10월의 '국가 안전보장 회의 문서'에 나타난다. 여기에서 종래의 민주화 정책이 과도했다고 거론된 것이다. 그리고 공직추방 해제, 재군비(국무성의 반대로 '경찰력의 강화'로 변경), 경제부흥과 경제안정, 일본정부에 대폭적인 권한위양 등이 책정되었다. 이러한 정책 전환에 대해 미국 측은 초기의 비군사화·민주화 정책의 '궤도수정' 쯤으로 생각했다. 그러나 일본 측은 생각이 달랐다. 즉 '전환'이며 '역코스'로 받아들인 것이다. 이 과정에서 GHQ가 최초에 내건 민주주의 교육 정책이 점차 약화 되어갔다. 그리고 상대적으로 전전의 교육이념을 고수하고자 노력했던 보수주의자들의 입지가 강화되었다.

## ▎일본 교직원 조합

이러한 상황에서도 일부에서는 교육의 민주화를 위한 움직임이
계속되었다. GHQ의 간접적 지원을 받으며 1945년 12월에 결성한 日
本教職員組合(일본 교직원 조합, 이하 일교조라 함)은 1980년대 후반
에 해체 되었다. 그러나 해체되기 전까지 문부성과 정치·교육적으로
대립하는 양상을 보였다.[3]

일교조는 1951년 1월에 열린 중앙위원회에서 '학생을 또다시 전장
으로 보내지 마라, 청년이여 또다시 총을 잡지마라' 라는 슬로건으로
전후 교육에 관한 운동을 개시했다. 또 같은 해 11월에 도치기(栃木)
현에서 제1회 전국 교육연구 대회(현 전국교연의 전신)를 열어 매년
1회의 교육연구 집회를 개최했다. 그 후로도 '教師의 倫理綱領(교사의
윤리 강령)'을 정하여 새로운 교원의 모습을 모색하고 문부대신과의
단체 교섭을 진행했다. 뿐만 아니라 교육의 국가 통제에 반대하는 입
장에서 1956년에 교육위원회가 주민에 의한 공선제에서 임명제로 바
뀌는 것에 반대했다. 1958년에는 교원의 근무평정(勤務評定) 실시 반
대와 1961년의 일본 전국 통일 학력테스트 실시를 반대했다. 또 교과
서 제도의 개정 과정을 둘러싸고 보수파와의 격한 대립을 강행하기도
했다.[4] 특히 1965년부터는 역사교과서 문제를 둘러싼 일명 '이에나가

---

3  정치적 측면에서의 활약을 보면 일교조의 정치조직인 일본 민주교육 정치연맹은
   1956년 총선에서 일본 사회당 등의 추천후보 20명(일교조 조직내 후보 13명)을,
   참의원 선거에서는 10명을 당선시켰다.

교과서 재판(家永教科書裁判)[5]을 지원했다. 그 밖에도 지속적으로 국기(国旗)로서 히노마루(日の丸)계양과 국가(国歌)로서 기미가요(君が代)제창의 강제에 반대하는 운동을 전개했다.

일교조는 1980년대 후반에 일본 노동조합 총연합회에의 가맹 시비를 둘러싸고 조직 내의 분열이 있었다. 이에 의해 1991년에 일교조를 구성했던 많은 조합원 및 일부의 단위 노동조합이 탈퇴했다. 그리고 새로운 조직인 전 일본 교직원 조합을 결성했다. 1994년에는 일본 사회당의 노선 변경에 따라 그때까지 사회당을 지지했던 일교조도 방침을 변경했다. 즉 문부성과 협조 노선을 택하기로 결정하고 문부성과의 장기적 대립의 막을 내렸다. 이로서 개혁적 민주주의 교육이념을 고수하려는 세력의 힘도 점차적으로 약화되었다.

---

4  전후의 교과서 제도는 신교육의 기조인 민주주의를 원칙으로 하여 종래의 중앙집권적인 국정교과서제도를 고쳐 교과서 편집 발행의 문호 개방이라는 의미를 갖고 검정교과서 제도를 채용했다. 그러나 교과서 검정 제도에의 국가 통제가 강화됨에 따라 일교조의 거센 반발이 있었고 보수파는 교과서의 편집과 채택 등에 일교조가 개입하여 좌익적 편향을 범했다고 단정했다. 이로 인해 교과서 제도를 둘러싼 보·혁 대립이 있었다. 尾形裕康 編著 辛容局 訳, 앞의 책, pp.288-291.

5  역사학자 이에나가 사부로(家永三郎)가 자신이 집필한 일본사 교과서의 남경대학살, 731부대, 오키나와전투 등에 관한 기술을 인정하지 않는 문부성에 대해 검정제도는 위헌이라고 반발하여 3차에 걸쳐 일으킨 교과서재판을 말한다. 安丸良夫 저, 박진우 역, 『현대일본사상론』, 논형, 2006, p.136.

## 2. 보수적 국가주의 교육이념

### ▌ 국체호지(国体護持) 교육

전전 교육에 대한 비판과 반성을 출발로 전후의 교육개혁이 단행
된 것은 보수파도 마찬가지다. 패전이 초래한 국난은 교육의 반성을
일깨웠다. 따라서 GHQ의 지령으로 시작된 민주교육 정책이 단행되
기 전부터 이미 일본은 스스로 스미누리 교과서(墨塗り教科書)[6] 및
공민교육 구상 등의 자주적 개혁을 시도하기도 했다. 그러나 일본 교
육의 민주화를 주도하는 세력이 GHQ였기 때문에 이들의 간섭과 통
치로부터 나온 민주이념에 대한 저항감이 적지 않았다. 더구나 구체
제 지배자들은 '전전의 국체(国体) 수호를 통한 교육의 민주화'를 주
장하고 있었다.

1945년 8월에 문부성은 "국체 보존 이라는 신념을 가지고 교육계
획을 수립해야 한다."[7]고 하며 미국의 간섭에 대해 국체보존 입장을
분명히 했다. 그리고 1945년 9월에는 '신일본 건설의 기본 방침'을 발
표했다. 여기에서 "향후 교육은 더욱 더 국체의 호지(護持)에 노력하
고"라 하며 천황제를 옹호하는 '국체호지(国体護持)'를 기반으로 한 교
육이념을 구상했다. GHQ가 내린 '교육의 4대 지령'이 나온 직후인

---

6   스미누리 교과서(墨塗り教科書)는 1947년 4월에 暫定(잠정)교과서가 나오기 전까
지 사용하였다.

7   朝日新聞, 1945.8.26.

1946년 초 '천황 신격의 부정' 소위 '인간선언'에 대한 조서(詔書)가 나왔다. 이 때에도 문부성은 "황실을 둘러싼 가공(架空)한 신화나 전설에 기초한 군신 관계는 배제해도 전전과 전후에 있어 그 군신 관계관은 변할 수 없다"는 요지의 훈령(訓令)을 내렸다. 이로서 여전히 만세일계의 천황을 정점으로 하는 국체 호지 교육을 지속하고자 했다.

전전까지 일본인의 정신을 무장하는 도구가 되었던 교육칙어는 1948년 국회에서 무효라고 선언하기도 했다. 그러나 교육 쇄신 위원회의 태도를 보면 교육칙어가 일본 교육사(教育史)상 차지하고 있던 위상에 대해 비판한 것이 아니다. 단지 교육칙어 내용에서 표현상 적절하지 못한 부분을 인정하는 정도였다. 또 전후의 사회적 동요로 인해 교육칙어 봉독 습관을 일시적으로 중단하는 것이라고 했다. 사실 GHQ 조차도 천황제를 전면적으로 부정하지 않는 상황이었다. 이로 인해 교육기본법을 제정 하고 교육의 민주화를 본격적으로 추진해야 하는 단계에 이르러서도 국체 호지 교육에 대한 열정이 불식되지 않았다. 교육칙어 온존 사상 또한 보수주의자들을 중심으로 꾸준히 전개되었다.

## ▌ 반민주적 교육개혁

앞서 설명했지만 이러한 상황에서 미국의 일본 점령 정책이 전환하기 시작했다. 그 영향으로 보수 세력은 자신들의 주장을 강화할 수 있는 입지를 확보했고 이에 따라 교육 정책의 양상도 변화하기 시작했다.

1950년대부터 전후 교육개혁의 핵심이었던 민주적 이념(헌법·교육기본법 체제)에 대해서, 민주적 절차라는 형식을 통해 공공연히 수정과 압력을 가했다. 일본 정부는 맥아더의 후임 매슈 리지웨이(matthew b. ridgway)의 성명(1951. 5)을 받아들여 수상의 사적 자문 기관인 '정령개정자문위원회(政令改正諮問委員会)'를 설치했다. 그리고 점령하의 제 개혁을 시정하기 위한 검토를 시작했다. 그 결과는 '교육 제도 개혁에 관한 답신'(1951. 11.)으로 정리되었다.

그 내용을 보면 "종전(終戦) 후 행해진 교육 제도의 개혁은 과거 교육 제도의 결함을 시정하고 민주적인 교육 제도를 확립하는 데에 적지 않게 이바지 했다. 그러나 이 개혁 가운데는 국가 실정이 상이한 외국의 제도를 모범으로 한 것이 있기 때문에 그 이상(理想)을 따라가는데 급급하여 우리나라의 실정에 맞추지 못했다. 이러한 점을 충분히 검토하여 우리나라 국력과 국정에 맞추어 진정한 교육 효과를 올릴 수 있는 합리적인 교육 제도로 개선할 필요가 있다"는 것이었다. 이러한 개혁안의 취지는 교과서 국정화, 교육위원 임명제, 문부대신 권한 강화와 교육 행정의 중앙집권화 등으로 나타났다. 즉 전후 교육개혁에 대한 반민주적 수정 및 교육의 국가 통제 방법이 표출된 것이다.

## ▎교육에의 국가권력 개입

1954년 '교육2법'[8]제정 후 교직원들은 사회적 · 정치적 문제에 관한 발언에 대해 자기 규제를 하게 되었다. 이로 인해 교육계는 민주 · 자유와는 거리가 먼 압력과 통제의 기운으로 경직되었다. 교육2법은 교육의 정치적 중립성 유지라는 이름하에 교육에 국가 권력을 개입시켰다. 국가가 중립성 유지자로서 교육권의 주체가 되도록 한 것이다. 그리고 하토야마(鳩山) 내각 당시 24 국회에 상정된 '교육3법안' 즉 지방자치체 교육 행정 법안(이하 지교행법이라 함)을 포함하여 임시 교육제도 심의회 설치 법안, 교과서 법안은 전후 교육개혁의 민주적 이념을 근본적으로 부정했다. 이는 다름 아닌 국가에 의한 교육의 중앙집권화와 획일화를 구체화 하려는 것이었다.

강행 체결의 혼란 속에서 성립한 지교행법은 교육 행정의 중앙집권적 교육 지배 기구의 확립을 도모한 것이었다. 이에 대한 반발로 일부에서는 교육이 시대의 정치 동향에 의해 좌우 되어서는 안 된다는 주장을 했다. 교육의 제도와 방침은 정쟁(政争)과 분리하여 안정시켜야 함에도 불구하고 문교 정책의 경향은 이 원칙을 위태롭게 한다는 지적이 적지 않았다. 예를 들면 대학 관계자들은 "교육위원회 및

---

8 교육2법은 교육의 정치적 중립의 확보에 관한 임시조치법과 교원을 구속하는 교육공무원 특례법을 말한다. 1955년 11월에 자유당과 민주당의 합당으로 자유민주당(자민당)이 결성되기 전 요시다(吉田) 내각 당시에 강행 체결되었다. 교육3법은 자민당 결성 이후 하토야마(鳩山)내각 당시에 체결되었다. 寄田啓夫 · 山中芳和 編, 『日本の教育の歴史と思想』, ミネルヴァ書房, 2002, pp.173-174.

교과서 제도에 대한 개정안을 보면 모두 부분개정이 아니라 민주적 교육 제도를 근본적으로 바꾸려는 것이며, 특히 교육에 대한 국가 통제의 부활을 촉진하는 경향이 확실하다."[9]고 하며, 이러한 경향은 언론·사상의 자유 원칙을 위협할 위험이 있다고 비판했다. 이렇게 반대 성명에 나타난 바와 같이 지교행법은 교육기본법에 위배되는 교육에의 부당한 행정 관여와 국가 통제의 방법을 확립한 것이다. 또 교육 행정에 관한 국민의 직접적 참가권을 빼앗은 것이라고 할 수 있다.

지교행법 아래 학교 교육의 교육 내용에 대한 국가의 직접적인 규제도 강화되었다. 1953년 8월에 이미 교과서 검정권이 문부대신에게 있었기 때문에 교과서를 통한 학교의 교육 내용 통제는 자연적으로 강화되었다. 그리고 1955년에 사회과 학습지도요령이 개정되어 '애국심'이 등장했다. 같은 해 12월에는 '고등학교 학습지도요령 일반편'이 간행되어 종래 학습지도요령에 표기되어 있던 '시안'이라는 용어가 표제에서 삭제되었다. 학습지도요령에서 '시안'이라는 용어가 삭제된 것은 학습지도요령이 법적 구속력을 갖는다는 것을 의미한다. 이를 명확히 드러낸 것이 1958년 10월의 문부성고시 '초등학교 학습지도요령'과 '중학교 학습지도요령' 부터이다.[10]

---

9 '文教政策の傾向に関する声明', 大学元・現学長, 1956年 3月.

10 1956년 3월 하토야마(鳩山) 내각의 문부대신 키요세 이치로(清瀬一浪)는 교육과정 심의회에 초·중학교의 교육과정 개선에 대해 자문했다. 1957년 9월 문부대신 마쓰나가 토(松永東)는 교육과정 개선에 관한 심의의 신속한 촉진을 심의회에 요청했고 10월에 '도덕'시간의 특설 방침을 결정했다. 58년 3월에 본 답신이 나와 교육과정의 발본적인 개정을 제안했다. 이 답신으로 8월에 문부성은 학교교육법

## ▌기대되는 인간상

이후 1966년에 제시한 '기대되는 인간상'은 바람직한 일본인으로서 갖추어야할 덕성이 어떠한 것인지를 잘 말해주고 있다. '기대되는 인간상'에 제시한 내용을 살펴보면 개인으로서·가족의 일원으로서·사회인으로서·국민으로서 기대되는 덕목이 나열되어 있다. 구체적으로 "일본국의 상징인 천황을 경애하는 것은, 그 실체인 일본국을 경애하는 것이 된다", "이러한 천황을 일본의 상징으로 받들어온 것에 일본국의 독자적인 모습이 있다"고 되어있다. 이렇게 '천황을 경애하는 것'을 바람직한 일본인의 덕성으로서, 또 국민 의식을 통합하는 이념으로서 제시했다. 호리오 테루히사(堀尾輝久)는 "기대되는 인간상은 천황제에의 향수를 핵으로 하여 국민 의식을 통합하려는 것이다. 국가가 기대되는 인간상을 제시하여 도덕적인 기준을 제시하고 있는 것은 국민 한사람 한 사람의 자주적 형성과 자유선택에 맡겨야 할 내면적 가치 영역을 짓밟는 것이나 다름없는 것이다"[11]라고 비판했다. 이렇게 국가가 개인의 내면적 가치조차도 통제하고 관리하려는 의도가 바로

---

시행규칙의 일부를 개정(교육과정 개정) 했는데 그 내용을 보면 첫째, 교과·도덕·특별교육활동·학교행사 등 4영역에서의 교육과정 편성과 특설 '도덕'을 명시했다. 둘째, '초등학교의 교육과정에 대해서는, 여기에 정한것 외에 교육과정의 기준으로서 문부대신이 별도로 공시하는 초등학교 학습지도요령에 의한 것으로 한다(제25조, 중학교는 이것을 준용)'로 변경했다. 10월에 새로운 학습지도요령이 문부성 고시로서 관보에 공시되고 '학습지도요령은 문부성령인 학교교육법 시행규칙에 기반 한 법적 기준으로서의 성격을 갖는다'는 행정 해석으로 인해 법적구속력을 강화하게 되었다. 寄田啓大·山中芳和 編, 앞의 책, pp.176-177.

11  堀尾輝久, 『教育─勅語基本法期待される人間像』, 1967年 2月号.

'기대되는 인간상'에 드러났다고 할 수 있다.

　이와 같이 천황에의 경애를 기축으로 하는 '신국민주의'라는 이름의 국가주의 고양 정책은 그 후의 정치 과정 속에서 구체화 했다. 즉 1966년 '건국 기념의 날'을 제정하고 1977년 히노마루·기미가요를 학습지도요령에 국기·국가로서 명기했다. 일본 정부는 전전 교육에 대한 비판과 반성으로 전후의 교육개혁을 시작했다고 강조를 거듭한다. 그러나 실상은 전전의 천황중심 국가주의 교육이념을 고수하기 위해 지속적으로 노력했음을 알 수 있다.

제2절

# 교육 황폐화와 '公'의 경시론

전후 일본 정부의 주도 세력은 지속적으로 보수적 국가주의 교육
이념을 지향하려는 경향을 보였고 이에 대한 비판적 견해도 적지 않
았다. 요리타 미치오(寄田啓夫)[12]는 "정부·문부성 교육 정책의 역사를
보면, 그것은 전후 교육개혁 이념(1947년 제정)을 배반한 역사다. 단
적으로 말하면, 헌법·교육기본법 체제의 空洞化(공동화)를 지향한 역
사"라고 했다. 이는 80년대의 임시 교육 심의회와 1999년부터 2000년에
걸친 교육개혁 국민회의의 답신, 그리고 그 이후 교육 정책의 흐름
속에서 단적으로 나타난다고 했다. 여기에서 말하는 空洞化라는 것은
헌법에 기반 한 교육기본법이 법으로서의 효력을 발휘하지 못했다는
것을 의미한다. 즉 교육기본법의 핵심인 민주적 교육이념이 空洞化

---

12  寄田啓夫·山中芳和 編, 앞의 책, 참조.

되었다는 의미로 해석할 수 있다. 제2절에서는 이러한 견해의 의미를 구체적으로 살펴보고자 한다.

1980년대에 들어 교육개혁이라는 세계적 조류와 나카소네 야스히로(中曾根 康弘)수상의 개혁 정책에 연동하여 문부성에서는 '교육의 황폐화'에 집중하게 되었다. 그리고 이로 인해 교육개혁에 박차를 가했다. 일본 교육의 황폐화라는 것은 청소년비행 문제의 심각성 인식에 근거한다. 물론 교육의 황폐화는 교육의 제도나 행정적 측면의 문제로도 거론 되었다. 따라서 청소년비행 문제 하나만을 이유로 해서 나온 말은 아니다. 그러나 1980년대에 들어 최고점을 보이던 청소년비행 상황(〈그림 5〉 참조)은 사회의 병리적 문제로 다뤄졌다. 그러면서 교육 황폐화 문제를 더욱 확고히 인식하게 하는 배경이 되었다.

청소년비행 등의 교육 황폐화를 초래한 원인은 전후의 교육이념이 지나치게 '개인' 중시에 편중되어 있으며 그로인해 '公'을 경시했기 때문이라고 파악했다.[13] 이는 결과적으로 기존 교육의 근본적인 문제(교육기본법 개정을 통한 교육이념 재설정)부터 재검토해야 한다는 논거를 제공했다. 그리고 동시에 국가권력적 '公'을 부활시킬 수 있는

---

13  원문은 "青少年の間で「公」を軽視する傾向が広がっています。こうした傾向は、個人の自由や権利が過度に強調されてきた社会的傾向とともに子どもを巡る環境が大きく変化し、子どもが人や社会との関係の中で自分を磨く機会が減少し、その結果、社会性が低下していることと無関係ではありません。こうした子どもの社会性の低下は、規範意識の低下につながり、「公」の軽視の傾向や、青少年が「孤の世界」に引きこもる傾向を助長していると考えられます。"이다. 文部科学白書, http://www.mext.go.jp/b_menu/hakusho.

명분을 제공했다. 이로 인해 1980년대 중반부터 교육개혁이 본격적으로 단행되었다. 그리고 2006년의 교육기본법 개정을 통해 '公' 중시를 새로운 교육이념으로 명시하기에 이르렀다. 그 과정을 살펴보자.

## 1. 청소년 문제와 '公'

### ▌교육 황폐

문부과학성[14]은 일본의 교육이 아시아·태평양전쟁 후 기회 균등의 이념을 실현하고 국민의 교육 수준을 높여왔다고 했다. 그리고 경제사회 발전의 원동력이 되는 등 각 시대의 요청에 대응하면서 다양한 성과를 올렸다고도 했다. 그러나 한편 교육에 대한 신뢰가 크게 흔들리고 있는 상황이라고 우려했다. 학교에서는 이지메·등교거부·교내폭력 등 학생들의 다양한 문제 행동이 나타나고 있으며 학급 붕괴는 사회적 문제가 되었다고 했다. 더구나 지금까지는 생각할 수조차 없었던 청소년에 의한 흉악한 범죄가 연발하는 등 청소년들 사이에서 '公'을 경시하는 경향이 확산되고 있다는 것이다.

이는 개인의 자유 및 권리를 과도하게 강조해온 사회적 경향과

---

14  문부과학성은 2001년 중앙 성청 개편에 따라 과거의 문부성과 과학기술청을 통합하면서 명칭을 바꾸어 새롭게 조직했다.

주변 환경의 큰 변화 때문이라고 했다. 아이들은 인간 및 사회와의 관계 속에서 자신을 연마할 기회가 감소했고 그 결과 사회성이 저하되었다고 했다. 아이들의 사회성 저하는 규범의식 저하로 이어져 '公'을 경시하게 되거나 고립된 세계에 빠진다는 것이다.[15]

위의 내용을 통해서도 알 수 있듯이 통상적으로 일본 교육에서의 문제로 대표되는 것이 청소년 범죄 및 이지메, 등교 거부 등 청소년 비행이라고 할 수 있다. 고전[16]은 "청소년비행은 1960년대 중반 경 처음으로 줄어드는 기미를 보였으나 1970년대 후반에 다시 증가하기 시작하여 지속적인 증가 경향을 보였다. 이런 가운데 이른바 '교육 황폐'라고 일컬어지는 집단 괴롭힘, 교내 폭력, 청소년비행 등의 아동 및 생도의 문제 행동에의 대응이 긴급한 과제가 되었다."고 했다. 이는 교육 황폐화를 초래한 원인이 주로 청소년비행에 있다는 것을 말하는 것이다. 일본 정부는 이러한 현실 인식을 바탕으로 교육개혁을

---

15 여기에서 말하는 '公'은 국가권력적 '公'이 아닌 시민사회적 '公'을 의미하는 것처럼 인식하게 한다. 문부과학성은 위 내용 외에도 "지금까지 지나친 평등주의에 의한 교육의 획일화 및 과도한 주입식 교육으로 인해 아이들의 개성·능력에 따른 교육이 경시되어 왔다. 학교의 교육 지도는 학습의 이해도가 평균적인 아이에 맞추어 일률적으로 시행해 왔기 때문에 이해가 늦은 아이는 어렵고, 또 이해가 빠른 아이에게는 지루하다. 그 결과 학년이 올라갈수록 수업의 이해도·만족도가 낮은 경향이 보인다. 또 학교 제도 및 입시 방식 등 현재의 교육 시스템이 각자의 개성 및 능력을 최대한 향상시키기에는 부족하다"고 지적했다. 또 과학기술의 급속한 진전, 경제의 글로벌화, 정보화 등 사회 경제의 변화가 빨라져 지금까지의 초·중·고 교육에 걸친 전 교육 시스템 및 이에 종사하는 관계자의 의식이 이러한 시대 및 사회의 진전에 충분히 대응하고 있지 못하다고 지적했다. 文部科学白書, http://www.mext.go.jp/b_menu/hakusho.

16 고전, 앞의 책, p.64.

시작하고 교육의 방식을 재검토했다.

## ▮ 소년 범죄

한편, 교육 황폐화로 대변되는 청소년비행에 관한 논의는 다양한
시각에서 다루고 있는 만큼 다양한 견해를 보인다. 우선 소년 범죄의
양상을 보면 범죄의 흉악화 및 저연령화 현상이 두드러지는 것에 주
목된다. 이러한 현상이 거론되면서 소년법을 개정[17]하기도 했고 교육
계에 책임을 물어 교육개혁을 서두르게 하는 데에도 적지 않은 영향
을 미쳤다.

(자료) 法務省〈2008〉『犯罪白書』資料4-1에서 작성.

<그림 5> 소년범 검거인원 추이(1946~2006)

---

17  중학생들에 의한 흉악범죄의 증가가 사회 문제로 대두되면서 형사처벌 가능 연
    령을 16세에서 14세로 개정했으며, 범죄 소년에 대한 실명보도가 거론되었다.

위의 〈그림 5〉에 나타난 바와 같이 전후 소년 범죄의 양상은 3회에 걸쳐 증폭 현상을 보인다. 제1기는 1951년(16만6,433명)이고 제2기는 1964년(23만8,830명)이며 제3기는 1983년(31만7,438명)이다. 그 후 감소 추이를 나타내지만 1996년부터 다시 증가하는 전환 양상을 보이다가 2008년에 감소 추이를 보이고 있다.

## ▌소년 범죄에 대한 견해 차

경찰청[18]에서는 '21세기를 짊어질 소년을 위하여(21世紀を担う少年のために)'라는 테마로 전후 소년 범죄의 변천과 현황 및 사회적 인식에 대해 개괄적으로 분석했다. 그리고 그 심각성을 밝히며 대응 방안을 제시했다. 1980년부터 약 10년간 소년 범죄가 최고의 수치를 나타낸 결과와 90년대 중반 이후의 증가 추세를 염려했다. 또 범죄의 흉악화 및 저 연령화의 경향으로 볼 때 심각성이 더해가고 있으므로 그 대응책이 시급하다고 했다. 범죄의 양적 증가뿐만 아니라 범죄에 대한 내용면에 있어서도 주목된다. 즉 범죄 동기가 불분명 하다는 점과 범죄행위의 방법이 상상하기 어려운 잔인성을 가지고 있다는 점 등이 소년 범죄의 심각성을 대변한다고 했다.

이에 따라 범죄백서[19]에는 소년의 건전한 육성을 저해하는 배경에

---

18 『警察白書』, 警察庁, 2001.
19 『犯罪白書―変貌する凶悪犯罪とその対策―』, 法務省, 2003 참조.

대해 검토하여 이에 대한 대응책으로 소년 전담 경찰을 배치하는 운영방침을 세웠다. 구체적으로는 수사체제의 강화와 수사기능 향상 등의 소년 사건 수사력을 강화해야 한다는 방침 등을 밝힌 것이다. 이렇게 소년 범죄를 포함한 청소년비행 문제를 심각하게 인식하고 사회의 병리현상으로 다루면서 결과적으로는 교육에 문제가 있다는 것으로 초점을 모았다.

그러나 한편으로는 소년 범죄가 그리 심각한 것이 아니라는 견해도 적지 않았다. 범죄 사회학자 아유카와 준(鮎川潤)[20]은 그의 저서를 통해 소년 범죄를 사회학적 관점에서 분석하며 심각하지 않다는 의견을 내세웠다. 그 근거로서, 전후 형법범 소년 등의 검거인원·인구비의 추이[21]에 대한 자료를 언급했다. 자료에 나타난 바와 같이 시기에 따라 증감이 반복되고 있으므로 범죄의 증가 현상을 걱정할 필요가 없다는 것이다. 또 통계 결과에 나타나는 소년 범죄와 소년 범죄 외의 범죄[22]를 비교해 보아야 한다고 했다. 이러한 자료에 나타난 결과로 볼 때 심각한 상태가 아니고 오히려 자연스러운 현상이라고 할 수 있다는 것이다. 그러므로 이를 사회 문제로 부각시키고 확대시키는 것은 타당하지 않다는 주장이다. 즉 소년 범죄는 그것에 대응하는 조직 및 사회 통제기관[23]과의 상호작용[24]에 의해 나타나는 상호 행위의

---

20 鮎川潤, 『少年非行の社会学』, 世界思想社, 2003, pp.153-177, pp.209-210.

21 青少年白書, http://www8.cao.go.jp/youth/suisin/hakusho.html.

22 일본의 성인 범죄 및 여성 범죄를 비롯한 諸外国(제외국) 소년 범죄.

23 소년 범죄와 직접 이해관계를 갖고 있는 피해자 단체 및 경찰청 등을 말한다.

산물이며 상호 행위 그 자체라고 본 것이다.

경찰백서의 설명에 대한 반론으로 아유카와는 소년 범죄의 양상에 관해 사회 심리적 요인을 열거하며 소년에게 귀속시킬 필요는 없다고 한다. 중요한 것은 절도범의 증가에 주목해야 한다고 지적했다. 즉 형법범 소년 검거 인원의 70%이상을 차지하는 것이 절도범이며 절도범의 증가 원인은 슈퍼마켓 이라는 새로운 소매 판매방식이 급속하게 보급되었기 때문 이라고 설명했다. 또한 그는 최근 일반적으로 인식하는 소년 범죄의 흉악화에 대해서 '눈에 띄는 사례(Salient case)의 대표적인 예'[25]라는 용어로 설명했다. 특히 사건을 일으킨 소년으로 인해 공감하게 된 사회 심리적 속성을 그 외의 소년들과 결부시키는 경향이 있다고 지적했다. 즉 사회적으로 주목을 집중시킨 사례는 일반적인 화재가 되어 마치 그것이 대표적 사례인 것처럼 믿어버리게 된다는 것이다. 소년 범죄를 사회문제화 할 만큼 관심을 모으는 것은 무엇보다도 현재 일본이 평화로운 상태에 있다는 것의 상징이라고 했다. 서양의 경우 심각한 경제 불황과 높은 실업률이 청소년에게 악영향을 미쳐 소년 범죄가 증가하고 있다고도 했다. 이에 비하면 오히려 일본은 좋은 편이라는 것이다. 또 소년 범죄 자체를 문제시 할 것이

---

24  사회적 상호작용에 의한 상대적 분석은 Anthony Giddens 저, 김미숙 외6 역, 『현대 사회학』, 을유문화사, 1999 참조.
25  이는 소년에 의한 특이하거나 흉악한 사건이 발생했을 경우 매스미디어를 통해 계속적·반복적으로 보도하는 경향이 있기 때문에 사회적으로 주목되고 각인되어 버리기 쉽다는 것을 말한다.

아니라 일본사회의 윤리 상황에 문제가 있음을 지적했다. 그리고 범죄 소년들에 대한 기성세대들의 정당성이 갖추어진 사회 건설이 요구된다고 주장했다.

일본의 소년 범죄를 포함한 청소년비행 문제에 관해서는 위와 같이 입장과 해석에 따라 다른 견해를 보인다. 때문에 정말로 심각한 것인지 아니면 자연스러운 사회 현상인지에 대해서는 명확히 구분하기가 쉽지 않다.[26] 그런데 만약 심각하지 않다는 견해가 타당하다고 볼 경우 청소년비행 문제를 교육 문제나 사회 병리적 문제로 확대시킨 쪽에 오히려 문제가 있다는 결론이 나온다. 즉 청소년비행 문제는 교육기본법을 개정하는 요인으로 문제 삼을 수 없다는 결론을 내릴 수 있다. 따라서 여기에서는 소년 범죄에 대해 좀 더 구체적으로 살펴보기로 하고 심각성의 여부에 관해서는 필자의 견해를 반영하고자 한다.

---

26 여기에서 청소년비행 문제의 심각성 여부가 중요한 핵심적 문제는 아니다. 왜냐하면 만약에 심각하다고 할 경우를 생각해보자. 청소년비행 문제의 해결 대안으로 제시한 것이 결과적으로 애국심이기 때문에 애국심 강조로 청소년비행 문제가 해결될 수 있는가에 대한 문제가 지적된다. 또 심각하지 않다고 할 경우를 생각해보자. 청소년비행 문제는 오히려 자연스러운 사회 현상 가운데 하나인 데 이를 이슈화 하여 애국심을 강조한 것이 되기 때문에 이 또한 문제제기를 할 수 있는 부분이다. 결과적으로 청소년비행 문제가 심각한지 또는 심각하지 않은지와 상관없이 청소년비행 문제를 '公' 중시와 결부시켜 문제시 한 것 자체가 문제가 된다고 할 수 있다.

## | 학생에 의한 교사 폭력 사건

통계의 내면을 좀 더 자세히 살펴보면 범죄의 내용면에서 다소 심각한 면을 발견할 수 있다. 한국에서는 아직은 드물게 나타나는 학생에 의한 교사 폭력 사건이 그것이다.

<표 2> 학생에 의한 교사 폭력 사건 발생 상황(공립학교, 2004·5년도)

| 구분 | | 학교내 | | | | | | 학교외 | | | | | | 합계 | |
|---|---|---|---|---|---|---|---|---|---|---|---|---|---|---|---|
| | | 발생학교수 (교) | 발생학교수의 비율 (%) | 발생건수 (건) | 발생건수의증감율 (%) | 가해학생수 (인) | 피해교사수 (인) | 발생학교수 (교) | 발생학교수의 비율 (%) | 발생건수 (건) | 발생건수의증감율 (%) | 가해학생수 (인) | 피해교사수 (인) | 발생건수 (건) | 발생건수의증감율 (%) |
| 초등학교 | 2004 | 162 | 0.7 | 336 | — | 234 | 270 | 1 | 0.0 | 2 | — | 1 | 2 | 338 | — |
| | 2005 | 175 | 0.8 | 464 | 38.1 | 259 | 307 | 0 | 0.0 | 0 | -100.0 | 0 | 0 | 464 | 37.3 |
| 중학교 | 2004 | 1,236 | 12.0 | 3,738 | — | 3,145 | 3,425 | 33 | 0.3 | 36 | — | 43 | 43 | 3,774 | — |
| | 2005 | 1,304 | 12.7 | 3,937 | 5.3 | 3,178 | 3,463 | 31 | 0.3 | 30 | -16.7 | 33 | 33 | 3,967 | 5.1 |
| 고등학교 | 2004 | 424 | 10.4 | 656 | — | 664 | 638 | 4 | 0.1 | 4 | — | 6 | 5 | 660 | — |
| | 2005 | 407 | 10.0 | 590 | -10.1 | 631 | 613 | 11 | 0.3 | 11 | 175.0 | 15 | 15 | 601 | -8.9 |
| 합계 | 2004 | 1,822 | 4.8 | 4,730 | — | 4,043 | 4,333 | 38 | 0.1 | 42 | — | 50 | 50 | 4,772 | — |
| | 2005 | 1,886 | 5.1 | 4,991 | 5.5 | 4,068 | 4,383 | 42 | 0.1 | 41 | -2.4 | 48 | 48 | 5,032 | 5.4 |

자료: 문부과학성 조사

위의 <표 2>에서 알 수 있듯이 일본의 학교에서는 년 간 약 5천여 건의 학생에 의한 교사 폭력이 일어나고 있다. 겉으로 드러난 발생 건수만을 보더라도 최소한 하루 약 40건 이상으로 교사가 학생으로부터 폭력을 당하고 있다. 야마모토 켄지(山本健治)의 문헌과 경찰청의 자료를 인용하여 작성된 자료[27]중 전후 발생한 '대교사폭력(対教師暴力)'사건 100건에 대해 범죄 동기를 중심으로 살펴보자.[28] 여기에 나타난 바로는 교사의 주의 및 체벌에 대한 원한이 범행의 동기가 되는 경우가 가장 많다.[29] 그리고 과거의 경우에는 계획적 범행이 많았으나 90년대 이후부터 계획적 범행 보다는 충동적 범행이 많다. 계획적 범행은 교사로부터 주의나 체벌을 받은 후 그에 대한 원한으로 복수를 준비하여 저지른 범행이다. 그리고 충동적 범행은 주의나 체벌을 받는 도중에 교사 및 주변에 폭력을 행사한 경우이다. 또한 범죄 동기에 대한 객관적 타당성이 시대의 흐름에 따라 점차로 희박해지는 것을 알 수 있다.[30]

이상과 같이 청소년비행 문제는 다양한 측면에서 해석이 가능하다. 그렇다고 하더라도 위의 범죄 행위 내용을 살펴본 바에 의하면 다소 심각한 양상을 보이고 있는 것으로 파악 된다. 이를 고려하면 청소년 비행 문제를 사회 병리적 문제로 다룬 점에 대해 공감할 수 있다. 따

---

27 http://kangaeru.s59.xrea.com.

28 '학생의 교사 폭력 사건'은 소년 범죄 가운데 일부분에 지나지 않은 범위이기 때문에 소년 범죄 전체를 이해하는 데에는 한계가 있다는 점과 저자의 주관적 해석의 오류를 완전히 극복했다고 할 수 없다는 점을 미리 밝혀두겠다.

29 이러한 범행 동기에 대해서는 좀 더 구체적인 분석과 그 대응이 요구된다고 할 수 있다. 대략적으로 볼 때 학교에서의 교사와 학생간의 괴리에 주목해야 할 것이다. 여기에서의 괴리는 다름 아닌 기성세대와 학생들 간의 괴리이며 왜 이러한 괴리가 생기게 되는지에 관한 검토가 요구된다.

30 김경옥, 「일본의 소년범죄에 관한 연구 -학생의 교사 폭력 사건을 중심으로-」, 한국일어일문학회, 2004년 동계학술대회 일본학분과 발표자료 참조.

라서 이러한 점이 일본 교육을 근본적으로 재고해야 한다는 논거를 뒷받침 했다고 할 수 있다. 즉 상술한 바와 같이 교육에서는 이를 '公'을 경시한 결과라고 했고, 이로 인해 교육에서의 '公' 중시를 강조하게 된 것이다.

## 2. 교육 황폐화 대안의 '公'

### ▎교육개혁 안

청소년비행 문제와 같은 교육 황폐화 상황의 대응으로 교육의 근본을 재고하기 위해서는 폭넓은 국민적 논의의 장(場)이 필요했다. 이에 2000년 3월 교육개혁 국민회의[31]를 설치했다. 교육개혁 국민회의는 일본 교육의 황폐화 원인이 궁극적으로는 사회 전체에 있다고 했다. 그러나 추상적으로 사회 전체에 문제가 있다고 지적하거나 국민의식을 바꾸라는 지적만으로는 책임소재가 애매해 진다고도 했다. 그렇기 때문에 결국 누구도 또 아무것도 하지 않는 무책임 상태가 될 것이라고 우려한 것이다. 이에 앞으로의 교육을 개혁하여 개선하기 위해서 누가 무엇을 해야 하는가에 대해 그 안을 구체적으로 제시해야 한다

---

31 대학과 사회 유력 인사 26명으로 구성된 이 회의는 세 개의 분과회로 나뉘어 활동했는데 인간성에 관한 제1분과, 학교교육에 관한 제2분과, 창조성에 관한 제3분과가 그것이다(http://www.kantei.go.jp/jp/kyouiku).

는 것을 강조하며 개혁안을 보고했다.

4개 영역에 걸친 제안 가운데 '새로운 시대에 적합한 교육기본법을 만든다.'라는 내용의 '제안 17'을 보면 다음과 같다.

교육기본법 제정 후 50년 동안 일본 사회는 크게 변화하였고 교육 방식에 대한 의문이 제기되고 있다. 미래의 교육은 개인의 존엄과 진리와 평화의 希求(희구) 등 인류 보편의 원리를 소중하게 다룸과 동시에 일본인 육성에 대해서도 고려해야 한다. 일본인으로서의 자각과 정체성을 지녀야하며 동시에 인류에게 공헌하면서도 일본의 전통과 문화 등을 차세대에게 계승 발전시켜야 한다. 그리고 교육기본법에 관한 개정 논의가 국가지상주의적 사고방식이나 전체주의적인 것이 되어서는 안 될 것이다.

위의 내용에도 서술되어 있는 바와 같이 교육 황폐화의 대안을 구체화하고 실천하기 위해서는 교육기본법을 개정해야 한다는 것이다. 나아가 지금까지는 '개인' 중시라는 인류 보편의 원리를 강조했다면 이와 더불어 앞으로는 일본인으로서의 정체성을 지닐 수 있는 교육이 이루어져야 한다는 것이다. 더구나 개정의 논의가 '국가지상주의적 사고방식이나 전체주의적인 것이 되어서는 안 된다'는 것을 명시하고 있다. 이는 교육기본법을 개정하는 문제가 정치적 목적을 위한 수단이 되어서는 안 된다는 것을 의미한다. 그러나 후술하겠지만 이와 같은 내용을 표명하면서도 결과적으로는 애국심 함양을 위한 교육 이념을 추가 설정했다. 이러한 것을 보면 교육개혁 국민회의에서 스스로 우려했던 '국가지상주의적 사고방식이나 전체주의적인 것이 되어서는 안 된다'는 사항이 교육기본법 개정에 있어 고려되었다고 보기는 어렵다.

교육기본법 검토의 필요성에 관한 교육개혁 국민회의의 세 가지 관점을 보면, 첫째는 새 시대를 살아갈 일본인을 육성한다는 것이다. 둘째는 전통과 문화등 차세대에 계승해야 할 것을 존중하고 발전시켜 나간다는 것이다. 셋째는 앞으로의 시대에 어울리는 교육을 실현하기 위해 교육기본법의 내용에 이념적 사항뿐만 아니라 구체적 방책을 규정하는 것이라고 되어있다. 이렇게 제시된 관점의 구체적 내용을 살펴보면, '자연·전통·문화의 존중, 그리고 가정·향토·국가'에 대한 교육 방책을 교육기본법에 규정해야 한다고 되어있다. 이것이 바로 글로벌화 속에서의 '共生'의 필요성에 대한 교육이라는 것이다.[32]

## ▌일본인 자질 육성

이에 따라 중앙 교육 심의회는 2002년 9월 20일에 열린 제14회 심의회에서 교육의 과제와 향후 교육의 기본적 방향에 관한 소안을 제시했다. 그 내용을 살펴보면 '새로운 공공(公共)'을 창조하는 21세기

---

32 교육개혁국민회의의 최종 보고를 받은 문부과학성 대신은 같은 날 담화를 통하여 이 보고서의 제언을 앞으로 교육개혁의 방향성을 나타내는 지침으로 삼을 것이라고 했다. 그리고 수상의 지시를 받아 필요한 정책을 적극적으로 실행하기 위해 교육개혁의 액션 플랜을 책정하고 좋은 학교와 교육 변화를 위한 구체적인 시책을 세워갈 것임을 밝혔다. 고전, 앞의 책, pp.78-80.

의 국가·사회를 주체적으로 만들어갈 일본인의 육성이 제시되어 있다. 주요 내용을 요약하면 다음과 같다.

　　21세기의 우리나라가 자유롭고 공정한 사회를 실현하기 위해서는 국민 각자의 자각과 행동이 매우 중요하다. 그 때문에 현재 문제시되고 있는 사회 전체의 도덕 저하, 공덕심(公德心), 공공심(公共心), 규범의식 결여 등의 문제를 소홀히 할 수는 없다. 한편, 자원봉사 활동 등 '새로운 公共'의 창조에 주체적으로 가담하려는 국민 의식이 높아지고 있고, 이와 같은 조류는 더욱 가속시킬 필요가 있다. 이러한 관점에서 지금부터 요구되는 중요한 자질로서는, 스스로 공정한 국가·지역 만들기의 주체라는 자각과 행동, 사회악에 돌연히 맞서는 용기, 公共의 정신, 사회 규범의 존중, 우리나라의 전통·문화의 이해와 존중, 국가나 향토를 사랑하는 마음 등이 있다. 이와 같은 자질의 육성을 중시하는 것이 우리나라의 건전하고 지속적인 발전 기반을 구축하는 것이다.

위의 내용에서 주목해야 할 점은 '사회 전체의 도덕 저하, 公德心, 公共心, 규범의식 결여'를 문제로 지적하며 '새로운 公共'을 창조해야 한다고 말한 것이다. 그런데 '새로운 公共'의 창조를 위해 갖추어야할 자질로 제시된 내용이 주목된다. 즉 이미 기존의 사회과·생활과·공민과에서 교육하고 있는 公共心이나 규범의식 외에, 새롭게 제시한 내용이 국가를 사랑하는 마음이다. 이른바 '새로운 公共'의 창조를 위해 갖추어야 할 자질이 국가를 사랑하는 마음 즉 애국심이라는 것이다.

이는 바로 앞서 언급한 요리타의 헌법·교육기본법 체제의 空洞化라는 견해에 일치하는 상황이라고 할 수 있다. 여기에서 말하는 空洞

化는 민주적 교육이념의 부재를 말한다. 교육이념을 설정하는데 있어 민주적 교육이념은 교육기본법에서의 핵심이다. 따라서 기존의 교육 기본법에 명시되어있는 민주적 교육이념에 충실해야한다. 그러나 기존의 법에 충실하기 보다는 애국심이라는 국가적 이념을 추가 설정하여 핵심을 흐트러뜨리고 있는 것은 아닌가. 그렇다면 이것이야 말로 헌법·교육기본법 체제의 空洞化가 아니고 무엇이겠는가.

또 위의 내용이 교육 황폐화의 대안으로 일본인으로서의 자질을 육성해야 한다며 제시한 내용이라는 것을 염두에 두고 생각해보자. 글로벌 시대를 살아가는 일본인으로서 共生의 의의를 알아야 하고, 共生을 위해 公共의 정신을 함양하여 公共性을 추구해야 한다고는 말하고 있다. 그러면서 그 방법을 애국심 함양이라고 제시한 것이다. 그리고 이것이 자유롭고 공정한 사회 실현을 위한 것이라고 말한다. 과연 이러한 논리를 간단히 이해할 수 있겠는가.

지금까지 살펴본바와 같이 청소년비행 문제로 인한 교육 황폐화를 문제시하며 그 대안으로서 '公' 중시 교육의 필요성을 언급했다. 이로 인해 교육기본법 개정을 통한 교육이념의 재설정에 관한 논의가 본격적으로 전개되었다. 다음 절에서는 이와 관련하여 그 구체적 내용을 살펴보자.

제3절

# 신 교육기본법의 교육이념

일본은 2006년 12월, 60년 만에 교육기본법을 개정했고 이를 통해 '公' 중시를 교육이념으로 추가 설정했다. 교육이념과 교육기본법은 동전의 양면과도 같은 관계를 갖고 있다. 기존의 교육이념을 재설정하고자 할 때는 교육기본법을 기반으로 해야 하기 때문이다. 물론 교육기본법은 헌법에 기반 하여 구성한다. 이로 인해 일본에서는 교육이념 재론의 문제가 대두될 때마다 개헌 문제가 필수불가결의 문제로 등장했다. 교육이념을 재설정하려면 교육기본법을 개정해야하고 교육기본법을 개정하면 헌법은 자동적으로 개정할 수밖에 없는데 사실상 개헌은 그리 간단한 문제가 아니다. 교육기본법 개정을 반대하는 측의 견해 중에는 교육이념 자체에 문제가 있어서 재설정을 요구하는 것이 아니라는 주장이 적지 않다. 오히려 헌법 개헌론을 가속화 내지 실현화시키기 위한 방편으로 교육이념 재론을 운운하는 것이라는 주장이다.

이와 같은 배경을 염두에 두고 제3절에서는 교육기본법 개정을 둘러싼 찬·반 논거의 유형과 사상적 특징에 대해 알아보겠다.[33] 그리고 새로운 교육기본법에 명시한 교육이념의 구체적 내용을 살펴보겠다.

## 1. 교육기본법 개정의 찬·반론

### ▌개정 찬성론

우선 논거의 유형을 대략적으로 구분하여 교육기본법 개정을 찬성하는 쪽의 주장을 살펴보자. 그들은 첫째로 교육기본법의 제정 과정이나 환경, 제정의 주체를 문제시 했다. 기존의 교육기본법은 1947년 미군 점령 하에서 만들어졌다. 그런데 점령군의 주도와 강압적인 분위기 속에서 만들어졌기 때문에 비자주적으로 제정된 법이라는 것이다. 따라서 이제는 스스로 일본이 주체가 되어 새롭게 제정해야 한다는 논리이다.

둘째, 기존 교육기본법의 교육 목적을 보면 개인의 존엄이나 인격의 완성 등 '개인' 혹은 보편적 인류 등만이 강조되어 있다는 것이다.

---

33  교육기본법 개정을 둘러싼 찬·반 논거는 주로 고전, 앞의 책, pp.133-138를 참고하여 서술하였다.

그렇기 때문에 무국적의 것이라는 지적이다. 교육기본법 내용에는 교육 목적과 방침을 필두로 하여 교육의 기회균등·의무교육·남녀공학·학교교육·사회교육·정치교육·종교교육·교육행정 등의 영역에 있어서 기본 원칙을 천명하고 있다. 따라서 개인뿐만 아니라 가정·향토·국가·전통·문화·종교적 정조 등을 강조한 국적 있는 교육이념으로의 전환이 요구된다는 것이다. 이와 동시에 새로운 시대에 걸맞는 내용을 더 추가해야 한다고도 주장한다. 그 예로 거론한 것이 평생교육·남녀 공동참가·환경문제·이문화 교육·고등교육에 관한 사항이다.

셋째, 오늘날 심각히 병들어 있는 교육은 그 근본부터 고쳐야 한다고 말한다. 그리고 그 근본을 규정하는 것이 교육기본법이므로 교육기본법을 개정하는 것으로 개혁을 시작해야 한다는 것이다. 개정 찬성론자들은 과거 천황이 내린 교육칙어를 높이 평가하며 이것이 오늘날에도 의미를 갖는다고 해석했다. 교육칙어와 같은 중대한 가치와 규범이 결여되어 있기 때문에 자녀들과 교육을 왜곡시키고 있다고 주장한다.

교육기본법 개정 찬성론에 내재된 사상적 기조는 2002년 9월의 '새로운 교육기본법을 요구하는 모임'의 요망서에 집약되어 잘 나타나 있다. 이 요망서를 보면 첫째는 전통의 존중과 애국심의 육성, 둘째는 가정교육의 중시, 셋째는 종교적 정조의 함양과 도덕교육의 강화, 넷째는 국가와 지역사회에의 봉사, 다섯째는 문명의 위기에 대처하기 위한 국제 협력, 여섯째는 교육 행정 책임의 명료화 등을 제시하고

있다.[34]

이와 같이 개정 찬성론의 사상적 특징은 일본 전통의 존중이나 국가와 사회에 봉사하는 애국심, 교육칙어적인 도덕관념 육성을 주장한다. 이러한 성향은 '민족공동체'로의 회귀 사상이라고 일컬어지기도 한다. 국가 의식의 결여나 도덕 부재의 해결 방법을 일본 근대에 정치적으로 형성된 '민족공동체' 의식에서 찾으려는 것이다. 개정 찬성론을 주장하는 '새로운 교과서 만들기 모임'의 '자국 본위의 역사관' 역시 이러한 민족 공동체로의 회귀 사상을 드러내고 있다.

이와 같이 교육기본법 개정 찬성론은 과거로의 회귀적 사조를 띠면서도 국내·외 현실의 정세를 반영하여 국민이나 여론이 쉽게 받아들이도록 했다. 가정교육·평생학습·학교선택·종교교육 등의 다양한 문제 상황에 실용적으로 대응하기 위한 현실주의적 특성이 내재된 사항을 강조한 것이다. 뿐만 아니라 국가 및 일본인으로서의 정체성 동요, 상실감 및 패배감의 증가라는 시대 상황에 대처해야 한다는 논리를 펼쳤다. 즉 조국애, 유교적 가족윤리, 바람직한 일본인, 전통의 존중 등 일본사회 특유의 심정에 호소하면서 개정 찬성론을 정당화 했다.

---

**34** 三上昭彦, 「教育基本法改正論批判」, 『教育』, 国土社, 2001.9, p.29.

## ▌ 개정 반대론

다음은 개정을 반대하는 입장의 논거를 살펴보자. 개정 반대론자들은 첫째, 개정 찬성론자들이 교육기본법 제정 경위를 문제 삼고 있는 것에 반론을 제기했다. 기존의 교육기본법은 당시 교육 쇄신 위원회가 평화를 지향하는 일본국 헌법의 이념 실현을 기치로 내걸고 작성한 법안이라는 것이다. 이 법안으로 제국의회와 중의원·귀족원이 논의해서 제정한 것이기 때문에 절차적으로 문제가 없다고 반박했다. 그리고 오히려 반세기 동안 교육기본법의 기치아래 오늘날의 일본 교육이 발전해 왔다고 말한다. 이러한 점을 생각하면 이 법의 역사적·이념적 가치를 결코 과소평가해서는 안 된다는 것이다.

둘째, 기존의 교육기본법에는 개정 찬성론자들이 추가하려는 이념과 새로운 교육 내용이 이미 포함되어 있다고 말한다. 그렇기 때문에 교육의 내실화를 도모하는 개혁 정책 추진에 전혀 장애가 되지 않는다는 것이다. 특히 개정 찬성론자들이 강조하는 애국심은 교육기본법 제1조에 "평화적 국가 및 사회의 형성자로서 국민을 육성한다."라고 되어 있음을 지적했다. 그렇기 때문에 더 추가하여 강조할 필요가 없다는 것이다. 전통 존중에 대해서도 전문에 "보편적이면서도 개성 넘치는 문화 창조를 목표로 한 교육을 보급한다."라는 것에 이미 포함되어 있다고 보고 있다. 그리고 기존의 교육기본법은 민주주의와 평화주의라는 보편적인 이념과 원리가 있음을 언급했다. 따라서 개정 찬성론자가 말하는 '현재의 교육기본법은 일본의 교육기본법이 아니라'는 주장은 기존법의 성격을 잘못 이해한 것이라고 지적했다.

셋째로 개정 찬성론자들은 교육문제와 교육기본법 개정의 논리를 비약하고 있다고 지적했다. 그리고 오히려 기존 교육기본법의 기본정신, 예를 들면 '개인' 중시 이념 등을 충실히 실현하지 못한 것이 교육문제의 원인이라고 말했다. 개정 찬성론자들이 교육문제와 법 개정을 연관시키는 것은 법 개정을 통한 사회적 충격요법에 불과하다고도 했다. 즉 눈앞의 교육위기를 회피하려는 것에 불과하다는 것이다. 더구나 교육기본법의 개정이 교육문제의 해결책이 될 수 없음은 정부 주관으로 구성했던 '교육개혁 국민회의'[35]가 이미 밝힌바 있다고 말했다. 그리고 교육 황폐화를 해소하기 위한 대책으로서 가정교육을 강조하는 것과 국가가 관여하는 형태로서 교육기본법에 이를 포함시키는 것은 별개의 문제로 보아야 한다고 지적했다.

마지막으로 교육기본법 개정은 보수 우익의 정치권이 추진하고 있는 헌법 개정과 더불어 논의되어온 경향이 있음을 지적했다. 이러한 경향으로 볼 때, 교육기본법 개정이 헌법 개정과 연계된 정치 일정으로 논의되어서는 안 된다는 주장이다. 특히 개헌론자인 나카소네 수상의 개혁추진 과정에서 분명히 드러났듯이 교육기본법의 개정을 헌법 개정으로 가는 수순으로 인식하고 있음을 지적했다. 교육기본법

---

**35** 교육개혁국민회의 중간보고 내용 중 일부를 보면, "우리나라 교육의 위상에 관한 검토의 일환으로서 교육기본법에 관한 논의를 했다. 물론, 교육기본법을 개정한다고 해서 이지메가 감소한다든가 청소년 흉악 범죄가 발생하지 않는 것은 아니다."라고 되어있다(2000.9.22.).

의 준 헌법적 성격에서도 알 수 있듯이 굳이 헌법 개정과 연계한다면 헌법 개정 이후에 교육기본법을 개정해야 한다는 것이다. 개정 찬성론자들의 이러한 주장은 교육기본법의 전문에 "일본국 헌법의 이상 실현은 근본적으로 교육의 힘에 의해 가능하다"고 전제되어 있기 때문이라고 말한다. 즉 교육기본법에 명시한 교육이념에 의해 일본국 헌법의 이상이 실현되는 것이므로 교육이념 재설정은 헌법을 개정하는 것으로 직결된다. 따라서 개정 찬성론자들의 목적은 헌법 개정에 있다는 것이다. 또 "일본국 헌법의 정신에 근거하여 교육의 목적을 분명히 하고 신일본교육의 기본을 확립한다."는 교육기본법 제정 취지에서도 드러나듯이 교육기본법은 준 헌법적 법률인 동시에 교육 헌법으로서 이해되어 왔기 때문이라고 지적한다.

여기까지 교육기본법 개정을 둘러싼 찬·반론을 통해 개정의 의도와 문제점이 무엇인가에 대해 살펴보았다. 그런데 이렇게 찬·반론이 교차하는 가운데 개정의 타당성을 명확히 제시하지 않은 상태에서 2006년 12월에 교육기본법을 개정했다. 그리고 개정 찬성론자들의 목표대로 '公' 중시를 교육이념으로 추가 설정했다. 다음은 새롭게 개정한 교육기본법의 내용에 대해 구체적으로 살펴보자.

## 2. '公' 중시의 신 교육이념

### ❙ 개정된 교육기본법

문부과학성의 문부과학백서[36]는 새로운 교육기본법의 내용에 대해 다음과 같이 정리했다.

> 교육기본법은 우리나라 교육의 근본적인 이념 및 원칙을 정한 것으로 모든 교육 관계 법령의 근본법이다. 지금까지의 교육기본법은 1947년 3월에 공포·시행된 법률로 그 아래 구축된 교육 제 제도(教育諸制度)는 국민의 교육수준을 크게 향상시키고 우리나라 사회발전의 원동력이 되어 왔다. 그러나 한편으로는 사회의 큰 변화 속에서 교육의 상황은 전술한바와 같은(교육에 대한 신뢰성 저하, 학교에서의 이지메·등교거부, 소년범죄 등) 문제가 발생했다.
>
> 이번 개정은 이러한 상황에 입각하여 지금까지의 교육기본법에 명시해온 보편적인 이념은 계승하면서, 公共의 정신 등 일본인이 지니고 있던 규범 의식을 소중히 하는 것이나 이를 양성(醸成)해온 전통과 문화를 존중하는 것 등, 지금 가장 중요하다고 생각하는 이념을 명확히 한 것이다.

위의 서술에서도 알 수 있듯이 교육기본법을 개정하게 된 요인 가운데 가장 핵심적인 것은 교육 황폐로 일컬어지는 청소년비행 문제이다. 그리고 '公共의 정신 등, 일본인이 지니고 있던 규범 의식을 소

---

36 『文部科学白書』, 文部科学省, 2007.

중히 할 것과 이를 양성(釀成)해온 전통과 문화를 존중하는 것'을 '지금 가장 중요하다고 생각하는 교육이념'이라고 했다. 그러면서 이러한 이념을 신교육기본법의 교육이념으로 설정했다는 것이다.

한편, 전술한바와 같이 교육기본법 개정이 청소년비행 문제를 직접적으로 해결할 수 없음은 개정 반대론자들의 의견을 통해서도 확인했다. 또 교육개혁 국민회의의 중간보고에서도 밝힌바있다. 그럼에도 불구하고 개정 요인으로 청소년 문제를 언급하고 그 대안으로 위의 내용을 새로운 교육이념으로 설정한 것이다. 이는 어쨌든 개정의 내용이 청소년비행 문제 해결의 대안이 되어야 그 타당성이 인정되는 것이라고 할 수 있다. 그렇다면 신 교육기본법의 개정 내용이 청소년비행 문제를 해결할 수 있도록 제정되었는지 살펴볼 필요가 있다. 다음은 새롭게 명기한 교육기본법 전문(前文)의 내용이다.

> 우리 일본 국민은 꾸준한 노력으로 구축해온 민주적이고 문화적인 국가를 더욱 발전시키고, 세계평화와 인류복지 향상에 공헌하기를 바란다. 우리는 이러한 이상을 실현하기위해, 개인의 존엄을 중시하고, 진리와 정의를 희구하며, 公共정신을 존중하여, 풍부한 인간성과 창조성을 갖춘 인간 육성을 기대함과 동시에, 전통을 계승하여, 새로운 문화 창조 지향의 교육을 추진한다. 이에 우리는, 일본국 헌법 정신에 따라, 우리나라의 미래를 개척할 교육의 기본을 확립하고, 그 진흥을 도모하기 위해 이 법률을 제정한다.[37]

---

37  원문은 "我々日本国民は、たゆまぬ努力によって築いてきた民主的で文化的な国家を更に発展させるとともに、世界の平和と人類の福祉の向上に貢献することを願う

위의 내용가운데 밑줄로 표시한 부분이 새롭게 추가한 부분이다. '公共의 정신을 존중하여'라는 문구를 선두로 하고 있다. 그리고 풍부한 인간성과 창조성을 갖춘 인간 육성을 기대함과 동시에 전통을 계승하여 새로운 문화 창조를 목표로 하는 교육을 추진한다고 되어있다. 전문을 보다 명확히 한 제1장 2조 교육 목표는 다음과 같다.

교육은 그 목적을 실현하기 위해 학문의 자유를 존중하면서, 다음에 제시한 목표를 달성하도록 하는 것이다.

1. 폭넓은 지식과 교양을 몸에 익히고, 진리를 구하는 태도를 기르며, 풍부한 정조와 도덕심을 배양함과 동시에, 건강한 신체를 육성할 것.
2. 개인의 가치를 존중하고, 그 능력을 신장하여, 창조성을 기르며, 자주 및 자율 정신을 육성함과 동시에, 직업 및 생활과의 관련을 중시하고, 근로를 소중히 여기는 태도를 육성할 것.
3. 정의와 책임, 남녀 평등, 자타의 경애와 협력을 소중히 함과 동시에, 公共정신에 기반 하여, 주체적으로 사회 형성에 참가하고, 그 발전에 기여하는 태도를 육성할 것.
4. 생명을 존중하고, 자연을 소중히 여기며, 환경보전에 기여하는 태도를 육성할 것.

---

ものである。我々は、この理想を実現するため、個人の尊厳を重んじ、真理と正義を希求し、公共の精神を尊び、豊かな人間性と創造性を備えた人間の育成を期するとともに、伝統を継承し、新しい文化の創造を目指す教育を推進する。ここに、我々は、日本国憲法の精神にのっとり、我が国の未来を切り拓く教育の基本を確立し、その振興を図るため、この法律を制定する。"이다.

5. 전통과 문화를 존중하고, 이를 육성해온 우리나라와 향토를 사랑함과
   동시에, 타국을 존중하고, 국제 사회의 평화와 발전에 기여하는 태도를
   육성할 것.[38]


마찬가지로 교육목표의 내용가운데 밑줄로 표시한 부분이 새롭게
추가한 부분이다. 여기에도 '公共정신을 기반으로, 주체적으로 사회
형성에 참가하고, 그 발전에 기여하는 태도'를 기른다고 되어 있다.
그리고 '전통과 문화를 존중하며 이를 길러온 우리나라와 향토를 사
랑하는 태도'를 기른다고 명시했다.


## ┃ 애국심

이와 같은 개정 내용에 대해 애국심을 강조함으로써 국가주의 색
채를 강하게 드러냈다는 비판이 쏟아졌다. 호소이 카츠히코(細井克彦)
는 신교육기본법 내용이 "일본주의적인 내셔널리즘"[39]이라고 했다. 또

---

38  원문은 "教育は、その目的を実現するため、学問の自由を尊重しつつ、次に揚げる目
標を達成するよう行われるものとする。一、幅広い知識と教養を身に付け、真理を
求める態度を養い、豊かな情操と道徳心を培うとともに、健やかな身体を養うこと。
二、個人の価値を尊重して、その能力を伸ばし、創造性を培い、自主及び自律の精神
を養うとともに、職業及び生活との関連を重視し、勤労を重んずる態度を養うこと。
三、正義と責任、男女の平等、自他の敬愛と協力を重んずるとともに、公共の精神に
基づき、主体的に社会の形成に参画し、その発展に寄与する態度を養うこと。四、生
命を尊び、自然を大切にし、環境の保全に寄与する態度を養うこと。五、伝統と文化
を尊重し、それらをはぐくんできた我が国と郷土を愛するとともに、他国を尊重し、
国際社会の平和と発展に寄与する態度を養うこと。"이다.

39  細井克彦、「教育基本法改正問題と二一世紀の教育理念」、『教育基本法「改正」批判』、

와타나베는 신교육기본법의 교육목표가 "질서에의 복종 의식을 주입하는 것, 봉사의 의무화"라고 하며, 개인의 사고와 행동을 국가가 의무로 강제하는 것을 의미하는 질서에의 복종 의식 및 봉사의 의무화에 대한 비판적 견해를 나타냈다.[40] 다시 말하면 일본주의적인 내셔널리즘으로서의 질서에의 복종 의식과 봉사의 의무는 公共정신을 기반으로 해야 한다는 것이다. 그런데 여기에 명시한 '公共정신'에서의 '公共'은 국가가 개인의 의무로 강제한 '公共'이다. 따라서 이는 국가권력적 '公'으로서의 '公共'을 말하는 것이며 '公'을 중시해야 한다는 의미는 국가를 중시해야 한다는 애국심 교육에 다름 아니다.

결과적으로 교육 황폐화를 초래한 청소년비행 문제의 해결 방법이 국가를 중시하는 애국심 교육이라는 것이다.[41] 이때의 애국심이란 국가와 개인의 관계에 있어서 개인이 주체가 되어 자율적 의지로 표현하는 '나라를 사랑하는 마음'이 아니다. 개인 보다는 국가가 우선시되고 개인이 국가에 예속되어 지배적 또는 강압적 관계에서 만들어지는 애국심을 말하는 것이다.[42] 과연 이러한 국가주의 지향적인 애국

文理閣, 2003, p.36.

**40** 渡辺治, 「いまなぜ教育基本法改正か」, 『ポリティーク』, 第五号, 2002.12, pp.226-227.

**41** 애국심교육이 청소년 문제를 해결할 수 있는가 또는 아닌가를 생각해 볼 때, 교육적 측면에서의 애국심교육 효과 등에 대해서는 이 책의 내용에서 벗어난 내용이기는 하나 별도로 연구 할 필요가 있다고 생각한다.

**42** 애국심에 대해서는, '자기애'와 대립적 관계에 있는 몽테스키외의 애국심과, '자기애'에 뿌리를 두고 있는 루소의 애국심을 대별하여 그 양면성을 설명하고 있는 김용민 저, 『루소의 정치철학』, 인간사랑, 2004. 6장과, 세계대백과사전 20, 학원

**136** 公·私관으로 본 **일본 교육 이데올로기**

심 교육이 청소년비행 문제를 해결하는 대안이 될 수 있는가. 이에 대해서는 재고해 보아야 할 필요가 있다.

앞서 밝힌바와 같이 문부과학성은 청소년들 사이에서 '公'을 경시하는 경향이 확산되고 있기 때문에 교육 황폐화를 초래하게 되었다고 했다. 그리고 '公' 중시를 교육이념으로 설정해야 한다고 했다. 公德心·公共性·규범의식 등을 언급하며 '公' 중시를 강조했기 때문에 여기에서의 '公'은 마치 시민사회적 '公'으로서의 公共性을 가리키는 것으로 인식하기 쉽다. 그러나 사실상 교육이념으로 추가 설정된 것은 국가권력적 '公'의 성격을 지닌 애국심이다.

그렇다면 이렇게 애국심을 교육기본법에 법으로 규정해 놓아야 할 만큼 그동안(패전이후) '公(국가)'을 경시해 왔는가. 이에 대해서는 다음 장을 빌어 전후 일본 도덕교육의 내용을 분석하여 알아보자. 그리고 과도하게 편중되어 있었다는 '개인중시'의 실제적 의미에 대해서도 알아보자.

---

출판사, 1993, pp.264-265 참조.

제Ⅳ장

# 전후 일본 도덕교육에 나타난 '公(국가)' 중시와 '개인(私)' 중시

한 사회의 특성이 잘 반영되어 있는 것은 교육 과정 가운데서도 특히 도덕교육 과정이라고 할 수 있다. 뒤르켐(Durkheim)은 학교 교육의 핵심이 되는 것은 보편적 가치를 가르치는 도덕 교육이라고 했다. 사회가 분화됨에 따라 개인이 속한 특수 환경에서 요구하는 특성의 함양도 불가피하다. 그러나 이러한 전문화된 교육이 증가할수록 사회 전체의 동질성 유지를 위한 보편 교육이 필수적이라는 것이다. 과연 일본에서의 전체 동질성 유지를 위한 보편 교육은 무엇인가. 제4장에서는 전후 일본의 도덕 교육과정을 검토해보고자 한다. 우선 전후 교육에서 '公'을 경시했다고 하는데 어떠한 '公'을 말하는 것인지 확인해 보겠다. 또 '개인'에 편중된 교육을 문제시했는데 일본에서 지나치게 강조해왔다는 '개인' 중시는 어떠한 것인지 알아보도록 하겠다.

公·私관으로 본

# 일본 교육 이데올로기

제1절

# '公' 중시 교육

전후 민주주의적 교육 체제를 정립해가는 과정에서도 전전의 교육이념을 고수하고자 했던 일본 정부의 의도는 앞에서 대략적으로 언급했다. 여기에서는 이러한 성향을 어떻게 교육 내용에 반영하고 시행 했었는가에 대해 전후 학교에서 가르친 '公' 중시에 대한 교육을 통해 살펴보겠다.

교육에서 '公' 교육을 시행했던 내용을 확인하는 검토는 도입(1945~1946) 및 전개기(1947~1970년대)와 강화기(1980년대~현재)로 구분하였다. 도입기는 패전직후 황민(皇民)을 공민(公民)이라는 이름으로 바꾸어 전전의 수신 교육을 그대로 도입한 시기이다. 전개기는 교육기본법을 제정하고 학습지도요령을 공포한 1947년부터이다. 교육방침의 대 전환을 출발로 한 이 시기는 도입기의 공민 교육 구상을 그대로 이어받아 구체적인 방법으로 '公' 교육을 전개했다. 강화기는

학습지도요령의 전면 개정이라는 대대적인 교육개혁이 있었고 교육기
본법 개정을 통해 '公' 교육을 더욱 강화한 시기이다.


## 1. '公' 교육의 도입과 전개

### ┃ 신일본 건설의 교육 방침

문부성은 패전직후인 1945년 9월 15일에, 세계평화와 인류의 복지
에 공헌해야하는 신일본 건설을 위해 종래의 전쟁 수행 요청에 기인
한 교육 시책을 없앴다. 그리고 문화국가 및 도의국가 건설의 근본을
배양하는 문교 시책 실행에 노력해야 한다는 내용으로 '신일본 건설
의 교육 방침'을 서둘러 공포했다.

이를 구체화한 신교육 방침은 "지금부터의 교육은 더욱더 국체(国
体)의 호지(護持)에 힘쓰며, 동시에 군국주의적 사상 및 시책을 불식
하고 평화 국가의 건설을 목표로 하여 겸허히 반성하고, 국민의 교양
을 높여 과학적 사고력을 기르고, 평화 애호의 마음을 가지며 지와
덕을 갖추어 세계의 진운에 공헌하는 자가 되어야한다."[1]고 되어있다.

---

1   신교육 방침의 원문은 "大詔奉体ト同時ニ従来ノ教育方針ニ検討ヲ加ヘ新事態ニ即
    応スル教育方針ニ確立ニツキ鋭意努力中デ近ク成案ヲ得ル見込デアルガ今後ノ教
    育ハ益々国体ノ護持ニ努ムルト共ニ軍国的思想及施策ヲ払拭シ平和国家ノ建設ヲ
    目途トシテ謙虚反省只官国民ノ教養ヲ深メ科学的思考力ヲ養ヒ平和愛好ノ念ヲ篤
    クシ知徳ノ一般水準ヲ昂メテ世界ノ進運ニ貢献スルモノタラシメントシテ居ル"이다.

그런데 여기에 '앞으로의 교육은 더욱 더 国体의 護持에 노력한다.'라는 문구가 있다. 이는 천황제를 옹호하는 国体의 護持라는 방향으로 교육이념을 정립하고자 한 의도를 분명히 밝히고 있다.

같은 해 10월 15~16에는 현 오차노미즈(お茶の水) 여자대학인 동경 여자 고등 사범학교 강당에서 문부성 주최의 강습회가 있었다. 이 강습회를 통해 각 교원 양성 학교장 및 地方視学官(지방시학관)[2]에게 '신일본 건설의 교육 방침'을 전달했다. 여기에서 문부대신 마에다 타몬(前田多門)은 "지금부터의 교육은 우선 개성의 완성을 목표로 하여 훌륭한 개성을 완성하도록 한다. 다음으로 그 인격 안에 내재되어 있는 봉공심을 발휘하게 하여 국가 사회에 순진한 봉사를 완수할 수 있도록 이끌어가지 않으면 안 된다"[3]고 했다. 여기에서 주목되는 점은, 문화국가 및 도의국가 건설의 근본을 배양하기 위한 교육 시책이 개성의 완성이라고 말하고 있다. 그러나 그 개성의 완성은 결국 봉공심이 발휘되도록 하기 위해서 라는 점이다.

## ▌ 公民科 신설

이렇게 천황제를 옹호하는 국체의 호지를 위해서, 또 봉공하는 황민의식을 갖도록 하기 위해서는 전전의 수신과(修身科)에서 다루던

---

2  학무국에 속하여 관내의 학사 사찰을 맡아보던 고등관을 말함.

3  古川哲史 編, 『日本道德教育史』, 有信堂, 1975, p.255.

교육 내용을 그대로 유지시켜야 했다. 그러나 미국으로부터의 제제 없이 수신교육을 유지시키기 위한 방법은 용이하지 않았다. 또 1945년 10~12월에 '교육의 4대 지령'이 내려졌기 때문에 국체 호지의 교육이 념을 표면적으로 드러낼 수 있는 상황이 아니었다. '교육의 4대 지령'에 대해 앞에서도 언급한바와 같이 GHQ는 "국가신도 및 교의에 대한 정부의 보장과 지원의 폐지(国家神道及ビ教義二対スル政府ノ保障ト支援ノ撤廃)"에 관한 지령에 입각하여 "일본 정부는 군국주의적 및 극단적인 국가주의적 관념을 교과서를 통해 생도에게 주입시키는 교육을 금한다."[4]라고 했다. 그러면서 수신, 일본역사·지리 수업의 정지 명령을 내렸다. 그 후 GHQ는 1946년 6월 29일에 지리과(地理科)를, 같은 해 10월 12일에는 일본역사를 재개(再開) 하도록 허락 했다. 그러나 수신과의 재개는 허락하지 않았다. 전전(戰前)의 수신과로 역행하는 것을 경계하여 수신과의 재개 및 도덕시간 특설을 허락하지 않은 것이다.

이렇게 전전의 수신교육이 도덕교육을 통해 재생되는 것을 우려하여 도덕과를 설치하지는 못하도록 했다. 그러나 국체 호지와 황민의식을 존속시키기 위해서는 봉공을 도덕적 실천으로 교육했던 전전의 수신교육과 같은 교육이 필요했다. 이런 상황에서 고안한 방법이

---

**4** 원문은 "日本政府ガ軍国主義的及ビ極端ナ国家主義的観念ヲ或ル種ノ教科書二執拗二織り込むシデ生徒二課シ、カカル観念ヲ生徒ノ頭脳二植込マンガ為二教育ヲ利用セル二鑑ミ"이다. 『近代日本教育制度史料 第18巻』, p.508.

'공민과(公民科)'의 신설이다.


## ▎ 修身=개인도덕, 公民=사회도덕

문부성은 GHQ가 수신과(修身科) 수업 정지를 명령하기 전에도 이미 위와 같은 '공민교육 구상'(1945년 9월)을 새로운 도덕교육으로 실시하려는 움직임을 보였다. 1945년 11월 1일에 설치된 '공민교육 쇄신 위원회'[5]는 12월 22일에 "우리나라의 공민 교육은 지금까지 상층으로 부터의 지도만이 중요시 되어 각자의 자발성을 중요시해야 하는 공공 생활상 필요한 성격 도야가 경시되어 왔다"고 지적했다.

그러나 이렇게 지적하면서도 "도덕은 원래 사회 안에서의 개인 도덕이 있어야한다. 개인 도덕으로서의 '수신'은 '공공 생활상 필요한 지식'과 결합할 때 비로소 그 구체적 내용을 얻게 되며, 현실 사회에서 그 덕목이 실천되어야 한다. 따라서 '수신'은 '공민'과 한 가지가 되어야 하고 양자를 종합해서 공민과(公民科)가 확립되어야 한다."[6]고 했다. '수신'과 공민적 지식을 하나로 한 '公民科'를 학교 교육 내용에 신설해야 한다는 주장이다. 즉 전전의 수신 교육을 개인 도덕이라 하고, 공공 생활상 필요한 지식을 사회도덕이라고 하며 이를 하나로 묶어 모두 교육할 수 있는 '公民科'를 신설해야만 도덕적 실천을 할 수

---

5  위원으로는 동경대교수 大河内一男, 田中二郎, 和辻哲郎, 戸田貞三 등이 있다.
6  宮原誠一 編, 『資料日本現代教育史1』, 三省堂, 1979(増補版), p.220.

있다는 것이다. 이는 개인 도덕과 사회도덕을 융합하여 도덕적 실천을 해야 한다고 강조한 것 같은 내용으로 되어있다. 그러나 결국 봉공하는 '황민'을 만드는 기존의 수신교육을 公民科에 수용시켜 계속 유지시킬 수 있는 방법을 마련한 것에 지나지 않는다. 그리고 이렇게 함으로서 전전의 수신교육을 전후로 이양하는데 성공한 것이라고 할 수 있다.

## ▌ 전전 교육을 전후 교육으로

이렇게 전전의 수신교육을 전후의 공민교육으로 수월하게 이양할 수 있었던 것은 미 교육 사절단의 판단이 적지 않은 역할을 했다고 할 수 있다. 패전으로 인한 혼란 속에서 가치관이 크게 전환하는 가운데 새로운 도덕을 새로운 방법으로 교육해야 한다는 것은 미 교육 사절단도 필요하다고 생각했다. 그러나 무엇을 어떻게 교육해야 하는가 라는 구체적 내용은 일본에 전임할 수밖에 없는 상황이었다. 문화도 가치관도 다른 상태에서 정신교육이나 다름없는 도덕교육의 내용을 구상하여 지시한다는 것은 어려운 일이었을 것이다.

'제1차 미 교육 사절단 보고서'(1946년 3월 30일)를 보면 "근년 일본의 학교에서 가르친 수신 과정은 종순적인 公民이 되게 하는 것을 그 목적으로 했다. 충의심(忠義心)을 통해서 질서를 확립하고자 한 이 노력은 주지하는 바와 같이 사회의 중요한 인물에게 지지(支持)되어 대단히 효과적이었기 때문에, 결국 이 수단은 부정한 목적과 결합되었다. 이 때문에 수신과정 수업은 정지하도록 했으나, 민주주의적 제도도 다른 제도와 마찬가지로, 그 진정한 정신에 적합하면서도 영속시킬 수 있는 하나의 윤리가 필요하다. 그래서 그 특유의 덕목을 가르칠 수 있으며, 따라서 이것은 다른 것과 마찬가지로 학교에서도 가르쳐야 한다."[7]라고 하며 민주주의에 기반 한 윤리와 덕목을 가르쳐야 한다고 했다.

그런데 여기에서 "일본이 실제 민주주의화 하려면, 민주주의적인 윤리를 당연히 가르쳐야 한다고 생각한다. 우리들은 단지 그것이 평화에 대해 가르치는 것이고, 민주주의의 방향으로 향해만 있다면, 그 가르치는 방법은 일본인에게 맡겨두어도 좋다."고 했다. 민주적 교육이어야 한다는 조건을 분명히 밝히고는 있지만 구체적인 교육 내용과 방법을 일본에 전임한 것이다. 후루가와 테츠시(古川哲史)는 "도덕·윤리의 문제는 인간의 가장 내면인 혼(魂)에 관한 것이기 때문에 미국도 일본도 고심할 수밖에 없었다."[8]고 했다. 이와 같이 윤리와 도덕에 관한 교육 내용을 구상하는데 있어서는 일본인의 내면적인 혼을 다루는 문제이므로 일본에게 전임할 수밖에 없었던 것이다. 미 교육사절단은 단지 민주주의를 기반으로 한 내용으로 구성해야 한다고만 요구 했다. 그렇기 때문에 일본은 公民科를 통해 공공 생활상 필요한 성격 도야를 위해 그 지식을 가르치는 민주시민 교육과 전전의 修身

---

7 『道德教育資料集成 3』, p.77.
8 古川哲史 編, 앞의 책, p.262.

科에서 다루던 내용을 나란히 함께 양립시켜 구성할 수 있었던 것이다.

## ▌봉공(奉公)

이에 문부성은 1946년 5월 7일 '公民教育 실시에 관한 통첩'에서 "사령부의 허락 하에 수업 재개까지 당분간 公民科로 도덕 교육을 한다."[9]고 했다. 그리고 '공민과 교육 안(公民科教育案)'을 제시했고 '国民学校·中学校·青年学校 공민 교사용 서(公民教師用書)'를 만들어 배포했다.

그 내용을 살펴보면 "公民科 교육은 사람마다 각각 그 사람이 살고 있는 사회의 공동생활에서 이상적인 일원으로서 갖추어야 할 성격을 육성함과 동시에, 그 생활에 필요한 지식 및 능력을 함양해 가는 것을 목적으로 한다."고 되어있다. 그리고 '공공 생활상 필요한 지식'을 명시했다. 여기에서 '공공 생활상 필요한 지식'은 민주주의 시민 사회를 살아가는데 필요한 지식과 능력을 갖춘 개성의 완성을 목표로 한다고 되어있다. 그러므로 미국이 요구한 민주주의 도덕 교육에 상응한 내용을 명시한 것이다. 그러나 또 한편으로는 "우선 그 사회생활에서 자신의 위치를 분명히 알아야함과 동시에 책임감과 공동 정신을 몸에 익히고 …… 공동생활을 하는데 있어서 자주적으로 행동하고 자발적으로 몸을 바치는 것을 꺼려하지 않는 태도가 중요하다"[10]고 되

---

9   勝部真長·渋川久子,『道德教育の歴史―修身科から「道德」へ』, 玉川大学出版部, 1984, 제7장 3절.

어있다. 바로 전전의 수신교육 이었던 몸 바쳐 헌신하는 봉공(奉公)을 명시한 것이다.

지금까지 패전으로 인해 교육이념을 민주적으로 전환하는 과도기에도 전전의 奉公을 그대로 전후에 이양하는 과정을 살펴보았다. 즉 전전의 皇民이 전후에는 公民이라는 이름을 빌리고 있으나 公民의 의미는 전전과 다름없이 奉公하는 국민을 말하는 것이다. 수신 교육을 유지시키기 위해 재빠르게 서둘러 고안한 公民科는 미국의 요구를 수용한 민주적 도덕 교육과 전전의 수신 교육을 나란히 양립시키는 방법으로 구성했다. 그리고 이렇게 만든 공민과(公民科)는 이후 사회과(社会科)로, 사회과에서 다시 도덕과(道德科)로 재구성을 거듭하여 교육으로 실천했다.

## ▌ 社会科 신설

전개기가 시작되는 1947년에 교육기본법이 제정되면서부터는 도입기의 公民科를 폐지했다. 그 대신 社会科가 신설 되었다. 가츠베 미타케(勝部真長)는 "公民科도 修身科도 독립의 교과로서는 설치하지 않았지만, 공민교육=도덕교육 이라는 구상은 새로운 제도하의 社会科에 계승되었다"[11]고 했다. 이와 같이 公民科 내용을 구체화 하여 社会

---

10  中野光·藤田昌士 編,『史料 道徳教育』, 総合労働研究所, 1982, p.137.
11  勝部真長·渋川久子, 앞의 책, p.167.

科를 신설했고 이로 인해 도덕교육은 社会科가 담당하게 되었다. 社会科에 대해서도 다양한 견해가 있다.

社会科의 교육이념에 대해 황혜숙은 전후 일본 교육의 국가주의적 성향을 비판하면서도 이 시기에 신설된 社会科에 대해서는 조금 다른 견해를 보인다. 즉 전전의 교육이념은 국가나 천황을 위해 충성을 다하는 신민을 육성하는데 있었다. 그리고 국가 권위에 순종하는 신민상이 곧 일본인으로서의 바람직한 인간상이었다. 그러나 이 시기의 社会科 이념은 이를 전면적으로 부인하고 민주사회를 살아가는데 필요한 기본 자질을 제시하고 있다고 말한다. 그리고 "社会科는 개인의 자주·자율성 및 사회에 대한 비판적 안목 등을 길러줌으로써 전전의 신민 의식이 아니라 민주 의식을 가지고 일본 사회를 근대화해 나가고자 하는 변혁의 방향을 제시, 일본 사회의 민주 구현 의지를 분명히 했다고 할 수 있다."[12]고도 했다. 그러나 이러한 견해는 社会科가 지닌 교육이념의 일부만을 또는 표면에 나타난 내용만을 보고 해석한 것이라고 사료된다.

그렇다면 오해의 소지는 어디에서 온 것인지 생각해보자. 社会科를 신설한 취지는 민주 시민의 양성을 위해서이다. 여기에는 CI&E의 강력한 지도가 작용했는데 社会科의 모델로 미국의 학교에서 시행하고 있는 사회학(social studies)을, 특히 버지니아주의 플랜 등을 참고

---

12 황혜숙, 「日本社会科教育의 理念変遷研究」, 한국교원대학교 박사학위논문, 2000, pp.47-48.

했다. 그렇기 때문에 민주주의적 교육이념이 표면상에 나타나는 것은 당연하다. 따라서 부각된 언어만 보면 민주사회 구현의 교육이념으로 인식된다. 이에 대해서는 보수주의자들의 비판도 적지 않았다. 예를 들면 미야하라 세이치(宮原誠一)는, 민족의 독립을 바라는 일본 국민 자신들이 독립을 위해 힘쓰고 점령군의 교육 정책에 저항·통제 했어야 마땅하다고 했다. 그러나 그러한 상황임에도 불구하고 오히려 미국을 추종하여 신교육을 예찬하는 것은 옳지 못하다고 하며 社会科의 무국적성에 대해 비판했다. 또 신조 사브로(新庄三朗)는, 社会科는 미국이 민주화라는 말을 빙자하여 일본을 우민화(愚民化) 및 식민지화 하고자 하는 것이라고 했다. 타키가와 마사지로(滝川政次郎) 또한, 국사 교과서의 사용 금지 및 社会科의 설치는 일본 국민의 저항력을 완전히 파괴할 것을 목적으로 나온 연합군의 명령이라고 하며 社会科의 강제성을 비판했다. 그러면 이러한 비판이 타당한 것인지, 즉 일본 사회가 민주 구현의 의지를 분명히 했었는지에 대해 그 교육 내용을 살펴보자.

## ▌ 社會科 교육 내용

최초의 '학습지도요령 일반편'(1947년 3월)에는 "지금까지와 다른 것은 종래의 수신·공민·지리·역사가 없어지고 새롭게 社会科를 설치했다. 이 社会科는 종래의 수신·공민·지리·역사를 단지 일괄적으로 하여 社会科라는 이름을 붙인 것이 아니다. 社会科는 지금 우리나라 국민의 생활에서 볼 때, 사회생활에 대한 양식(良識)과 성격 함양이 매우 필요하므로 이러한 것을 목적으로 새롭게 설치한 것이다. 단 이 목적을 달성하기 위해서는 지금까지의 수신·공민·지리·역사 교과의 내용을 융합하여 하나로 배워야 하기 때문에 이들 교과를 대신하여 社会科를 설치한 것이다."[13]라고 되어있다.

이는 社会科가 금지되었던 수신 등의 과목이 아니라 사회생활의 양식과 성격의 함양을 위해서 새롭게 설치한 과목이라고 하는 것이다. 그러면서도 교육 목적을 달성하기 위해서는 수신 등의 내용을 융합하여 가르쳐야 한다고 말한다. 이 수신 등의 내용은 '전전의 교육이념을 전면적으로 부인하고 민주 구현의 의지를 분명히 한 것' 또는 보수주의자들의 주장과 같이 무국적성이나 강제성을 띠고 있는 것이라고 하기 어렵다. 그보다는 후루가와가 "수신과는 재개하지 못했으나 社会科라고 하는 새로운 과목에 흡수되었고 도덕 교육은 社会科에서 다루었다"[14]고 한바와 같이 전전의 교육이념을 수용한 것이라고 할 수 있다. 이는 1947년 학습지도요령 社会科에 잘 나타나 있다.

학습지도요령 社会科(1947)의 교육목표를 보면, 사회 연대성의 의식을 강화하고, 공동생활의 진보에 공헌하고, 각종 단체의 구성원으로서의 역할과 자기 지위와 책임을 자각하도록 할 것 이라고 되어있다. 또 국내 융화와 국제 친선에 공헌하는 소질을 키울 것[15]등으로 되

---

13  古川哲史 編, 앞의 책, pp.263-264.
14  古川哲史 編, 앞의 책, p.264.

어있다. 이는 스스로 가치관을 설정하고 사회 질서를 위한 규범의식을 언급 했다기보다는 공동 집단의 연대성으로 사회 및 국가에 공헌할 것을 강조하고 있는 것이다.

또 문부성에서는 『民主主義』라는 교과서(上권 1948년도, 下권 1949년도)를 발간했다. 그 서두의 내용을 보면 "우리 일본 국민은 스스로 민주주의의 길을 걸어, 전쟁으로 차마 볼 수 없이 초라해진 조국을 재건하고 우리 자신의 생활에 희망과 번영을 되찾아야만 한다. 특히 일본을 재건하는 이 일은 지금의 소년소녀 제군의 어깨에 달려 있다."[16]고 되어있다. 이는 민주주의의 궁극적인 목적이 국가 재건임을 강조한 것이라고 할 수 있다.

## ▌ 애국심교육을 도덕교육으로

1950년 제2차 미 교육 사절단의 보고서에는 '도덕 및 정신 교육의 필요성'을 언급하며 '청소년들이 일상생활에서 귀감이 되는 가치를 찾아 자신의 가치로서 활용할 수 있도록 돕기 위한 교육'을 요구했다. 이에 따라 1951년 학습지도요령 일반·사회편을 개정하여 社會科가 담당해야 하는 도덕 교육의 역할을 강조했다. 그런데 그 내용을 보면 미 교육 사절단의 의도와는 거리가 먼 애국심 등의 내용이 포함되어

---

15   中野光·藤田昌士 編, 앞의 책, pp.143-147.
16   中野光·藤田昌士 編, 앞의 책, p.147.

있다.

당시 요시다 수상은 '애국심'의 재흥을 문교 정책의 필두로 들었다 (1950. 10.). 그리고 요시다 내각의 문부대신으로 취임한 아마노 테이유(天野貞祐)는 국민의 경축일에 행하는 학교 행사에서 '국기'를 게양하고 '국가'를 제창할 것을 촉구하는 대신담화(大臣談話, 10월)를 내놓았다. 또 도덕교육 진흥발언(11월, 全国都道府県教育長会議)등을 통해 애국심 교육 강화에 관한 의도를 분명히 했다. 즉 전전의 교육칙어를 대신 할 도덕 기준의 제정과 전전의 수신과를 대신 할 새로운 도덕 교과의 특설을 시사한 내용의 발언이다. 그 의도는 아마노가 1950년 11월에 아사히(朝日)신문에 보낸 '나는 이렇게 생각 한다'라는 전전의 교육칙어에 관한 예찬에 잘 나타나 있다.

이와 같이 애국심 교육을 도덕 교육으로 자리매김하기 위한 의도는 그 후의 학습지도요령에도 잘 나타나 있다. 1951년의 학습지도요령 일반편을 보면 "건전한 사회는 언제나 건전한 도덕을 갖고 있다. …… 학교 교육의 모든 기회를 포착하고 주도(周到)의 계획에 기반 하여 …… 도덕 교육은 그 성질상 교육의 어느 부분이 아닌 교육 전면에서 계획적으로 실시할 필요가 있다."[17]고 되어있다. 이는 도덕 교육을 학교 교육의 전 과정을 통해 시행할 것을 밝히고 있는 것이다.

---

17  또 "도덕교육에 대한 상세한 것은 최근 문부성에서 발간한 '아동생도가 도덕적으로 성장하기 위해서는 어떠한 지도가 필요한가'를 참조하기 바란다"고 하며 『도덕교육을 위한 입문서 요강』(1951.4~5.)을 발표했다. 学習指導要領—般編-試案 (1951.7.1.).

여기에서 말하는 도덕이 어떠한 것인가에 대해서는 학습지도요령 社会科편에 제시되어 있다. 그 일부의 내용을 보면 "社会科는 아동에게 사회생활을 바르게 이해시키고 사회의 진전에 공헌하는 태도 및 능력을 갖추도록 하는 것을 목적으로 한다."고 되어있다. 또 "공동 문제를 위해서는 자신의 최선을 다하여 협력하려는 태도를 몸에 익혀야 한다."는 내용도 있다. 이는 사회의 진전과 향상을 위해 공헌하는 것을 도덕이라고 말하는 것이다. 뿐만 아니라 전전 도덕 교육의 핵심이었던 수신과에 대해서는 그 내용을 비판한 것이 아니었다. 교육 방법이 주입식이었기 때문에 바람직하지 못했다는 것만을 반성의 예로 들고 있다. 그러면서 앞으로는 아동이 납득하기 어려운 주입식 방법이 아니라 일본의 지리적·역사적 사실을 지식이 아닌 심정으로 이해시켜야 한다는 내용을 서술하고 있다.[18]

'애국심'을 주안으로 한 도덕 교육 강화 추구의 발언은 그 후의 문부대신으로부터도 계속되었다.[19] 당시 문부대신 아마노 테이유가 전국

---

18 1945년 11월 1일에 설치된 '공민교육 쇄신 위원회'의 위원인 和辻哲郎의 『風土－人間学的 考察』에 나타난 '풍토론'의 이데올로기성을 고려해 볼 때 '지리적·역사적 사실을 지식이 아닌 심정으로 이해시켜야 한다'는 것은 일본 역사의 타당성 혹은 합리성을 교육하고자 하는 의도를 분명히 한 것이라고 할 수 있다.

19 민간에서는 이를 비판하는 유지자(有志者) 및 단체에 의해 '社会科 문제 협의회'가 결성되고 1953년 8월 4일의 제1차 성명 이래 6차에 이르는 비판 성명이 발표되었다. 뿐만 아니라 1951년은 '메아리학교(無着成恭編)'등의 간행으로 '생활작문부흥(生活綴方復興)의 해'로 불렸다. 전전의 교육 유산인 生活綴方教育(생활글짓기교육)을 근거로 교사들은 전후 신교육의 비현실성을 극복하려 했다. '메아리학교' 속에는 전후 공민 교육의 이른바 인간 교육에의 심화를 볼 수 있다. 中野光·藤田昌士 編, 앞의 책, p.150.

교육장 회의석상이나 신문지상을 통해 강조한 도덕 교육 내용은 천황과 국가를 위한 공덕심이다. 구체적 내용은 그가 작성한 '국민실천요령'[20]에도 잘 나타나 있다. 또 1955년의 학습지도요령에도 '민족적 긍지, 향토와 국토의 사랑, 선인의 업적에 대한 존경과 감사, 일본인으로서의 자각, 봉사심과 협동심'등을 명시했다. 따라서 도덕 교육은 제2차 미 교육 사절단의 의도를 반영한 교육이라고 하기보다는 아마노가 주장한 천황과 국가를 위해 헌신을 강조하는 교육이 되었다.

## ▎도덕시간 특설

1958년부터는 행정적 조치로서 도덕과를 규정하고 도덕시간을 특설했다. 그 목표 및 내용은 전전의 修身科와 다르다는 것을 강조하며 '인간 존중의 정신'을 기조로 하고 있다. 그러나 미기시마 요스케(右島洋介)는 "도덕시간 특설은 교육 내용을 통제하는 것이며 그 자체가 교육기본법 제2조에 저촉하는 것이다. '인간 존중의 정신'을 표방하고 있지만 그 이면에는 무시할 수 없는 기만성이 감춰져 있다"[21]고 서술했다. 국가가 교육 내용을 통제하기 위해 도덕시간을 특설했다는 것이다. 학습지도요령 도덕편의 구체적인 내용을 보더라도 "나라사랑, 국가 발전에 헌신, 국토와 문화에 대한 애정, 우수한 전통의 계승"[22]

---

20  天野貞祐(1953)의 『国民実践要領』은 窪田祥宏 編, 앞의 책, p.37.
21  右島洋介, 「戦前の修身科と道徳の時間の異同」, 『現代教育科学』 No.307, 1982, p.48.
22  『小·中学校指導書 道徳編』 58, 69, 78年版, 文部省.

을 명시했다. 이는 국가에 대한 헌신을 도덕의 실천이라고 하며 이러한 도덕적 실천을 통해 公民적 자질을 갖추어야 한다고 강조하는 것이다.

公民적 자질에 대해 황혜숙은 "가치적 지식을 주입하려 함으로써 결국 의무와 책임이 있는 국민에 비중을 두고 있기 때문에 公民적 자질 육성 논리는 그 방법 면에서도 전전의 국민과(国民科)와 다름없는 것이다"[23]라고 지적했다. 따라서 도덕시간을 특설한 궁극적 목적은 公民적 자질을 갖춘 일본인을 육성하여 국가에 헌신하도록 하는 정신을 함양시키는데 있었다고 할 수 있다.

1966년 '기대되는 인간상'[24]에는 국민으로서 갖추어야 할 자질로 '바른 애국심, 상징에 대한 경애심, 우수한 국민성'등을 제시했다. 제3장 제1절에 전술한 호리오 테루히사(堀尾輝久)가 지적했듯 바른 애국심과 상징 즉 천황에 대한 경애심을 갖는 것이 우수한 국민이라는 것이다. 여기에서는 이러한 국민을 기대되는 인간상으로 설정하고 이를 도덕으로 교육하고자 했음을 알 수 있다.

정부와 경제계는 60년대에 이어서 70년대에도 교육 정책을 경제 성장 정책의 일환으로 파악하여 능력주의적 내지는 국가주의적 교육

---

23  황혜숙, 앞의 논문, p.100.

24  요리다 미치오(寄田啓夫)는 '기대 되는 인간상'에 나타낸 '기대 되는 인간'의 현실적인 육성 수단으로서, 전후 교육 개혁을 전면적으로 재 개혁하려 했으며, 국가·사회에 대한 교육의 종속을 기본적 관점으로 한 내용을 구실로 교육에의 국가 통제를 강화하려 했다. 寄田啓夫·山中芳和 編, 앞의 책, p.183.

의 전면적 전개를 계획했다. '신 전국 종합 개발 계획(新全国総合開発計画, 1969년 4월 閣議決定)'과 '신 경제 사회 발전 계획(新経済社会発展計画)' 답신(1970년 4월 경제 심의회)에는 국제적 시야에 입각한 경제의 효율화를 위해 보다 효율적인 인재 공급을 해야 한다는 사상이 나타난다.[25]

학습지도요령은 1968년과 1978년에도 개정했는데 도덕 교육에 대한 기본적인 구상은 1958년의 봉공 정신을 함양하기 위한 내용과 동일하다. 모리다 순오(森田俊男)는 학습지도요령의 내용에 대해 "전후 일본이 부흥할 수 있었던 것은 전전 교육을 철저히 했기 때문"이라고 평가했다. 또 "히노마루를 국기로 게양하고 기미가요를 국가로 당당하게 부르는 교육을 확립하여 국가에 대한 충성심을 기르는 교육을 실현해야 한다"[26]고 서술했다. 이는 전개기의 학습지도요령이 전전의 교육내용을 그대로 담고 있다는 것을 의미한다.

---

25  이는 정계와 재계의 교육 정책에 관한 노선이 다르게 나타나는 것이라고 할 수 있으나 1984년에 구성된 임시 교육 심의회의 최종 답신을 보면 양쪽의 노선이 모두 반영되어 있다는 것을 알 수 있다. 寄田啓夫・山中芳和 編, 앞의 책, p.182.

26  森田俊男, 『新学習指導要領読本 −新学習指導要領の政治・経済的背景−』, 労働旬報社, 1978, p.35.

## 2. '公' 교육 강화

### ▍ 세계 조류로서의 교육개혁

일본 교육사에 있어 1980년대는 제3의 개혁기(각주101번 참조)라는 특징을 지닐 만큼 중요한 의미를 갖고 있다. 후지다 히데노리(藤田英典)는 제3의 개혁기인 1980년대 이후를, 국제화·정보화·고소비화·생활양식의 다양화가 진전하는 시기였다고 했다. 이러한 가운데 풍부한 문화적 생활을 실현하기 위해, 또는 경제 사회의 유동화·글로벌화에의 대응을 위해 교육에서는 교육의 개성화·자유화·국제화를 목표로 했다고 한다. 그러면서 그는 "일본의 교육이 기로에 서있다"[27]고도 했다.

사실상 1980년대는 교육계뿐만 아니라 전반적으로 다양한 사회적 변화를 인식한 시기였다. 이미 60~70년대부터 산업화의 진전에 따른 핵가족화 및 도시화가 진행되었고 가족 관계의 변형이나 가정 붕괴 등이 사회 문제가 되었다. 이에 따라 1980년대의 교육 개혁은 교육 자체의 협소한 틀 안에서만 시작된 것이 아니었다. 일본 사회라는 전체적 틀 안에서 다양한 사회적 변화와 그에 따르는 대응을 필요로 했다. 일본 정부는 이러한 상황을 교육에의 '公' 중시 문제로 집중시켰다. 이렇게 '公' 중시를 강화하게 된 배경에 대해 좀 더 자세히 살펴보자.

---

27　藤田英典, 『教育改革―共生時代の学校づくり―』, 岩波新書, 2003, pp.6-9.

## ▌ 사상적 배경

우선 사상적 배경으로는 자학사관에서 탈피하고자 하는 자국 인식의 재고 성향을 들 수 있다. 야스마루 요시오(安丸良夫)는 "전후 50년에 걸친 일본인의 정신사를 개괄적으로 되돌아보면 70년대 중반을 경계로 크게 1기와 2기로 나눌 수 있다. 1기는 일본 사회의 전근대성·봉건성에 대한 인식과 비판에 초점을 두고 민주화와 근대화를 지향한 시기다. 그리고 2기는 일본 경제의 고도성장이라는 현실에 인식과 평가의 초점을 바꾸어 일본의 전통과 일본인의 행동 양식을 재인식하고 재평가하기 시작한 시기다."[28]라고 했다. 이는 70년대 중반 이후를 하나의 정신사(精神史)적인 상황으로 파악한 것이다. 그런데 여기에서 말하는 일본의 전통이라는 것은 구체적으로 무엇을 말하는 것인가. 사실상 일본의 전통이라는 것은 천황을 가리키는 말이라고 할 수 있다. 즉 일본 정신 확립을 위해 천황을 전통의 근원으로 삼고자하는 내용으로 해석할 수 있다.

이를 뒷받침하는 논리로 박진우는 "1980년대 천황제 이데올로기의 특징은 일본의 국제화와 국제 공헌의 표어에 맞추어 천황의 '평화주의'적인 이미지를 전면에 내세우면서 한편으로는 전통의 이름으로 천황의 권위성을 강조하는데 있었다."[29]고 말했다. 천황은 전통이고 전

---

28  安丸良夫 저, 박진우 역, 앞의 책, p.21.
29  박진우, 『21세기 천황제와 일본』, 논형, 2006, pp.30-31.

통은 천황임을 말하는 것이다. 그리고 이러한 인식은 일본의 경제 대국화에 따른 국민적 자부심의 증대와 더불어 일본 문화의 우수성과 특수성을 강조하는 '일본문화론'의 유행에서도 잘 나타나 있다고 했다.

한편, 일본 전통의 강조는 이후 일본 사회에 등장한 네오내셔널리즘으로 발전했다. 소위 '자유주의사관'으로 대변되는 일본 네오내셔널리즘의 성격은 1995년 7월에 결성된 '자유주의사관 연구회'의 주장에 잘 나타나 있다. 이들의 주된 주장은 전후 일본의 근현대사 교육은 자국 역사에 대한 긍지를 갖지 못하고 좁은 시야를 지닌 자폐적인 일본인을 양산해 왔다는 것이다. 그래서 성공한 국가로서의 일본을 가르치는 새로운 역사교과서를 만들어 보급해야 한다고도 주장한다. 이는 국가·전략·군사를 철저하게 중시하는 일본적 민족주의사관을 강조한 것으로 보인다.[30]

## ▌ 정치적 배경

다음으로 정치적 배경은 군사력 강화 정책을 들 수 있다. 방위 문제와 결부된 애국심의 강조는 일찍이 1953년의 이케다(池田)·로버트슨(국무차관보)회담에 나타난다. 회담의 일본 측 의사록 초안요지[31]를 살펴보면 "회담 당사자는 일본 국민의 방위에 대한 책임감을 중대시

---

30  정재정, 『일본의 논리』, 현음사, 1998, pp.39-40.
31  朝日新聞, 1953.10.25.

킬 수 있는 공기(空気: 분위기)를 조장(助長)하는 것이 무엇보다도 중요하다는 것에 동의했다. 일본 정부는 교육 및 홍보를 통해 일본에서 애국심과 자위(自衛)를 위한 자발적 정신이 성장하도록 그 공기를 조장하는 것이 첫 번째 책임"이라는 내용으로 합의했다. 일본 자위대를 창설하도록 한 이 합의는 군사력 강화를 위해서는 교육을 통해 애국심을 그 바탕에 내재시켜야 한다는 의도를 나타내고 있다.

그 후 1970년에는 사이토(佐藤) 내각에 의한 '나라를 지키는 기개'의 제창을 받아들여 제1회 『방위백서』가 나왔다. 그 내용을 보면 '방위에 관한 국민적 합의가 방위의 기본이다'라고 하며 교육의 향상과 애국심의 고양을 주장했다. 또 1981년 5월에 스즈키(鈴木)수상과 레이건 대통령에 의한 미·일 공동 성명이 있었다. 여기에서 '미·일 동맹 관계'의 강화와 '일본 방위력' 증강이 계획 되었다. 이러한 가운데 정부는 그 '방위'의 정신적 기반으로서의 애국심 요구를 한 단계 강화할 필요가 있었다. 1981년의 제 11회 『방위백서』에 보면, '지켜야 할 것'으로 제시한 것이 '국민에게 자유를 부여해 주는 국가 체제'라고 했다. 그리고 '진정한 애국심'은 '국가가 위급한 상황에 힘을 모아 나라를 지키는 열의가 되어 나타나는 것'이라고 서술했다. 애국심 또는 '나라를 지키는 기개'를 국민에게 요구한 것이다.

한편, 와타나베 오사무는 "80년대 이후 일본은 군사력 강화 정책을 전개했고 이를 위해서는 교육을 통해 새로운 이데올로기를 형성하는 것이 커다란 과제가 되었다"[32]라고 했다. 애국심을 강조하기 위해 교육에 국가가 개입하는 것을 지적한 것이다. 또 나카노 아키라(中野

光)는 "도덕 교육의 현 단계(1980년대)는 정책적으로 '국방'의 명목에 의한 '애국심' 또는 '나라를 지키는 기개'의 강조가 특징이다."[33]라고 하며 도덕 교육에서의 애국심 강화 배경이 군사력 강화 정책에 있다는 것을 설명했다.

## ▌임시 교육 심의회의 노선변경

일본 정부는 이와 같이 군사력 강화 정책의 실현이라는 새로운 국면으로 인해 교육에의 국가 통제가 필요했다. 이누이 아키오(乾彰夫)는 "국가 통제는 문부성의 전통적 노선이다. 1980년대에 일본 대국주의화를 받아들이며 신보수주의 이데올로기를 배경으로 국가주의적 통제에의 지향은 또다시 강해졌다. …… 임교심이 문부성 측의 통제적 노선을 수렴하고…"[34]라고 했다.

임시 교육 심의회(이하 임교심이라 함)[35]가 구성된 초기에는 사회 전체의 양상을 고려하여 인간 완성·개성 중시 원칙의 교육이념을 설

---

32 渡辺治, 「新指導要領にねらわれた政・財界のねらい(下)」, 『歴史地理教育』, 1990, pp.61-62.

33 中野光・藤田昌士 編, 앞의 책, p.244.

34 乾彰夫, 「教育政策教育問題」, 『現代日本社会論—戦後史から現在を読む30章』, 労働旬報社, 1996, p.412.

35 임시 교육 심의회는 수상에 대한 답신 등의 존중 의무, 나라의 각 행정 기관의 장(長)에 대한 자료 제출, 의견 개진(開陳) 등의 협력 요청이 법정(法定) 되어 있는 등, 교육 관계 심의회로서는 이례(異例)의 성격, 강력한 성격을 갖는다. 교육개혁에 관해서는 네 차례의 답신(최종 답신은 1987년 8월)을 제출했다. 寄田啓夫・山中芳和 編, 앞의 책, p.184.

정 하는듯한 경향을 보이기도 했다. 그러나 군사력 강화 정책을 필요로 했던 문부성의 전형적인 국가 통제 노선에 합류하였다. 결과적으로 임교심이 제시한 교육 내용은 국가주의 지향의 애국심 교육이 주가 되었다고 볼 수 있다. 돌이켜 보면 이러한 군사력 강화 정책을 배경으로 애국심 교육을 강조하는 것은 일본의 근대화 과정에서도 있었다. 그렇기 때문에 군국주의의 일로로 병역 제도와 동시에 교육 제도를 구축하여 교육을 군육(軍育)의 도구로 삼았던 역사적 사실의 연장선 이라는 견해도 있다.

이렇게 사상·정치적 배경 속에서 1984년 9월, 나카소네(中曾根) 내각은 '우리나라의 사회 변화 및 문화 발전에 대응할 교육 실현을 기하여, 개혁을 도모하기 위한 기본적 방책'을 발표했다. 임교심 답신을 통해 나타난 교육개혁의 이념은 反改革적 즉 국가주의적 성향을 한층 더 철저히 한 것이라고 할 수 있다. 다시 말해 헌법·교육기본법 체제에 기반 한 전후 교육개혁(1947년의 교육개혁)에 대한 '반개혁(反改革)'을 뒷받침하는 이념으로 나타났다.[36] 규제 완화와 국가 통제

---

36 최종 답신에 이르는 과정을 보면 '관료 통제의 강화를 기축으로 하는 문부성의 이념과, 교육의 자유화·강력화를 기치로 하는 재계의 논리 사이에서 논쟁이 있었고 임교심의 답신은 그 '타협의 산물'로 작성되었다. 즉 국제화 시대의 기업 생존 전략으로서의 새로운 노동력 활성화를 위한 재계의 '자유화' 노선과, 학교 교육 특히 초등·중등 교육의 내용 및 교원에 대한 권력적 통제의 필요성을 주장한 문부성의 '관리 통제' 노선을 타협한 것이었다. 이러한 내부의 대립을 포괄하면서 결국은 양자모두, 국민교육권·아동의 인권·교육의 자유 등 헌법이 보장하는 '교육 받을 권리'의 충실이라는 기본적 시점이 완전히 결여되었다. 이로 인해 교육에 대한 규제 완화와 교육의 국가 통제가 상호 배타적이 아니라 상호 보완적

의 상호 보완성을 특징으로 하는 임교심에 의한 '교육개혁' 이념을 구체적으로 살펴보면(답신 제1장 3절) 교육의 기본적 모습에 대해 다음과 같이 서술하고 있다.

## ▌세계 속의 일본인이란

무엇보다도 '세계 속의 일본인'을 육성하는 것이 중요하다고 강조하고 있다. 이를 위해서는 첫째, 넓은 국제적 시야 속에서 일본 문화의 개성을 주장할 수 있어야 한다는 것이다. 동시에 다양한 이문화의 우수한 개성을 깊게 이해할 수 있는 능력이 불가결 하다고도 했다. 둘째, 일본인으로서 나라를 사랑하는 마음을 갖고, 좁은 자국의 이해(利害)만으로 사물을 판단하는 것이 아니라 넓은 국제적, 인류적 시야 속에서의 인간 형성을 목표로 해야 한다는 것이다. 또한 이와 관련하여 국기(国旗)·국가(国歌)가 갖는 의미를 이해하고 존중하는 심정과 태도를 육성하는 것이 중요하다고도 했다. 그리고 이는 학교 교육에서 적정(適正)히 취급해야 한다고 서술하고 있다. 또 구체적 방책으로서는 '덕육(德育)의 충실' '우리나라의 전통·문화의 이해와 일본인으로서의 자각 함양'을 강조했다.

이에 대해 요리다 미치오(寄田啓夫)는 "국제 경쟁 속에서 살아남는 승리자가 되기 위한 국가의식·국민의식의 형성이며, 국민 통합을

---

인 형태로의 답신 내용이 나왔다. 寄田啓夫·山中芳和 編, 앞의 책, p.186.

위한 국가주의인 것이다. 여기에 '천황에의 경애'를 기축으로 하는 '신국민주의'라는 이름의 소위 국가주의의 현대판을 읽을 수 있다."[37]고 했다.

1989년에 개정한 학습지도요령 도덕편[38]에 명시되어 있는 내용을 보면, 우선 개정의 요지에 "아동·생도의 자살 및 이지메, 비행 등의 문제 행동이 심각하게 증가한다. 이러한 현상은 다양한 요인의 영향으로 인해 일어나지만 근본적으로는 이에 대한 억지력인 도덕성을 교육하지 않았기 때문이라는 지적이 있다"라고 하며, 모든 교육 활동을 통해 도덕 교육을 한층 더 충실히 해야 한다고 했다. 구체적 내용은 "공덕(公德) 및 사회 규범을 지키고, 사람들에게 도움이 되고자 하는 태도, 사회 정의, 가족이나 주변 사람들에 대한 경애, 향토나 우리나라의 문화 및 전통을 소중히 하는 마음"을 교육해야 한다고 되어있다. 전체적 맥락으로 볼 때 '사회에의 헌신·봉사'와 '세계 속의 일본인으로서의 자각'을 도덕으로 강조하고 있다. 또 히노마루·기미가요 등을 중심으로 한 국가주의 강화에의 방향을 명확히 하고 있다.

이에 대해 황혜숙은 "천황 중심의 국가주의 이념을 더욱 공고히 하고 세계화된 일본인을 양성하는 일이 교육의 급선무가 되었다. 국제화라는 새로운 시대에 부응하는 세계 속의 일본인을 육성하기 위해서는 일본 국가 의식이 전제가 되어야 한다는 것이다."[39]라고 서술하

---

37  寄田啓夫·山中芳和 編, 앞의 책, p.187.
38  『小·中学校学習指導要領 道德編』, 89年版, 文部省.

며, 세계 속의 일본인으로서의 자각이라는 것은 결국 세계 속에서 일본을 대표할 수 있는 일본인으로서의 자질을 갖추어야 함을 말하는 것이라고 지적했다. 따라서 이 시기에 있어서도 여전히 일본이라는 국가를 위해 개인이 그 자질을 갖추어 헌신해야 한다는 봉공을 강조하는 성향을 나타낸다고 할 수 있다.

## ▌ 마음의 노트

일본 정부가 내세운 교육개혁의 기본 목표 중 '인간성 풍부한 일본인 육성'이 있다. 이에 대한 실천을 위해 하위 정책 과제로서 2002년 4월부터 전국의 학교에 일제히 『마음의 노트』를 배포했다. 도덕 교육의 충실화를 위해 학교와 가정이 연대하여 자녀의 도덕성 육성에 진력 하도록 할 목적으로 기획한 것이다. 『마음의 노트』는 모두 4종류의 초등학생 저학년·중학년·고학년용과 중학생용으로 개발했다. 총 7억3천만 엔의 예산을 소요했고 편집 발행이 문부과학성으로 국정교과서의 성격을 띠고 있다.

주요 내용은 학습지도요령의 도덕교육 목표에 따라 구성 했는데, 첫째는 자기 자신과 관련한 것으로 자신을 어떻게 규율할 것인가에 관한 내용이다. 둘째는 타인과 관련한 것으로 사회생활의 규범에 관한 내용이다. 셋째는 자연이나 숭고한 것에 관련한 것으로 이에 대한

---

39  황혜숙, 앞의 논문, pp.115-116.

경외의 마음에 관한 내용이다. 넷째는 사회와 관련한 것으로 가족·학교·향토·국가를 사랑하고 세계 속의 일본이라는 자각에 관한 내용이다.

형식상으로는 자기 성찰과 반복 학습을 통한 도덕심 함양의 책자라고 할 수 있다. 그러나 전통을 존중하고 애국심을 강조하는 등 교육기본법의 개정과 궤를 같이한 움직임이라고 지적되고 있다.[40] 또 반복 학습이라는 것이 바람직한 행동에 대한 스스로의 다짐을 요구하는 진술 방식으로 자발적 종속적 적응 학습이다. 그렇기 때문에 특정의 가치관이나 감정을 반복 학습하게 하여 획일적인 국민성을 만들 우려가 있다는 비판을 받기도 했다. 이러한 애국심 함양 및 일본인으로서의 정체성 강조 교육은 일찍이 군국주의 시대의 수신과목에서도 발견되었던 것이다. 따라서 헌법 개정을 필두로 한 보수화 정치 노선과 무관하지 않다는 견해가 적지 않다.[41]

문철수는 『마음의 노트』에 대해, 일본의 근대 교육과 일본인의 정신세계에 영향을 주었고 파멸을 자초했던 수신교육이 다시 일본의 초·중등 교육에 재등장한 것이라고 했다. 『마음의 노트』의 덕목은 건국신화와 천황에 대한 충의의 덕목을 제외하면 전전의 제3기와 제4기의 국정 수신서의 내용과 거의 같다는 것이다. 『마음의 노트』는

---

40  국민교육문화총합연구소 제14회 야간공개강좌 "교육기본법 개정과 국정교과서 『마음의 노트』를 생각한다." 2002.10.7.
41  고전, 앞의 책, pp.129-130.

자유와 권리의 주장과 행사를 억제하고 인내하며, 의무를 다하는 국민이 되도록 철저히 가르친다. 예를 들면 아동에게는 어떠한 권리가 있으며, 권리 행사는 왜 소중한가에 대한 교육이 없다. 대신에 '자유는 방종과 다르다'(초등학교 5·6학년용) 내지는 '사회의 질서·규율을 높이기 위하여' 와 '권리의 바른 주장'은 '의무를 다하는 것'(중학생용)이라고 되어있다. 이렇게 사회생활의 질서와 규율이라는 어휘를 반복 사용하고 있는 것이다. 뿐만 아니라 국가에 대한 충성과 복종 이라는 노골적인 애국심을 강요하고 있다.[42]

## 3. 애국심으로서의 '公' 중시 교육

### ▌ 전통과 문화

지금까지 살펴본 바와 같이 일본에서는 전전의 수신교육에 이어 전후에도 개인이 국가에 봉공(奉公) 하도록 하는 애국심 교육을 지속적으로 중요시하고 강조해왔다. 전후의 애국심 함양 교육은 국가의 대내외 정치적 상황으로 인해 요구된 사안이었다고도 할 수 있다. 이러한 애국심 함양의 필요성을 청소년비행 문제와 결부시켜 교육에 반영하는 과정에서 애국심 또는 국가 중시는 '公' 중시라는 용어로 대체

---

42  문철수, 앞의 논문, p.372.

되었다.

'公' 중시 교육이 애국심 교육을 대신한 용어라는 것은 앞의 제3장 제2절에서 간략하게 서술했다. 여기에서는 '公' 중시의 구체적 내용이 무엇인지 또 교육 현장에서는 '公' 중시 교육을 어떠한 방법으로 실천에 옮기고 있는지 몇 가지 예를 통해 알아보자.

'公' 중시 교육의 구체적 내용은 주로 일본의 전통과 문화를 소중히 여기는 마음을 육성해야 한다는 것으로 서술되어 있다. 그리고 이를 학습지도요령에 명기함으로서 법적 구속력과 강제력을 지니도록 한다. 당연히 학습지도요령에 고시한 '일본의 전통과 문화'는 단순하게 추상적 용어로 제시된 것이 아니다. 실로 다양한 측면에서 교육 실천으로 시행하고 있다.

첫째 예로, 학습지도요령을 살펴보자. 1969년의 도덕편 총설에 보면 도덕교육 기본 방침의 하나로서 '선인들이 남긴 문화적 유산 가운데 우수한 전통을 발견하여 충분히 받아들이는 겸허함과 그것을 배우려는 의욕 및 태도가 없으면 그 문화적 유산의 발전이나 개성적인 새로운 문화를 창조할 수 없을 것이다.'라고 되어있다. 이는 일본의 전통과 문화를 도덕의 기초로 삼아 교육하고자 하는 의도를 나타낸 것이다. 더 구체적으로는 1989년의 학습지도요령에 '신화·전승을 조사하여 국가 형성에 관한 관심을 갖도록' 하고, '천황을 중심으로 한 정치의 확립 및 일본풍 문화의 기원을 가르쳐야 한다.'고 되어있다. 이는 국가 형성에 관한 사고의 육성을 위해 건국신화를 활용한 천황 중심의 지배 논리를 주입시키고 있는 것이다. 즉 신국(神国)이라는 특수성과 우수성을 강조하여 민족적 자긍심을 증대시키려는 것이라고 할 수 있다.

## ▌국기국가법(國旗國歌法)

둘째 예로, 학교의 졸업과 입학식 등의 학교 행사에서 히노마루를 게양하고 기미가요를 부르게 하고 있다. 그런데 이 또한 천황 중심의 전통과 문화 계승을 실천적으로 실현시키는 방법이 된다. 일본의 현행 헌법 제1조에 '천황은 일본국의 상징이고 국민 통합의 상징'이라고 명시되어 있다. 김양희는 "천황은 일장기에 담겨있는 일본인의 태양관, 아마테라스오카미(天照御神)의 존재와 불가분의 관계인 것이며, 또한 그것은 신국(神国) 일본과 천황 존재의 영속성을 의미하는 것이기도 하다. 이러한 관점에서 볼 때, 각 학교에 일장기 게양과 기미가요 제창을 지시한 교육계의 입장은 일본인으로서의 정체성과 애국심 배양을 위한 의도의 발로였다고 할 수 있다."[43]고 했다. 즉 일본 정부가 내세우는 전통으로서의 히노마루·기미가요에는 경신(敬神)과 존황(尊皇) 정신이 들어있다. 이러한 정신을 통해 애국의 길을 열어갈 수 있는 공통 인식이 존재하고 있다는 것이다. 따라서 히노마루·기미가요를 교육 현장에서 실천하는 것은 전통과 문화로서의 천황을 경외하는 실천인 것이며 이것이 바로 애국의 실천인 것이다.

---

43  김양희 외, 『일본 우익사상의 기저 연구』, 보고사, 2007, p.381.

일본 정부는 이와 같은 애국심의 실천을 법으로 강제했다. 국기·국가의 법제화에 대해서는 국민적 토의가 필요하다는 견해도 제시 되었다. 그러나 1999년에 히노마루와 기미가요를 국기국가법(国旗国歌法)에 의해 법제화 했다. 이에 따라 졸업식과 입학식의 학교 단상 정면에 히노마루를 걸고 전원이 기립하며 기미가요를 제창하도록 했다. 학습지도요령에는 1977년부터 이미 히노마루를 '국기'라고 표기하기 시작했기 때문에 국기·국가를 둘러싼 논의는 오래된 것이다. 그러나 반대 입장을 고수하던 일교조도 돌연 1995년부터 보수화 경향으로 돌아섰다. 그리고 이에 관련한 투쟁을 철회한다고 선언하고 문부성과의 파트너십을 주창했다.[44]

문부과학성 조사에 의하면 2003년 국기·국가 제창을 실시한 초·중·고교의 비율은 대부분 99% 이상을 차지했다. 이와 같이 높은 실시율에 대해 일본경제신문(日本経済新聞)은 교육 현장에서의 강요가 주된 요인이라고 했다.[45] 사실상 각 교육위원회 에서는 국기·국가에 대한 직무 명령에 순종하지 않는 교원에 대해 구체적인 처분을 시행했다.[46]

---

44 한겨레 21, http://h21.hani.co.kr/arti/special.

45 2003년 12월 19일자 日本経済新聞 참조.

46 처분 내용은 경고, 급료 삭감, 퇴직 후 재임용이나 강사임용 취소 등으로, 히노마루·기미가요 불복의 경우는 각 학기 보너스 에서 30~40만원을 삭감했다. 급료에서 근무 수당을 10% 삭감하고, 1년에 한 번 있는 승급 급여시기를 3개월 더 연장했다. 2003년 10월 23일부터 2005년 4월까지 졸업·입학식 에서 직무 명령에 복종하지 않아 처분된 교사는 모두 311명이며 징계 교사 가운데 90%가 고등학교

개혁의 시대라고 하는 1980년대부터 강조한 일본 교육의 기본 방향은 세계 속의 일본인 육성이다. 그러나 국제화에 대응한 세계 속의 일본인 육성이라는 것은 결국 국제 사회의 일원으로서의 위치나 역할에 대한 교육이 아니다. 소위 일본인으로서의 자각을 촉구하기 위한 의도의 교육이라고 할 수 있다. 이는 곧 일본이라는 국가와 민족의 문화·전통에 대한 이해로 부터의 출발을 필요로 한다. 일본 정부는 메이지 이후부터 국민의식 통합에 적극 이용되었던 히노마루·기미가요에, 국기·국가로서의 법적 근거를 제공했다. 이것은 민족적 정체성을 확고히 하려는 국가주의적 태도의 표출이라고 할 수 있다.[47]

## ▌ '公'중시=국가중시=애국심

지금까지 애국심으로서의 '公' 중시 교육의 구체적 내용을 살펴보았다. 교육 황폐화로 대변되는 청소년비행을 문제 삼아 그 대안으로 제시한 교육 내용의 대부분이 '公' 중시로 대변된 애국심이다. 물론 소년 범죄의 심각성을 비롯한 청소년비행 자체가 문제시되지 않는 것은 아니다. 그러나 이에 대한 대안을 '公' 중시 즉 애국심이라고 한 것은 민주적 교육을 추구해야 하는 측면에서 볼 때 쉽게 납득하기 어

---

교사이다. 고교 학급회의 시간에 학생에게 양심의 자유를 언급하는 등 '부적절한 지도'를 했다며 '엄중주의', '지도' 등을 받은 교사도 있다. 한겨레 21, http://h21.hani.co.kr/arti/special.

47  김양희 외, 앞의 책, p.384.

렵다.

2006년 '公' 중시를 교육이념으로 추가 설정하기 위해 교육기본법을 개정했다. 그런데 '公' 중시라는 것이 사실상 국가 중시를 의미하는 것이므로 애국심 교육을 교육기본법으로 법제화 한 것이다. 애국심 교육을 의미하는 '公' 중시 교육은 청소년비행 문제를 해결하는 대안으로서 적절하다고 볼 수 없다. 뿐만 아니라 현대를 살아가는 인류가 공통 과제로 삼고 있는 시민사회적 '公'으로서의 公共性 형성과도 상당한 거리감이 있다.

하시즈메 다이사부로(橋爪大三朗)[48]는 "애국심이 중요하다고 슬로건처럼 강력히 주장해도 아무 의미가 없다. 교육기본법의 개정도 문제의 본질을 벗어나 있다. 중요한 것은 '公共'의 새로운 개념을 기반으로 하여 개개인과 정치적 국가의 관계를 다시 파악하는 것이며, 이를 기반으로 한 민주주의를 착실히 교육하는 것이다. (일본은)그 필요성을 이해하지 못하고 있다."고 지적했다.

公共性의 문제는 적어도 도덕성과 같은 원칙을 내포한다. 이기호는 "도덕성은 公共性이 사회적 힘을 가지게 되는 중요한 원천이다."라고 했다. 개인의 품격과 사회적 품격 그리고 국가의 품격은 公共性을 구성하는 과정에서 체감되고 공감되는 형태로 나타난다고도 했다.[49] 이는 公共性 형성을 위해서는 개개인의 도덕성이 기반 되어야 함을

---

**48**  橋爪大三朗, 「愛国心の根拠は何か」, 『論座』 100号, 2003.9, p.13.

**49**  이기호, 앞의 책, pp.228-229.

말하는 것이다. 그러므로 일본이 公共性 형성을 추구하고자 한다면 도덕 교육 구성에 있어 최소한 국가권력적 '公'은 배제해야 할 것이다. 하시즈메의 지적과 같이 청소년 문제의 해결을 위해서는 사실상 애국심 교육 보다는 시민 사회의 구성원으로서 갖추어야 할 태도를 가르쳐야 한다. 따라서 시민사회적 '公'으로서의 公共性에 대한 교육이 필요하다.[50] 양심과 도덕·윤리 등을 기반으로 한 公共性 교육이 필요한 것이다.

---

50  이는 공민·사회·생활 과목으로 이미 교육하고 있는 부분이다.

제2절

# '개인' 중시 교육

일본 헌법에도 잘 나타나있듯이 민주주의 국가에서는 개인 존엄을 지향해야하고 그것을 실현하기 위해서는 '개인' 중시[51] 교육이 필수불가결 하다. 그런데 전후의 교육이념이 지나치게 '개인' 중시에 편중되어 있다는 지적으로 인해 교육기본법을 개정했다. 앞서 언급한바와 같이 민주주의 국가인 일본에서 교육기본법을 개정하여 교육이념을 재설정해야 할 만큼 실질적으로 '개인' 중시 교육이 지나쳤는가. 이에 대한 사실 여부를 알아보자. 또 지나쳤다면 그것은 어떠한 개념의 '개인'을 중시했다는 것인가. 이에 대해서도 알아보자.

---

[51] 개인존엄 · 개인존중 · 개인중시라는 용어에서 존엄 · 존중 · 중시가 갖는 의미는 각각 다르다. 그러나 개인을 부연설명 하는 용어로 쓰일 때는 일맥상통하는 의미의 용어가 된다고 할 수 있다. 여기에서 개인중시는 개인의 존엄함을 소중히 여기는 것을 중요시 한다는 의미이기 때문에 개인존엄 및 개인존중의 의미를 포괄하는 용어라고 할 수 있다.

일본의 '개인' 중시에 대한 개념을 알아보기 전에 우선 일본에서 사용하고 있는 '개인'이라는 용어를 살펴보자. 일본에서의 '개인'[52]은 서양의 'individual'이라는 개념과 다르기 때문에 그 속에는 서양과는 다른 일본적 요소가 담겨있다고 한다. 즉 서양의 '개인'은 독립된 개체로서 존재하는 'individual' 이다. 그러나 일본에서는 개인과 개인의 상호 관계 안에서 '개인'이 존재한다고 말한다. 그러므로 상호 관계 자체를 '개인'으로 간주해야 한다는 것이다. 이러한 논리로 일본의 '개인'은 '개인' 이라기보다는 '간인(間人)'이라고 해야 한다는 견해가 있다. 또 '세인(世人)'이라는 용어로 말하는 것이 적절하다는 주장도 적지 않다.[53] 이러한 주장대로 서양의 '개인' 개념과 일본의 '개인' 개념이 다르다면 '중시'라는 용어가 더하여 졌을 때 '개인'을 중시한다는 개념도 당연히 달라질 것이다.

그런데 '개인' 중시의 개념이 서양과 다르다고 할 때 주목해 보아야 할 점이 있다. 일본의 교육이념으로 표명해 왔던 '개인' 중시가 과연 서양에서 말하는 민주주의에 기반 한 것이라고 할 수 있는가 라는

---

52　엄밀한 의미에서 일본에서는 'individual'로서의 '개인' 즉 서양에서 회자되는 이념형으로서의 개인은 존재하지 않았다는 것이 필자의 입장이다. 따라서 '일본의 개인' 또는 '일본에서의 개인'과 같은 용어로 서술하는 것은 일본에서 '개인'이 존재한다는 의미의 표현이 되므로 적절하지 않다. 그러나 현 상황에서 문맥상 이 용어를 사용하지 않을 수 없는 경우에 한해서는 편의상 일본의 '개인' 이라는 용어를 사용한 곳이 있음을 언급해 두고자 한다.

53　박용구, 『글로벌시대의 일본문화론』, 보고사, 2002. 作田啓一, 『個人』, 三省堂, 1996. 阿部謹也, 『「世間」とは何か』, 講談社, 1995. 浜口恵俊, 『「日本らしさ」の再発見』, 日本経済新聞社, 1977 등을 참조.

점이다. 상술한 바와 같이 일본은 전후 서양의 민주주의를 기반으로 헌법 및 교육기본법을 제정했다. 그리고 그 일환으로 '개인' 중시를 교육이념으로 천명했다. 때문에 서양과 동일한 개념의 '개인' 중시를 교육이념으로 설정했다면 이는 서양에서 말하는 민주주의에 기반 한 교육이념 이라고 할 수 있다. 그러나 일본의 '개인' 중시가 서양과 다른 개념을 갖고 있다면 교육이념으로 설정한 개인중시는 일본적 개인중시일 수도 있다는 말이 된다. 따라서 일본에서의 '개인' 중시는 무엇에 기반 한 개념인가 라는 것을 생각해 보아야 한다.

만약 교육이념으로 명시한 개인 중시가 일본적인 일본의 개인중시라면, 분명한 것은 서양의 민주주의에 기반 한 교육이념과는 다를 것이다. 따라서 일본의 교육이념이 민주주의에 기반 한 교육이념이라고 하기 어려울 것이다. 굳이 용어를 새로이 구상해야 한다면 일본주의에 기반 한 교육이념 정도로 표현해야 할 것이다. 이에 서양과 일본의 '개인' 중시 개념을 비교해 보고자 한다.

비교 영역과 방법으로는 일본의 도덕교육 내용과 서양의 발달심리학에서 다루는 아이덴티티 형성 교육을 대비해 보겠다. 그 이유는 양자 모두 개인의 존엄을 바탕으로 한 인격 완성 이라는 동일한 목적을 갖고 있다. 그리고 그 목적을 달성하기 위해 '개인' 중시를 교육에 반영하고 있기 때문이다.

제2절에서는 '개인' 중시의 검토에 앞서 우선 서양의 '개인'에 대한 일본의 '개인'의 의미를 알아보자. 그리고 발달심리학의 아이덴티티론에 근거한 서양의 '개인' 중시의 관점에서 일본의 '개인' 중시의 의미

를 알아보자. 일본의 '개인' 중시는 초·중학생들을 대상으로 실천하고 있는 도덕 교육에 나타난 '개인' 중시의 의미를 검토하였다. 이러한 검토는 일본 교육기본법에 표명한 '개인' 중시라는 교육이념의 실제적 의미를 명확히 드러낸다.


## 1. 일본적 '개인'의 의미

### ▍사전적 의미

여기에서는 서양의 'individual'과 일본의 '개인'을 대비하여 일본적 '개인'의 의미가 어떠한 것인지 알아보자고 했다. 그런데 대비를 하려면 그에 앞서 각각의 의미를 알아야 한다. 그래서 우선 '개인'의 사전적 의미를 살펴보았다.

〈표 3〉에 표기한바와 같이 『WEBSTER』에서의 'individual'은 '(집단 일원으로서의)개인, 나눌 수 없는 개체, 하나의, 독특한[54]등의 의미를 갖고 있다. 즉 'individual'은 독립된 개체로서의 인간을 말하는 것으로 이해할 수 있다.

일본의 『広辞苑』에 명기되어 있는 '개인'은 '(individual)국가 또는 사회 집단에 대하여 그것을 구성하는 개개 별별의 사람, 단일의 사

---

54 『WEBSTER'S』 comprehensive dictionary of the english language 참조.

람, 일개인, 사인(私人)'[55]이라고 되어있다. '개인'을 영어의 'individual'
이라고도 표기했을 뿐만 아니라 '사람'이나 '개인' 앞에 '단일' 또는 '일'
이라는 단어를 덧붙여 '단일의 사람' '일 개인'으로 표기하였다. 이것은
하나의 독립된 개체로서의 의미를 부각시킨 것이라 할 수 있다. 따라
서 『広辞苑』에서의 '개인'도 『WEBSTER』에서와 마찬가지로 독립된 개
체로서의 인간을 의미하는 것으로 이해할 수 있다. 이와 같이 사전적
의미로서의 일본 '개인'은 서양의 '개인'과 같은 개념으로 나타났다.

<표 3> 개인에 관한 영어·일본어의 사전적 개념

|  | 영어 | 일본어 |
|---|---|---|
| 원문 | intended for or relating to a single person or thing/ particular to one person; showing or having a particular person's unique qualities or characteristics/ separate; single/ a particular person, animal or thing, especially in contrast to the group to which it belongs. | 国家または社会集団に対してそれを構成する個々別々の人, 単一の人, 一個人, 私人 |
| 번역 | (집단 일원으로서의)개인, 나눌 수 없는 개체, 하나의, 독특한 | (individual)국가 또는 사회 집단에 대하여 그것을 구성하는 개개 별별의 사람, 단일의 사람, 일개인, 사인(私人) |

---

55 여기에서의 사인(私人)은 공인(公人)의 대비어로서 '개인'과는 다른 개념으로 해
석해야 할 것이다. 엄밀히 말하면 '私=개인'이 아니라 '私의 최소단위=개인'이 적
절할 것이다.

그러나 사전적 표기와는 달리 일본의 '개인'이 서양의 'individual'과 같지 않다는 견해가 있다. 사쿠다 케이치(作田啓一)[56]에 의하면, '개인'이라는 용어는 서양의 'individual'의 역어로서 탄생한 것이라고 한다. 그리고 원래 일본의 고어(古語)나 중국 기원의 외래어에는 '개인'이라는 용어 대신 '요노히토(世の人)'라는 말밖에 없었다는 것이다. '요노히토'는 '세켄(世間: 세상, 사회)' 또는 '요노나카(世の中: 세상, 사회)'의 구성원 이라는 의미로서 '세켄'에 참가하는 사람을 가리키는 말이다. 즉 개별적인 한 사람만을 지칭하는 것이 아니라 세상사람 모두를 말하는 것이므로 'individual'과는 같지 않다는 것이다.

그는 서양의 '개인(individual)'이 속해 있는 '사회'를 점과 점이 이어진 선(線)이라고 했다. 그리고 일본의 '요노히토'가 속해 있는 '세켄'을 수면위의 파문과 같은 면(面)이라고 표현했다. 그러면서 이 面에는 경계가 없다는 것이다. 개인과 개인의 사이에 경계가 확정되어 있는 것처럼 인간을 취급하는 것이 근대인 특유의 태도라고 지적하며 "정신적 존재로서의 개인은 전유기체 로서의 개체를 기반으로 하고 있기 때문에 개체의 경계가 확정되어 있지 않은 것과 마찬가지로 개인과 개인의 경계도 확정되어있지 않다."고 했다. 그리고 그 범위 또한 무한하다고 했다. 이는 개체로서의 개인은 신체와 정신의 경계가 없는

---

56  作田啓一, 앞의 책, p.101. 사쿠다는 인격의 담당자로서의 개인 개념의 탄생과 발전 과정을 그리스 이후의 유럽, 불교 도래 이후의 일본 역사 속에서 찾아 개인의 의미를 설명했다.

하나의 유기체적 존재이며 이와 마찬가지로 개인과 개인도 유기체적 존재로서 그 사이에 경계가 없다는 말이다. 또 그 범위가 무한하다고 하는 것은 개인으로 구성된 집단의 범위가 서로의 경계가 없는 무한한 규모임을 말하는 것이다.

## ▎세켄(世間)

이렇게 '개인'의 경계가 확정되어 있지 않다는 것은 '세켄'이라는 용어를 통해서도 알아볼 수 있다. 아베 킨야(阿部謹也)[57]에 의하면, 일본에서는 현대에 이르러서도 '개인'이나 '사회'라는 개념을 대신하여 '세켄'이 사람의 주위를 중층적으로 둘러싸고 있다는 것이다. 그렇기 때문에 '사회'를 구성하는 '개인'이라는 서양적 사고가 아직 희박하다고 했다. '세켄'은 자신의 주위에 있으면서 자신과 이해관계를 갖고 있는 인간의 집단을 말하는 것이다. 그러므로 이는 개인이 만드는 것이 아니라 '주어진 것(所与)'일 뿐이라고 말한다.

그는 "세켄이 개인을 구속 한다"고 하며 일본인이 늘 이 '세켄'을 강하게 의식하며 살고 있기 때문에 '세켄'에서 개인은 모습을 드러내지 않는다고 했다. 또 "세켄이 준거집단(準拠集団)이라는 것은 행동의 절대적인 기준으로 삼는 것이 자기 자신이 아니라 타인과의 관계로 기준을 삼는다는 것을 의미한다."고 하며 '개인'이 '세켄'이라는 준거집

---

57  阿部謹也, 『日本人の歴史意識-「世間」という視角から』, 岩波書店, 2004, pp.14-15, p.137.

단 속에 매몰되어 있다고 했다.

여기에서 행동의 절대적인 기준으로 삼는 것이 자신이 아니라 타인과의 관계라고 하는 말에 주목해보자. 이 말의 의미를 구체적으로 설명한 것이 하마구치 에슌(浜口惠俊)[58]이 주장하는 '간진(間人, 간인)'이라고 할 수 있다. 그는 "'間人'은 '개인'과 대비되는 용어로서 '사람과 사람 사이의 인간'을 의미한다. 결국 이는 '대인적인 의미 속에서의 관계 그 자체를 자기 자신으로 의식하는 인간의 존재'를 지칭하는 것"이라며 개인과 개인의 관계 자체가 인간의 존재라고 말한다.

## ┃ 세인(世人)

상술한 내용을 종합하여 다시 풀어보자. 일본인은 개인과 개인 사이의 경계가 확정되어있지 않다. 그리고 행동의 절대적인 기준으로 삼는 것이 자기 자신이 아니다. 타인과의 관계 속에서 행동의 절대적 기준을 정한다.[59] 그리고 관계 그 자체를 자기 자신으로 의식 한다는 것으로 이해할 수 있다. 즉 개인 상호간의 관계 까지도 개인에 포함되어 있다는 것이다. 따라서 '개인'은 다름 아닌 '자기 자신을 포함한 타인' 또는 '타인을 포함한 자기 자신'을 말하는 것이다. 그러므로 '개

---

58  浜口惠俊, 앞의 책, p.314.

59  행동의 절대적인 기준을 타인과의 관계 속에서 정한다는 말은, 예를 들면 자신이 자신의 의지로만 행동하는 것이 아니라 다른 사람이 자신의 행동을 어떻게 생각할지를 염두에 두고 행동하는 것을 말한다.

인' 이라고 불리는 대상은 자·타 모두를 가리키는 말이다. 자타 모두를 가리킨다는 것은 범위가 한정되어 있지 않기 때문에 세상사람 모두를 말하는 것이다. 여기에 해당하는 일본어는 '요노히토' 라는 말이다. 따라서 일본의 '개인'은 세상사람 모두를 의미하는 '요노히토'를 가리키는 말이라고 할 수 있으며 이를 한자로 쓰면 '世人(세인)' 이다. 다음은 서양의 '개인'과 일본의 '世人'의 구조에 대해 좀 더 자세히 알아보자.

## ▌ '상호 독립적 자기관'과 '상호 협조적 자기관'

다카다 토시타케(高田利武)[60]등은 "자기를 타자와 분리된 독자적인 실체라고 파악하는 서양 문화에서 우세한 '상호 독립적 자기관'에 비하여, 기본적으로 자기를 타자와의 관계에서 이해하는 '상호 협조적 자기관'이 일본인의 '자기'의 기저가 된다."고 했다. 이는 자기와 타자 즉 개개인을 분리된 존재로 생각하는지 그렇지 않은지에 따라 서양과 일본을 구분한 것이다. 그리고 각각을 '상호 독립'과 '상호 협조'라는 용어로 표현 했다. 이는 위에 서술한 사쿠다 등의 논리와 같은 입장을 나타낸다. 그런데 여기에서 서양의 '개인'을 '상호 독립적'으로, 일

---

60 高田利武, 『「日本人らしさ」の発達社会心理学―自己・社会的比較・文化』, ナカニシヤ, 2004, p.157. 다카다의 '상호 협조적 자기관'은 일본에서 '개인'이라는 말이 성립하기 어렵다는 입장을 표현한 용어로서 서양의 '개인'에 대비되는 '世人'을 말하는 것이라고 할 수 있다.

본의 '世人'을 '상호 협조적'으로 규정하는 근거는 어디에 있는가. 그것은 바로 타인과의 관계를 어떠한 형태로 유지하는가를 기준으로 말하는 것이다. 따라서 타인과의 관계를 어떻게 유지하고 있는지 알아보면 '개인'과 '世人'이 어떠한 모습인지 그 구조를 알 수 있을 것이다.

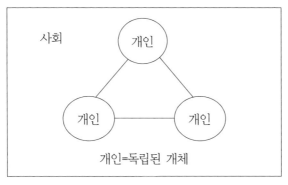

<그림 6> 서양의 개인 관계

우선 서양의 경우를 보자. 〈그림 6〉을 보면 개인과 개인을 선으로 연결해 놓았는데 이 선이 관계를 나타낸다. 개인과 개인의 관계에 있어 그 관계의 출발에 각기 독립된 둘 또는 그 이상의 개인이 있다. 이 둘 또는 그 이상의 개인 관계가 양적으로 증가할 때 사회라는 인간 집단이 형성되는 것이다. 따라서 이러한 인간 집단은 각각의 독립된 여러 개의 개인에 의해 구성되어 이를 기반으로 서로의 관계를 유지한다.

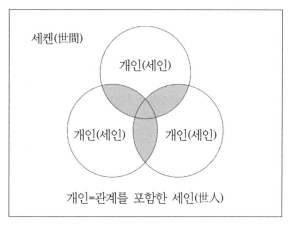

세켄(世間)

개인(세인)

개인(세인)          개인(세인)

개인=관계를 포함한 세인(世人)

<그림 7> 일본의 개인 관계

이에 비해 일본의 경우를 보자. 〈그림 7〉을 보면 서로 겹쳐져 있
는 부분이 관계를 나타낸다. 각각 독립된 개체로서의 개인이 존재하
는 것이 아니라 개인과 개인의 관계 자체가 이미 개인의 존재에 포함
되어 있다. 그러므로 둘 또는 그 이상의 개인이 모인다고 해도 관계
의 출발점에는 둘 또는 그 이상의 개인을 포괄하여 일컫는 하나의
'世人' 이라는 구조가 자리하고 있다. 그 하나의 '世人' 구조 속에서 서
로 유기체적 관계를 유지하며 이로서 서양의 '사회'와 대비 되는 '세
켄'을 형성하는 것이다.

이와 같이 일본은 독립된 개체로서의 '개인'이 각각 존재하는 것이
아니라 '세켄'을 형성하는 하나로서의 '世人'이 존재한다. '世人'의 구성
요소가 양적으로 증가한다고 해도(서양의 경우 사회 구성원 수의 증
가를 말함) 결국은 하나의 '世人'일 수밖에 없는 것이다. 즉 독립의 개

개인은 하나의 '世人'에 매몰되는 것이며 일본을 준거집단 이라고 하는 근거가 여기에 있다고 할 수 있다.

이상에서 살펴본 바와 같이 일본에서의 '개인'은 서양의 입장에서 보면 복수의 개인으로 구성된 '世人'을 의미한다.[61] 이렇게 서양의 개인과 일본의 '世人'의 개념이 다른 것처럼 각각의 용어에 '중시'라는 용어를 결부시킨 '개인 중시'와 '世人 중시'의 개념은 당연히 다를 것이다. 그렇다면 일본에서 교육이념으로 표명하고 있는 '개인 중시'의 실제적 내용이 '개인'의 중시를 의미하는 것인지 아니면 '世人'의 중시를 의미하는 것인지에 대해 알아보자.


## 2. 일본 도덕교육에서의 '개인' 중시

### ▎ 서양의 개인중시 교육

일본에서의 '개인' 중시 의미에 관해서는 우선 서양에서의 '개인' 중시 의미를 살펴보고 이를 일본과 대비해 보자. 서양에서 '개인' 중시에 대한 교육이 어떻게 이루어지고 있는지는 발달심리학[62] 영역에

---

61  일본의 '개인'에 대해 어떻게 인식하고 있는가에 대해서는 각양각색의 견해가 있을 것이다. 따라서 인식의 측면에서는 일본의 '개인'이 '世人'이라고 단정하여 정의하는 것은 거의 불가능 하다고 할 수 있다. 그러나 용어의 개념으로서는 일본적 '개인'을 '世人'으로 정의할 수 있을 것이다.

62  발달심리학은 심리학의 한 부문으로 전 생애에 걸친 인간 정신의 성장과 발달을

서 다루고 있는 아이덴티티 형성 교육에 잘 나타나 있다.

우리는 흔히 '나는 누구인가, 어떤 인격의 소유자인가'를 물을 때 그 사람의 정체성은 무엇인가로 묻는다. 이 정체성 혹은 자아 정체성을 발달심리학에서는 아이덴티티라고 한다. 그래서 아이덴티티는 곧 그 사람의 인격을 말하는 것이기도 하다. 인격의 형성에 있어서 가장 근원적 주체가 되는 것이 서양에서는 개인(individual)이다. 그렇기 때문에 '개인' 중시를 기반으로 한 바람직한 아이덴티티 형성을 교육 목표로 삼는 것이다.

아이덴티티 개념은 에릭슨(Erik H. Erikson)이 제시했지만 그 이론의 기원은 프로이드(Sigmund Freud)의 자아(Ego)이다. 여러 개의 자아가 모여 하나의 아이덴티티를 확립하는 것이라고 본 에릭슨은 프로이드의 연구를 좀 더 포괄적·긍정적으로 확장했다는 점에서 높이 평가받고 있다. 에릭슨의 이론은 실증에 이르지 못했지만 그가 찾고자한 것은 건강한 아이덴티티의 형성 방법이다. 그리고 에릭슨과 같은 맥락에서 로저스(Carl Rogers)의 '긍정적 자아 개념 형성 이론'등 많은 학자들의 실증 연구가 진행되었다.

그러면 이들이 제시한 이론을 살펴보자. 프로이드는 성인에게 무의식적으로 잠재되어 있는 기억을 기초로 해서 심리성적(心理性的)

---

대상으로 하여 그 일반적 경향이나 법칙 등을 연구하는 학문이다. 청소년들의 발달심리에 관한 연구는 정신분석학적 접근, 학습이론적 접근, 정보처리적 접근, 동물행동학적 접근등 다양하다. 이 책에서는 인격 형성이라는 정신적 성숙에 관한 내용이 주가 되므로 정신분석학적 접근이 유효 적절 하다고 할 수 있다.

발달 이론을 구성하였다. 아동의 인생초기에 부모가 아동의 성적·공격적 충동을 어떻게 지도했느냐 하는 것이 건강한 인성 발달에 결정적인 역할을 한다고 주장했다. 그는 인간의 성격 구조인 원자아(Id), 자아(Ego), 초자아(Superego)가 다섯 단계의 발달 과정을 거쳐 통합하는데,[63] 이 통합은 동일시(同一視)등에 의해 이루어진다고 보았다. 동일시는 자신의 성격에 외부 대상의 성질을 통합하는 것이며 이에 의해 인격 형성이 정진된다는 것이다.[64]

에릭슨은 모든 인간에게 보편적인 일련의 불변의 단계가 있으며 이 단계를 통해 인간 발달이 진행된다고 했다. 각 단계에는 생리적인 성숙이 있으며, 각 단계에서 개인에게 부과된 사회적 요구로부터 발생하는 위기가 수반된다고 보았다. 이 위기를 극복하고 각 단계의 과제를 수행하여 새로운 자아를 만든다고 하며, 그 자아의 통합이 아이덴티티라고 했다. 만일 자아를 통합할 수 없게 될 때 아이덴티티의 파괴가 오게 된다고도 했다.[65]

로저스는 유기체설과 개인 상호관계 이론 등을 토대로 자아 개념(아이덴티티)에 대한 성격 이론을 구성했다. 자아 개념이 개인을 이해하는데 가장 핵심적인 개념이며, 개인의 행동은 자신에 대해 갖는 내적인 태도가 외적인 요인들보다 강한 영향을 미친다고 보았다. 내적

---

63  최경숙, 『발달심리학 -아동·청소년기-』, 교문사, 2000, p.36.
64  Calvin S. Hall 저, 안귀여루 역, 『프로이드 심리학 입문』, 범우사, 1999, p.91.
65  Anita E. Woolfolk 저, 김아영 외 역, 『교육심리학』, 학문사, 2001, pp.100-108.

인 태도는 유기체가 환경과의 상호작용 과정에서 형성된다고 했다. 그가 주장한 인본주의적 인간관은 학교생활에 있어 학생에게 교사가 적절한 조건의 태도를 보여주면, 학생의 성장에 변화가 일어날 것이라고 했다. 학생에 대한 교사의 태도로 갖추어야 할 적절한 조건을 진실성, 무조건적인 수용, 정확한 공감적 이해라고 했다.[66]

## ▌ 자기 확인

위의 이론들이 갖고 있는 공통점은 기존의 자기(individual: self: Ego)에 새로이 형성된 자기가 흡수되어 통합되고 그것이 다시 또 새로운 자기를 만드는 기준이 된다는 것이다. 새로운 자기가 외적 요인과의 관계에 의해서 만들어진다는 것을 프로이드는 '동일시'로, 에릭슨은 '사회적 요구의 수용'으로, 로저스는 '내적인 태도와 환경의 상호작용'으로 설명한 것이다.

그런데 여기에서 주목해야할 것은 이들 이론이 모두 '통합하기 전 상태의 자기'가 존재하는 것을 전제로 하고 있는 점이다. 프로이드는 자신의 성격에 외부 대상의 성질을 통합한다고 했다. 이는 자신의 성격이 이미 존재해 있음을 말하는 것이다. 에릭슨의 '새로운 자아'는 '기존의 자아'가 있다는 뜻이며, 로저스가 말한 '내적인 태도'에 '외적인 요인'들이 영향을 미치기 위해서는 '내적인 태도'가 이미 있다는

---

66 박영규, 「긍정적 자아개념 형성을 위한 대안학교 교육과정 개발」, 단국대 교육학과 박사학위논문, 2005, p.8, p.10.

것이 전제되어야 한다.

이렇게 새로운 자기를 만들어가는 과정에서는 통합 이전에 이미 존재하고 있는 자기 상태에 대한 스스로의 확인이 필요하다. 원래 'identity'는 확인한다는 의미의 'identify'에서 유래한 단어다. 이러한 점으로도 알 수 있듯이 확인은 자기가 자기 자신을 들여다보는 행위(태도)를 통해 자아를 만들어가는 아이덴티티 형성 과정의 한 부분이다. 그러면 무엇을 통해 확인하느냐가 문제인데, 자기 확인의 수단으로 프로이드는 '자기애'를, 에릭슨은 '자기 존중'을, 로저스는 '자기 탐색의 촉진과 격려'를 들고 있다.

홀(Calvin S. Hall)은 프로이드가 말한 자기애를 자기도취로 해석하기 보다는 "자아가 초자아의 이상과 동일시하게 될 때 생기는 것으로서 이는 자긍심을 말한다."[67]고 했다. 따라서 프로이드가 말한 자기애는 자긍심이라고도 할 수 있으며 이 자기애(자긍심)를 통해 자기 확인을 한다.

에릭슨 또한 그의 스승이 말한 '건강한 자기애(ego-cathexis)'라는 말을 빌려 "건강한 자기애가 개체의 각 발달 단계에서 '남과 다른' 고유한 심리적 사회적인 하나의 틀을 형성해 나간다. 결국 그것들(건강한 자기애가 만든 남과 다른 틀)은 사회적, 역사적인 자기(자아 존중, self-esteem)가 된다."[68]고 했다. 이는 남과 다른 틀을 만들고 확인하는

---

67　Calvin S. Hall 저, 안귀여루 역, 앞의 책, p.137.
68　박아청, 『Erikson 아이덴티티론』, 교육과학사, 1998, p.15, p.24.

수단으로 자신의 자아 존중, 즉 자기 존중이 중요한 요소가 됨을 말하는 것이다.

로저스는 교사의 학생에 대한 태도에서 나타나야 할 적절한 조건으로 진실성(실재성, 일치성)을 들고 있는데 이것이 학생의 자기 탐색을 촉진하고 격려한다고 했다. 바꾸어 말하면 자기 탐색의 촉진과 격려가 긍정적 아이덴티티 형성에 있어 중요하다는 것이며, 자기 탐색을 통해 자기를 확인하게 해야 한다는 것이다.

## ▌ 자기 중시

이상에서 살펴본 바와 같이 발달심리학에서의 '개인' 중시는 타인과의 상호 관계 이전에 자기애·자기존중·자기탐색(이하, '자기중시'라 함)을 먼저 필요로 한다. 다시 말하면 서양의 '개인' 중시는 독립된 개체로서의 '개인'에 대한 스스로의 중시가 우선적이다. 이를 기반으로 하여 타인과의 관계, 또는 환경과 같은 외부 요인을 받아들이게 되는 것이며 나아가 새로운 자아를 만든다. 그리고 그 자아의 통합으로 아이덴티티를 형성해 가는 것이다. 즉 다카다가 표현한 용어를 빌려 쓰자면 '상호 독립적 개인'의 존중을 전제로 '상호 협조적 개인'으로서의 역할을 기대하는 것이다.

긍정적인 아이덴티티 형성을 위한 바람직한 교육 방법은 성장기의 발달 과정에서 나타나는 특징들을 충분히 고려하여 고안해야 한다.[69] 따라서 아이덴티티의 형성에 있어 가장 중요한 시기인 초·중학생 시기에 나타나는 발달 과정상의 특징을 알아보았다. 그리고 그 특징을 고려한 교육 내용을 프로이드, 에릭슨, 피아제(Piaget, Jean)[70]의 논리를 중심으로 검토했다. 그 결과를 간단히 요약하면 다음과 같다.

초등학생 시기는 기술 습득 및 가치 계발이 활발하며 포괄적 지각 능력이 형성되어 근면성을 증진시킬 수 있는 시기이다. 그러므로 모든 활동을 통해 자신감을 갖도록 해야 한다. 중학생 시기는 자기 자신의 모습을 인식하기 위해 노력하는, 즉 자기 확인과 재정립의 시기이다. 자기 확인과 재정립을 위해서는 자신감은 물론이고 긍정적 자기 평가를 할 수 있도록 해야 한다.

초·중학생에게 필요한 자신감이나 긍정적 자기 평가는 앞에서 언급한 바와 같이 '자기' 중시를 말하는 것이다. 따라서 서양에서는 '개인' 중시가 '자기' 중시에서 출발한다는 점을 발달과정상의 특징을 고려한 교육 내용으로 활용하고 있다. 다음은 일본 도덕교육에서의

---

69 발달과정상의 특징도 서양 중심적인 이론에 기초하고 있으므로 비 서양인의 발달과정상의 특징을 서양 이론의 틀에 맞추는 것은 바람직하지 않다고도 할 수 있다. 그러나 현재까지 비 서양 문화에서의 연구는 기존의 서양 이론을 부정할 근거를 갖고 있지 않으며 일본도 예외가 아니다. 그러므로 여기에서는 발달과정상의 특징에 관한 기존의 이론으로 서양은 물론 일본 초·중학생들의 발달과정상의 특징을 살펴보았다.

70 아이덴티티론에 있어서는 프로이드·에릭슨·로저스의 이론으로 설명이 충분하지만 발달과정상의 특징에 대해서는 로저스를 대신하여 피아제가 제시한 이론을 참고했다. 왜냐하면 로저스는 주로 아동들의 심리 치료에 관한 이론들을 제시했으나 발달과정상의 특징이나 변화에 관한 연구는 기존의 연구에 의존하고 있다. 이에 비해 피아제는 아동이 이해력을 획득하는 과정과 그 특징을 구체적으로 제시한 발달심리학의 대표자라고 할 수 있으므로 그의 이론을 참고하는 것이 적절할 것이다.

'개인' 중시에 대해 알아보자.

## ▌ 일본의 개인중시 교육

일본의 교육이념을 실천적 내용으로 집약한 것이 도덕교육이라는 것은 이미 전술했다. 도덕교육 속에는 헌법을 기반으로 하여 만들어진 교육기본법의 내용이 좀 더 구체적인 형태로 들어있다. 즉 전문에 명기한 '개인 중시'가 어떠한 것인지에 대한 구체적 설명은 물론이며 '개인 중시'를 실천할 수 있는 방법이 제시되어있는 것이다. 여기에서는 '개인 중시'를 어떻게 설명하고 있는지, 또 '개인 중시'의 실천 방법을 어떻게 제시하고 있는지에 대한 검토를 통해 일본의 '개인 중시' 의미를 알아보자.

초·중학교 학습지도요령 도덕편에는 "인간 존중의 정신은, 도덕교육의 목표로 일관되게 서술하고 있으며, 생명의 존중, 인격의 존중, 인권의 존중, 인간애 등의 근저를 관철하는 정신이다. 일본국 헌법의 '기본적 인권의 존중'이나, 교육기본법의 '인격의 완성', 나아가서는 국제연합 교육 과학 문화 기관 헌장(유네스코헌장)에서의 '인간 존엄' 정신도 근본적으로 공통하는 것이다."[71]라고 명기되어 있다. 이는 도덕교육에서 다루는 내용이 인간 존중과 인격 완성에 있음을 말하는 것이다.

---

[71] 『小学校学習指導要領解説 道徳編』, 文部科学省, 2004, p.22. 『中学校学習指導要領解説 道徳編』, 文部科学省, 2003, p.25.

그런데 교육기본법에 명시한 '개인' 중시를 도덕교육에는 '인간' 중시로 표현하고 있다. 즉 '개인'을 '인간'으로 바꾸어 설명하고 있는데 이 두 용어의 의미는 엄연히 다르다. 일본어를 모국어로 하지 않는 한국인의 입장에서는 '인간'과 '개인'의 개념 차에 대해 그다지 민감하게 생각하지 않을 수도 있다. 그러나 일본어에서의 인간과 개인은 상당한 차이가 있다. 더구나 학습지도요령은 교육이념을 구체적으로 실천하기 위해 구성한 것이고 법적 구속력이 있기 때문에 용어 선택에 있어 상당히 신중을 기한다. 예를 들면 조사(助詞)나 점을 어느 위치에 넣느냐는 문제도 쉽게 결정하지 않는다. 이렇게 민감하게 다루어지는 학습지도요령에 용어를 바꾸어 설명한 것을 단순한 용어 선택의 유연성쯤으로 받아들이기는 어렵다. 『広辞苑』에 의하면 '인간'은 '인간이 사는 곳, 세상, 세켄(世間), (사회적 존재로서 인격을 중심으로 생각하는)사람, 또는 그 전체'[72]라고 되어 있으므로 '개인'이라는 의미 보다는 '세켄'이라는 의미에 가깝다.

이렇게 '개인'과 '인간'이 상이한 의미를 갖고 있음에도 불구하고 '개인' 이라는 용어를 도덕교육에 그대로 사용하지 않고 '인간'이라는 용어로 대신해서 명기하고 있다. 이것은 '개인' 중시보다 '世人' 중시가 익숙한 인식으로 자리하고 있는 경향 때문이라고 할 수 있다.[73] 따라

---

[72] 원문은 "人の住む所、世の中、世間、じんかん、(社会的存在として人格を中心に考えた)ひと、またその全体."이다.

[73] 필자는 학습지도요령 도덕편에 서술된 모든 문장을 검토했다. 그 결과 '개인'이라는 용어는 찾을 수 없었다.

서 이 경우 존중의 대상은 '世人'이다.

## ▌ 타인 존중

학습지도요령의 도덕교육 목표를 보아도 "민주적 사회에 있어서 인격의 존중은, 자기의 인격만이 아니라 다른 사람들의 인격도 존중하는 것이며, 또 권리의 존중은 자타의 권리 주장을 인정함과 동시에, 권리의 존중을 자기에게 맡긴다는 의미로, 서로 의무를 다하는 것이 요구된다."라고 명시 되어있다. 이는 자기의 인격·권리도 중요하지만 타인의 인격·권리도 중요하다는 것으로 자타의 권리를 존중하기 위한 의무감을 설명하는 것이다.

그런데 자기의 인격·권리 존중을 설명하는 방법에 다소 문제가 있음을 알 수 있다. 그것은 타인의 인격·권리의 중요성을 설명하기 위해서는 그에 앞서 우선 인격과 권리에 대한 설명을 해야 할 것이다. 거기에 더하여 자기의 인격·권리가 중요하다는 것을 언급해야 함이 순서일 것이다. 그리고 자기의 인격·권리가 중요한 것과 마찬가지로 타인의 인격·권리도 중요한 것이라고 설명해야 하는 것이 아닌가. 그러나 학습지도요령의 서술에서는 자기의 인격·권리의 존중에 대한 내용의 설명은 생략한 체 타인의 인격·권리의 중요성을 부각시키고 있다. 그러므로 결국 여기에서도 자신보다는 타인 존중을 우선시하게 하는 내용으로 서술하고 있는 것이다. 게다가 이에 대한 의무감을 강조한다. 이러한 점으로 볼 때 이 또한 '개인' 중시 보다는

'世人' 중시를 우선으로 하는 경향을 나타내는 것이라고 할 수 있다.

## ▌ 개인에 관한 도덕교육 내용

도덕교육의 내용이 이처럼 '개인' 보다는 '世人'을 우선시 하고 있는 것은 교육 내용을 구성하고 있는 성향에 대한 비중이 '개인' 외의 것에 편중되어 있는 점으로도 알 수 있다.

〈표 4〉는 초·중학교 도덕교육 내용을 영역·항목별로 구분한 것이다. 도덕교육 내용은 4개의 영역으로 나뉘어 총 78개 항목으로 되어있다. 이를 '자기 자신'과 그 외의 내용으로 나누어 보면 '자기 자신'에 해당하는 내용은 제1영역의 20개 항목이다. 즉 자기 자신에 관한 내용의 비율은 전체 비율의 25.6%에 그치고 있다. 이는 도덕이라는 것을 자기 자신의 내면적인 것으로 취급하기 보다는 외부와의 관계에 더 비중을 두고 있다는 것을 나타내는 것이다.

<표 4> 초·중학교 도덕교육 내용의 영역·항목별 구분 표

| | 제1영역<br>(자기 자신에<br>관한 것) | 제2영역<br>(타인과의<br>관계에 관한 것) | 제3영역<br>(자연·숭고한<br>것과의 관계에<br>관한 것) | 제4영역<br>(집단·사회와<br>의 관계에<br>관한 것) | 계 |
|---|---|---|---|---|---|
| 초등학교 1-2 | 4 | 4 | 3 | 4 | 15 |
| 초등학교 3-4 | 5 | 4 | 3 | 6 | 18 |
| 초등학교 5-6 | 6 | 5 | 3 | 8 | 22 |
| 중학교 | 5 | 5 | 3 | 10 | 23 |
| 계 | 20(25.6%) | 18 | 12 | 28 | 78 |

〈표 4〉의 전체 영역 가운데 제2영역에서 제4영역까지는 개인과 그 외의 것의 관계에 관한 것이다. 그러므로 이 부분의 내용은 제외하고 자기 자신의 문제를 다루고 있는 제1영역에 제시한 내용을 구체적으로 살펴보자.

〈표 5〉는 그 내용을 초·중학교 학년 단계별로 구분한 것이다. 우선 표의 내용이 초·중학생의 발달과정상의 특징이 고려되어 있는지 알아보겠다. 또 발달심리학에서 말하는 '자기 존중'을 통하여 자신감을 갖게 하고 긍정적 자기 평가가 가능하도록 구성되어 있는지를 알아보겠다.

일본의 도덕교육은 성장 과정에 따라 연속성을 갖는 내용으로 구성되어 있으므로 같은 번호에 있는 내용 별로 분류해서 보면 내용을 쉽게 파악할 수 있다. 예를 들면 1번의 내용은 건강과 생활습관에 관한 내용을 각 학년의 수준에 맞게 제시한 것이다. 2·3번은 학습이나 생활상의 목표를 세워 희망과 용기를 갖고 노력해야 한다는 내용이다. 3·4번은 옳고 그른 것에 대한 판단과 자율적이며 성실한 행동에 관한 것이다. 마지막으로 5·6번은 자기 자신의 특징과 개성을 발전시켜야 한다는 내용으로 구성되어 있다. 그리고 그 실천 방법이 제시되어 있다.

<표 5> 초·중학교 도덕교육 제1영역(주로 자기 자신에 관한 것)의 내용

| | 1-2학년 | 3-4학년 | 5-6학년 | 중학교 |
|---|---|---|---|---|
| 1 | 건강 및 안전에 조심하고, 물건이나 돈을 소중히 하고, 주변을 정리하고, 제멋대로 굴지 말고, 규칙바른 생활을 한다. | 자신이 할 수 있는 것은 자신이 하고, 절도 있는 생활을 한다. | 생활을 돌아보고, 절도를 지키며 절제를 명심한다. | 바람직한 생활습관을 몸에 익히고, 심신의 건강 증진을 도모하며, 절도를 지키고 절제를 명심하여 조화 있는 생활을 한다. |
| 2 | 자신이 하지 않으면 안 되는 공부나 일은 열심히 한다. | 잘 생각해서 행동하고, 잘못은 순순하게 고친다. | 보다 높은 목표를 세워, 희망과 용기를 갖고 좌절하지 않도록 노력 한다 | 보다 높은 목표를 향하여, 희망과 용기를 갖고 착실하게 해내는 강한 의지를 갖는다. |
| 3 | 좋은 것과 나쁜 것을 구별하고, 좋다고 생각하는 것은 자진해서 행한다. | 자신이 하려고 결정한 것은 끊기 있게 해낸다. | 자유를 소중히 하고, 규율 있는 행동을 한다. | 자율정신을 중히 여기며, 자주적으로 생각하고, 성실히 실행하여 그 결과에 책임을 진다. |
| 4 | 거짓말을 하거나 숨기지 말고, 솔직하고 자유롭게 생활한다. | 올바르다고 생각하는 것은, 용기를 갖고 행한다. | 성실하게, 밝은 마음으로 즐겁게 생활한다. | 진리를 사랑하고, 진실을 추구하며, 이상의 실현을 목표로 자기 인생을 개척해 간다. |
| 5 | | 정직하게, 밝은 마음으로 건강하게 생활한다. | 진리를 소중히 하고, 자진해서 새로운 것을 찾고, 연구하여 보다 나은 생활을 한다. | 자신을 주시하고, 자기의 향상을 도모함과 동시에, 개성을 키워서 충실한 삶을 추구한다. |
| 6 | | | 자신의 특징을 알고, 나쁜 점은 고치고 좋은 점을 적극적으로 키운다. | |

내용을 살펴보면 '~을 해야 한다'라는 절제와 규율에 대한 규정이 대부분이어서 규제적이라고 판단된다. 그러나 '목표를 세워 노력해야 한다'는 내용이 있는 것으로 볼 때 '기술 습득'을 효율적으로 하기 위한 방법이 제시되어 있는 것이라고 할 수 있다. '새로운 것을 찾고 연구 한다'는 내용은 '가치 계발'을 고려한 것이라고 할 수 있다. 또 '절도와 절제 및 생활습관'을 강조한 내용은 '근면성 향상'에 관련된다. 그리고 '자신을 주시하고 특징을 알아야한다'는 자기 확인에 대한 내용이라고 할 수 있다.

이러한 내용은 대체로 프로이드, 에릭슨, 피아제등의 논리를 바탕으로 한 발달과정상의 특징을 고려한 것이라고 할 수 있다. 그러나 '자기 존중'을 통하여 자신감을 갖게 하고 긍정적 자기 평가가 가능하도록 제시한 내용은 찾아볼 수 없다. 더구나 위의 내용은 제2영역에서 제4영역까지의 내용인 '타자와의 관계'를 제외한 '자기 자신'에 관한 내용만을 다룬 것이다. 그럼에도 불구하고 존중해야 하는 대상이 '자기 자신'으로 제시되어 있는 것은 발견하기 어렵다. 따라서 일본 교육에서의 '개인' 중시는 '世人' 중시를 의미한다고 할 수 있다.

## 3. '世人'으로서의 '개인' 중시 교육

### ▌존엄성

이상에서 살펴본바와 같이 일본에서 교육이념으로 명시하고 있는 '개인 중시'의 실제적 의미는 독립된 개체로서의 개인을 중시하는 것이 아니다. 개인 상호간의 관계에 중점을 둔 '世人 중시'이다. 그러면 '개인'을 중시하는 것과 '世人'을 중시하는 것에는 어떤 차이가 있는지 '중시'의 의미에 초점을 맞추어 살펴보자.

중시는 존엄함을 중히 여긴다는 의미이다. 따라서 '개인' 중시는 개인의 존엄함을 중히 여긴다는 의미로 이 용어의 핵심은 존엄이다. 우선 일본인의 개인 존엄에 대한 인식을 살펴보자. 아베는 "일본에서 개인의 존엄은 2차 대전 이후로도 충분히 인식하지 못하고 있다 해도 과언이 아니다."라고 하며 그 원인을 개인의식이 미비하기 때문이라고 했다. 또 이종은[74]은 "개인 인격에 대한 존엄의 사상을 일본인이 가지게 되는 것을 기대할 수 있다면, 이는 기독교라고 할 수 있다. …(중략) 인간은 신 앞에서 평등하기 때문에 각자 존엄한 존재라는 것을 가르치기 때문이다."라고 했다. 그러면서 일본은 종교적 개인주의가 발달하지 않았기 때문에 개인의 존엄성에 대한 개념이 고양되지 않았다고 말한다. 사쿠다[75]는 "전후에도 인격의 존엄이라는 관념이

---

74 이종은, 「일본에서의 개인Ⅲ」, 『사회과학연구 제15집』, 국민대출판부, 2002, p.154.

일본인에게는 쉽게 내면화 되지 않았다. 그래서 일본군 위안부에 대한 일본 수상의 사죄가 늦어졌으며, 청소년의 노인 학대나 학교에서 약자를 괴롭히는 이지메가 계속되는 것이다."라며 이 또한 개인 인식을 쉽게 할 수 없었기 때문이라고 했다.

뿐만 아니라 학교교육 에서도 존엄성 교육에 관한 비관적 견해가 적지 않다. 후지다 히데노리(藤田英典)[76]는 일본의 개성화 교육이라든지 개성 존중 이라는 슬로건의 내실이 무엇인지 명확하지 않다고 했다. 그는 "존엄으로서의 개성과 가능태로서의 개성(개인의 재능·적성)을 개념적으로 구별하는 것이 중요하다. 최근의 교육개혁은 후자를 중시하고 교육의 다양화를 추진하는 경향이지만 오늘날 추궁되고 있는 것은 오히려 존엄으로서의 개성을 기반으로 한 교육이 아닐까" 라고 하며 개인의 존엄성에 관한 교육이 절실하다고 지적했다.

이들의 견해는 모두 일본인에게 개인 인식이 불충분하기 때문에 개인의 존엄에 대한 인식도 미비하다는 것이다. 따라서 이에 대한 교육의 필요성을 주장한 것이다. 그러나 앞서 언급한바있는 '미성숙한 개인', '불분명한 개인', 또 여기에서 말하는 '개인 인식의 불충분함'이

---

75  作田啓一, 앞의 책, p.49.

76  藤田英典, 앞의 책, p.48. 여기에서 말하는 존엄으로서의 개성은 발달심리학적 관점에서의 '자기 존중'을 통한 자신감 및 긍정적 자기 평가를 기반으로 한 '개인 존중'을 말하는 것이라고 할 수 있다. 그리고 가능태로서의 개성은 다름 아닌 발달과정상의 특징을 고려한 교육을 말하는 것이다. 전자인 존엄으로서의 개성은 부재하고 후자를 중시한다는 것은 교육 내용에 발달과정상의 특징은 고려되어 있으나 '개인 존중'의 개념이 들어있지 않다는 견해로 해석할 수 있다.

라는 것은 너무나도 포괄적이고 추상적인 규정이라고 할 수 있다. 따라서 이러한 규정을 기준으로 개인에 대한 존엄성이 희박하다고 단정하기 보다는 좀 더 구체적인 원인을 찾아야하지 않을까. 이 원인이 파악되었을 때 비로소 존엄성 인식에 관한 대안을 교육에 반영할 수 있을 것이다. 그래서 여기에서는 일본인에게 존엄성이 희박한 원인을 찾아보고자 한다. 즉 존엄의 대상을 명확히 하고 있지 않은 '世人' 중시로 인해 '자기' 중시가 결여된 점에 초점을 맞추어 생각해 보자는 것이다.

## ▎자기중시의 결여

우선 서양의 '개인' 중시는 자기 자신을 중시하는 것을 중시의 기반으로 하고 있기 때문에 중시하는 대상이 비교적 명확하다고 할 수 있다. 다른 관점에서 보면 자기 자신을 우선적으로 중시하는 것이기 때문에 타인에 대한 중시 및 개인 상호 간의 관계에 대해 소홀히 하는 것으로 생각하기 쉬울 것이다. 게다가 오늘날 公共性 형성을 추구하는데 있어 논의되고 있는 개인주의 또는 이기주의로 결착될 가능성도 크다.[77] 그러나 서양의 '개인'도 타인과의 관계 속에서 살아간다. 그렇기 때문에 이러한 관계에 대해서는 프로이드 이후의 대상관계이

---

[77] 개인주의 · 이기주의의 문제점을 논하는 측면에서 '자기' 중시를 기본 또는 우선으로 하는 서양의 사고가 과연 바람직하다고 볼 수 있는가에 대해서는 별도의 검토가 요구된다.

론 이나 사회심리학 분야의 학자들에 의해 그 중요성이 제시된바 있다.[78] 따라서 '개인'은 독립적 존재로 전제되면서도 필요에 따라 또는 필연적으로 '世人' 중시에서 강조하는 '상호 협조성'을 발휘하는 '개인'으로의 유연성을 갖는다. 다시 말하면 개인과 개인의 관계는 제각기 갖는 자신에 대한 존중을 기반으로 하여 상대에 대한 존중으로 연결된다. 그리고 각각의 개인을 존중한다는 점에서 중시해야 하는 대상이 명확하다.

이에 비해 일본의 '世人'중시는 인간 개개인을 중시하는 것이 아니라 하나의 덩어리, 즉 인간 집단 전체를 중시하는 것을 우선으로 생각한다. 그렇기 때문에 중시해야 하는 대상이 포괄적이며 막연하다. 물론 '世人'속에 자기 자신도 포함되어 있다. 그러나 '世人'이라는 것이 어느 범위 안에서의 누구를 지칭하는 것인지에 대한 기준이 모호하다.[79] 이를테면 '우리 모두'를 중시하자는 것으로 인식할 수밖에 없는 것이다. 중시의 대상이 이렇게 분명하지 않은 상태에서는 존엄성 의

---

78  프롬(Fromm, Erich)은 개인의 인성을 생물학적 조건뿐만 아니라 문화의 산물로 규정했다. 그리고 설리반(Harry S. Sullivan) 및 페어베언(R.D.Fairbairn), 도날드 위니캇(D.W.Winnicott)은 모든 인간은 관계성 안에 있고, 타자와 자기에 관한 인식을 상호간의 관계성을 통해서 한다고 했다. 그리고 에릭슨은 사회심리성을 강조했다. 이들의 이론을 참조할 필요가 있다.

79  자기 자신과 가족 등 지인만을 존중하는 이기적인 사고가 인간 전체를 존중하는 사고보다 더 가치 있는 사고인가를 반문할 수도 있다. 그러나 여기에서는 어느 쪽으로 사고하는 것이 더 가치 있는 사고인가를 말하는 것이 아니라 존중의 대상을 명확히 인식하느냐 아니냐의 문제에 한정하여 말하는 것이라는 점을 밝혀두고 싶다.

식의 향상을 기대하기 어려운 것이 아닌가.

## ▎일본인의 상호독립성

서양의 '개인'은 '상호 협조성'으로의 유연성을 갖고 중시 대상이 비교적 명확하다. 이에 비해 일본의 '世人'은 그 구성의 구조상 '상호 독립성'을 발휘할 수 있는 유연성, 즉 타인과 분리된 독립적 위치를 확보하기 어렵다. 이와 같은 일본인의 '상호 독립성' 저하에 대한 근거를 제시한 연구가 있다. 〈그림 8〉과 〈그림 9〉를 참조해보자.

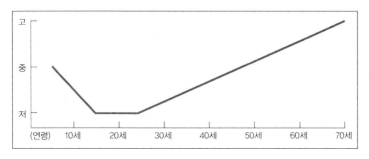

〈그림 8〉 일본인의 상호독립성

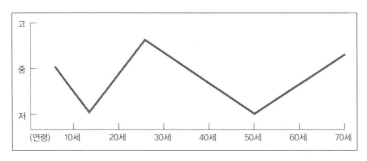

〈그림 9〉 일본인의 상호협조성

다카다[80]는 일본인의 '상호 독립성'과 '상호 협조성'의 발달적 변화에 대해 조사했는데 "상호 독립성은 초등학생에서 중학생에 걸쳐 저하하고 대학생까지 낮은 수준에 머무른 후, 초기성인기 이후에는 상승으로 전환하여 노인기 까지 상승한다. 상호 협조성은, 초등학생에서 중학생에 걸쳐 저하한 후, 중학생에서 대학생에 걸쳐 상승하고, 성인기에는 다시 저하한 후, 노인기에 다시 한 번 상승하고 있다."고 했다. 일본 청소년들의 '상호 독립성'이 저조하다는 연구 결과를 나타낸 것이다. 그리고 일본인의 '상호 독립성'은 초기성인기에 뒤 늦게 나타나기는 하나 어디까지나 '상호 협조적 자기관'에 입각한 '상호 독립성'을 갖는다는 연구 결과를 내놓았다.

뿐만 아니라 그는 사이토(斎藤環, 2003)의 연구를 인용하여, 일본 청소년들이 '상호 독립성'을 갖지 못한 영향으로 인해 대인 공포증이나 은둔형 외톨이(ヒキコモリ)등의 부적응 현상을 나타내는 것이라고 했다. 이러한 부적응 현상은 미국과 비교해 볼 때 일본이 압도적으로 많고[81] 현대 일본의 병리 현상으로서 문화적·사회적 상황과 깊은 관

---

80  高田利武, 앞의 책, p.158, p.171. 다카다의 연구에 의하면 비교적 '상호 협조성'을 갖는 아시아 여러 나라 중에서도 특히 일본인의 '상호 독립성'이 중국과 베트남에 비해 현저히 낮으며, '상호 협조성'은 3국이 거의 같은 수준을 보인다(p.169). 이 연구 결과는 일본인의 '상호 협조성'이 높다는 해석 보다는 일본인의 '상호 독립성'이 낮다는 해석이 적절할 것이다. 또한 상호 협조성이 초·중학생 때에는 낮았으나 중학생에서 대학생에 걸쳐 상승한다는 결과는 교육을 통해 '世人'으로서의 태도가 바람직하다는 등의 상호 협조성을 강조한 것이 원인이 아닌가라는 해석도 가능하다고 할 수 있다.

81  연구 결과를 보면 은둔형 외톨이의 경우 한국에서도 나타나는 현상으로 아시아

계가 있다는 것이다. 그리고 그는 "은둔해 있는 개인도, 그 가족도, 자신의 행동 및 가정의 상태를 '타인이 어떻게 생각할지'에 대해 극도로 걱정하고 있다. 즉 '만약 자신이 다른 사람이라면 자신을 어떻게 생각할까'라는 식으로 행동 규범을 '세켄'에 둔다. 그렇기 때문에 주체적인 의지 결정에 의한 문제 해결에의 방법을 찾지 못하고 악순환에서 벗어나지 못하는 것이다."라고 했다. 이는 일본인의 '상호 독립성' 결여로 인한 문제점을 지적한 것이다.[82]

## ▌겸양의식과 자기비하

다카다는 '상호 독립성' 결여의 원인으로 볼 수 있는 문화적 배경에 대해 언급했는데 문화적 배경으로 일본인의 특징인 '겸양 의식'을 들고 있다. 즉 '상호 독립성' 결여는 '겸양의식'으로 인한 '자기 비하'에 있다는 것이다.[83] 역으로 말하면 '자기 비하'는 일본인들의 '겸양 의식'으로 인해 나타나는 것이며 '겸양 의식'은 위의 서술에서와 같이 일본인들의 자기 평가가 타인을 기준으로하기 때문에 생기는 것이다. 이는 서양의 '개인 중시'가 '자기 중시'에서 시작되는 것과 비교해 볼 때 일본의 '世人 중시'는 '자기 비하'에서 시작되는 것을 나타낸다. 따라서

---

에서는 일본과 한국의 경우에만 이러한 현상이 나타난다고 한다.

82  高田利武, 앞의 책, p.211.

83  그는 일본인의 아이덴티티의 형성에 일본의 문화적 특징이 큰 영향을 미친다고 한다.

일본인의 개인에 대한 존엄성 희박은 존엄의 대상이 명확하지 않은 '世人' 중시의 강조와 '자기 비하'로 인한 '자기 중시'의 결여에서 비롯된 것이라고도 할 수 있다.

이상과 같이 일본의 경우 '개인' 중시의 실제적 의미는 '世人' 중시이다. 학교에서도 '개인'은 전체를 의미하는 '世人'으로서 존재해야 바람직하다고 가르친다. 서양의 '개인'과 일본의 '世人'중 어느 쪽이 더 바람직한 인간 형태라고 할 수 있는가에 관해서는 사실상 규정하기가 매우 어렵다. 더구나 公共性 논의가 서양의 개인주의 또는 이기주의에 대한 비판에서 출발했다는 점으로 보더라도 서양의 '개인'이 일본의 '世人'보다 낮다는 가치 판단은 불가능하다. 단지 일본에서 말하는 '개인'이 서양에서 말하는 '개인'과는 다르고, 따라서 '개인' 중시 교육도 독립된 개인을 중시하는 민주주의적 관점과는 달리 구성원 전체를 중시하고 있다는 점을 말하는 것이다.

결과적으로 개인을 지나치게 중시해왔다는 것은 '개인'이 아닌 '世人'을 지나치게 중시했다는 것이다. 이러한 점을 고려해 볼 때 일본 교육에서의 '개인' 중시는 지나쳤다고 판단하기보다는 재검토를 요한다고 할 수 있다.

제Ⅴ장

# 전후 일본 公民교육 및 武道교육

● ● ● 　제5장에서는 도덕교육에 이어 공민(公民)교육과 무도(武道)교육 내용에 대해 살펴보고자 한다. 이 책에서 도덕교육에 주목하여 교육내용을 검토한 것은 도덕교육이 일본인들의 정신교육을 담당하고 있기 때문이다. 그런데 역사적으로 公民교육이 도덕교육을 대신하던 시기가 있었고, 武道교육 또한 정신교육의 일환으로 필수과목화 하여 시행하고 있다. 이러한 점으로 볼 때 각각의 교육내용이 어떻게 구성되어있는가에 대해 검토할 필요가 있다.

公・私관으로 본

# 일본 교육 이데올로기

제1절

# 公民교육

여기에서는 일본 고등학교 公民 교과서에 명기된 '公共性'이라는 용어가 어떠한 의미를 지니고 있는지에 대해 알아보려한다.

전술한바와 같이 公共性에 관해서는 '共生'을 21세기 인류의 최대 과제로 삼으며 범세계적으로 활발히 논의해왔다. 이와 관련하여 일본에서도 公, 公共, 公共性, 公共철학 등의 용어에 대한 정의를 비롯한 다양한 측면에서의 논의가 상당한 진전을 보이고 있다.

앞서 간단히 언급했지만 예를 들면 일본에서 1998년 4월부터 시작한 '公共철학 교토포럼'이라는 연구회가 있다. 이 연구회는 다양한 테마를 갖고 지속적으로 개최되고 있으며 2016년 현재 120회를 넘기고 있다. 또 최근 몇 년 사이에 한·중·일 3개국 간의 전통사상을 접목시킨 公共철학의 필요성을 문제의식으로 공유하고 있다. 이러한 점으로 볼 때 동아시아의 公共철학을 정립하려는 노력이 두드러지게 나타난다.

그러나 한편으로 일본의 교육기본법을 비롯한 학교교육 내용에서는 이러한 사회적 노력과는 다른 성향을 보이고 있다. 초·중학교에서 시행하고 있는 도덕교육을 살펴본 결과, 바람직한 公共性을 국가주의 내지는 민족주의로 귀속시키는 양상을 보였다. 그리고 이를 교육 내용으로 설정하고 학생들에게 가르치고 있다. 이는 公共性에 관한 사회적 담론과 학교에서 교육 내용으로 설정하고 있는 公共性의 의미가 상당히 다르다는 것을 단편적으로 보여주는 것이다.

그렇다면 고등학교의 公民교육 내용에 명시되어 있는 公共性은 과연 어떠한 의미를 지니고 있는가. 초·중학교 도덕교육과는 달리 公民교육은 바람직한 公共性 형성을 추구하자는 담론과 연동되어 있는가. 이러한 문제의식을 바탕으로 여기에서는 일본 고등학교의 公民교육에서 公共性에 관해 어떠한 내용으로 교육을 시행하고 있는지 알아보고자 한다. 우선 公民, 公共性, 公民교육에 관한 개념과 이를 둘러싼 논의에 대해 알아보고 학습지도요령에 명시되어있는 公民교육이 어떠한 것인지 검토하겠다. 그리고 公民교육 내용에 내포되어있는 公共性의 의미를 알아보겠다.

## 1. 公民

### ▌ 公民의 의미

公民의 개념을 비롯하여 전후 公民교육을 시행해왔던 내용에 대해서는 앞서 제4장의 제1절에서 자세히 다룬바 있다. 주지하는바와 같이 패전 직후 修身교육을 대신해서 公民교육에서 도덕교육을 실천했기 때문에 이에 대해 설명한바 있다. 따라서 여기에서는 앞에서 언급하지 않았던 내용을 위주로 이야기해보자. 간혹 불가피하게 다시 설명해야 하는 부분이 있다. 이는 중언부언한 경향이 있으나 내용의 이해를 위해 재설명하였음을 미리 밝혀두고자 한다.

앞서 간단히 언급했지만 좀 더 구체적으로 公民의 의미를 정리해보자. 公民에 대한 사전적 용어의 의미를 살펴보면, "공민(公民)은 정치에 참여할 수 있는 사람들을 말한다. 시민, 국민, 주민, 인민 등의 단어와 유사한 의미를 갖고 있으나 각각 차이점이 있다. 정치에 참여할 수 있는 시민을 뜻하는 경우가 많지만, 엄밀하게는 참정권, 특히 투표권과 피선거권이 있는 시민을 公民이라고 부르는 경우가 많다. 또한 중국, 조선민주주의 인민 공화국, 중화민국은 국민, 국적의 의미로 헌법에서 公民이라는 단어가 사용되고 있다."고 되어있다.

이렇게 公民이라는 용어는 일반적으로 한 나라의 참정권을 갖는 국민을 가리키고 그 나라의 국적을 가진 사람을 가리킨다. 따라서 '公民'은 '국민'과 마찬가지라고 할 수 있다. 민주주의 사회에서 公民(국민)은 주권자이고 인권의 측면에서 말하면 그는 통치를 받는 객체가 아니다.

그런데 公民을 국민으로 보는 견해와는 다른 견해도 있다. 지배 체제에 순응케 하기 위한 것이 公民이라는 것이다.[1] 이는 절대 군주 체제 하의 복종이 전제되는 '신민'이나 국가 개념이 전제되는 국가의 구성원으로서의 '국민'과는 구별되는 개념이라고 할 수 있다. 公民은 이렇게 시대와 상황에 따라, 또는 보는 시각의 차이에 따라 달리 해석된다.

## ▌ 일본의 公民

그러면 일본에서의 公民은 어떠한가. 역사적으로 볼 때 公·私의 어원은 중국이다. 그럼에도 불구하고 중국어에는 公民이라는 용어가 존재하지 않았다고 한다. 公民은 고대 일본인이 창조한 개념으로 이 해하고 있다는 점이 주목할 만하다. 다이카 개신(大化改新)때 公民을 '오오미타카라(オオミタカラ)'라고 했다. 즉 천황(天皇)의 신민(臣民), 국민, 백성을 가리키는 말이다. 『古事記』와 『宣命』[2]에 의하면 公民은 호족(豪族)의 사유(私有)에서 해방된 천황제 고대 국가의 국민 이라는

---

1  이희승 편저, 『국어대사전』, 민중서림, 1995, p.261.
2  『古事記(고사기)』(712)는 8세기초두의 율령국가가 낳은 문헌이며 『宣命(선명)』은 고사기적인 신화를 기초로 하여 천황즉위 및 개원(改元)때 나온 천황의 언어를 문자로 기록한 것이다.

의미를 지니고 있었다. 그러나 국민 전체 또는 일반 서민을 가리키는 人民 내지 백성과는 대비되는 귀족층을 가리키는 말이었다고 한다. 즉 '公民'은 지배층을 가리키는 용어였다고 할 수 있다.[3]

그런데 8세기 중엽의 토지제도와 신분제도의 변화에 따라 公民을 지칭하는 대상이 유연해졌다. 이 무렵부터 '公'의 관리 하에 있으면서 공전(公田)을 경작하는 백성도 公民이라고 했다. 즉 국가 기구 내지 이를 맡은 귀족층만을 '公'이라고 하지 않고 좀 더 넓은 범위에서의 국가적 관계에 있는 것을 모두 '公'이라고 한 것이다.[4]

근대에 들어와서 公民을 지칭하는 대상은 완전히 바뀌었다. 다카야마 쓰기요시(高山次嘉)는 "公民이라는 용어는 메이지기에 일본제국 헌법이 제정되며 국민과 시민을 합한 복합개념으로도 사용했으나 천황의 신민이라는 의미로 현저히 강조되어 곧 황민(皇民)을 의미한다."[5]고 했다. 지배층이나 국가적 관계에 있는 것을 가리키는 용어가 아니라 오히려 일반화 되어 피지배 신분을 가리키는 용어로 사용했다는 것을 알 수 있다. 즉 일본에서의 公民은 皇民이라는 의미를 갖고 있다는 것이다.

그렇다면 오늘날 일본사회에서 인식하고 있는 公民의 개념은 어떠한가. 전술한바와 같이 오늘날 우리가 일반적으로 사용하고 있는

---

3  吉田孝,「律令国家と公地公民」,『律令国家と古代の社会』, 岩波書店, 1983, p.52, p.66. 高山次嘉,『社会科教育の回生』, 教育出版, 1996, pp.91-97.

4  水林彪, 앞의 책, pp.12-13.

5  高山次嘉, 앞의 책, p.91.

公民이라는 용어는 '국가의 일원으로서 참정권을 가진 사람'으로 알고 있다. 이는 영어·중국어·일본어·한국어 사전에 공통적으로 명시되어 있는 내용이다. 그러나 자세히 살펴보면 일본 사전에서의 公民은 이러한 의미 외에, 다른 나라의 사전에서는 찾아볼 수 없는 '국가(천황)의 인민'[6]이라는 의미를 지닌다고 나와 있다. 이것은 무엇을 의미하는가.

이는 '公(국가·천황)'의 '民(인민)'이기 때문에 '民'은 '公'의 소유 또는 지배의 대상이 된다. 즉 '公'과 '民'의 종속 관계를 나타내는 말이다. 바꾸어 말하면 公(국가)과 私(개인)의 관계가 종속 관계라는 것인데 현대의 일본 사회에서 과연 이러한 논리가 가능한 것인가.

## ▌公民의 권리와 의무

사전에 나타난 바와 같이 참정권을 갖는다는 것은 권리와 의무를 동시에 지님을 의미한다. 그러나 '公'과 '民'이 종속 관계에 있을 때 과연 '民'은 권리와 의무를 동시에 지닐 수 있는가. 즉 '公'으로서의 국가는 '民'의 권리보다는 의무를 요구하게 되는 것이다. 일본 사전에도 公民을 "국정에 참여하는 지위에 있는 국민. 시민(~의 의무)"라고 되어있다. 여기에서 알 수 있듯이 '公民의 권리'에 대한 표기는 어디에

---

6  일본사전 『広辞苑』을 보면 公民은, ①私有を許されない国家(天皇)の人民. 律令制における良民. 公地公民. ②(citizen)国政に参与する地位における国民. 市民. 「—の義務」라고 되어있다.

도 없다. 단지 '公民의 의무'라고만 표기되어 있다. 이렇게 권리가 중시되지 않은 상태에서의 의무는 제3장 제3절에 전술한 와타나베 오사무의 주장대로 질서에의 복종 의식 및 봉사의 의무화를 말하는 것이다. 따라서 '公'과 '民'이 종속 관계에 있고 '民'보다 '公'이 우선시 될 때는 자연히 '公'에 대해 '民'이 봉공을 해야 하는 상황이 된다. 물론 사전적 표현이 사실적 현상과 반드시 일치한다는 것은 아니다. 따라서 일본의 사전에 公民을 봉공자로서 위치하도록 표기해놓았다 해도 일본 국민이 모두 봉공자라는 말은 아니다. 그러나 사전에 표기한 내용은 현상적인 측면 보다는 인식적인 측면에서 사실적이라고 할 수 있다. 그러므로 용어가 사전에 어떻게 표기되어 있는가는 매우 중요한 것으로 간과하기 어렵다.

더구나 문제는 일본에서의 公民이라는 용어가 봉공을 의미하게 된 역사적 배경을 가지고 있다는 점이며 여기에 주목해야할 필요가 있다. 적어도 일본제국 식민지 시대를 겪은 사람들은 감정적으로 公民이라는 말에 대해 상당한 반감을 가지고 있다. 일제강점기의 모든 조선인들은 황국신민(皇国臣民) 교육을 강제로 받았고 당시 사용한 것이 바로 公民이라는 용어였기 때문이다. 따라서 일본의 경우 전전의 황민·신민을 公民이라고 했던 역사적 사실로 인해 公民이라는 용어 자체가 자율성에 한계를 지니고 있다고 할 수 있다.

그럼에도 불구하고 일본에서는 문제시 할 수밖에 없는 公民이라는 용어를 수정 및 변경하지 않고 그대로 사용하고 있다. 더구나 사전적 의미로 볼 때 국가(천황)의 인민으로 인식하고 권리보다 의무를 강조한다. 그렇기 때문에 公民교육에서 말하는 公共性의 의미에 대해서도 좀 더 명확히 알아볼 필요가 있는 것이다.

## 2. 公民교육과 公共性

### ▌公民교육

주지하는바와 같이 교육은 기성세대가 가장 가치 있다고 판단한 내용들을 차세대에게 전수하는 수단이다. 그렇기 때문에 교육을 통해 일본의 미래가 설계된다는 것은 말할 것도 없다. 公共性에 관한 학교교육 또한 당연히 일본인의 公共性 인식과 실천에 큰 영향을 미친다. 역으로 학교에서 배운 公共性은 사회인이 되었을 때 公共性을 실천하는 기반이 된다. 따라서 公民교육에 대한 구상과 연구는 결과적으로 바람직한 公共性을 지닌 사회를 만들기 위해서라고 할 수 있다.

그런데, 앞서 언급한바와 같이 公民이 지닌 의미와, 역사적으로 볼 때의 公民의 위상(位相)은 公民교육 구상에 있어서도 자유롭지 못한 경향이 있다. 이로 인해 公民교육을 구상하며 그 문제점을 지속적으로 지적해온 여러 견해들이 나타난다. 이에 대해 살펴보면 우선 權五鉉(2001)의 「일본중학교 사회과 학습지도요령과 후소샤(扶桑社)판 공민교과서의 분석: 국가주의적 교육의 강화를 중심으로」를 들 수 있다. 또 손용택(2004)의 「일본 교과서에서 본 우경화 문제」, 이규수

(2006)의 「일본의 공민교과서 왜곡 구도와 우경화 : '종축(縱軸)의 철학'론 비판」등이 있다. 제목에서 알 수 있는 바와 같이 주로 국가주의적 성향을 지닌 公民교육에 대한 비판적 측면에서의 견해를 잘 보여주고 있다.

여러 견해 가운데 하나를 구체적으로 설명하자면 남경희(2012)의 「일본의 학교 교육에서 시민교육의 추진 동향」을 들 수 있다. 그 내용을 간단하게 정리해 보면, 1990년대 이후 영국을 비롯한 세계 각국은 시민교육을 확산하고 있고, 일본 역시 이러한 흐름을 따라가고 있다고 보고 있다. 일본의 학교 교육에서의 시민교육 유형은 크게 '사회과 형'과 '비 사회과 형'으로 구분된다고 한다. '사회과 형'에서는 가치 판단력과 의사결정력 및 실천적 행동력을 중심으로 하여 시민적 자질의 확장이나 사회과 내용의 변혁이 나타나 있다고 한다. 그리고 '비 사회과 형'에서는 사회과와는 별개로 자기 개발과 타자 이해 및 공동체에의 참가를 중심으로 시도되고 있다고 한다. 시민교육의 전개 방식을 둘러싼 인식은 차이가 크지만 해체 위기 상황의 사회과가 '公民교육'이라는 국가주의적 경향이 강한 틀에서 시대 변화에 따른 역할을 제대로 해 내지 못하고 있다고 하며 公民교육에 대해 비판하고 있다.

이렇게 비판적인 입장에서 바람직한 公共性 형성에 대해 다양한 논의가 활발하게 이루어지고 있다고 해도 바람직한 公共性에 대한 정의가 없다는 것이 현실이다. 대부분의 기존 연구는 바람직한 公共性이라는 객관적 기준이 무엇인지, 나아가 바람직한 公共性 형성을 위해 어떠한 인식을 갖도록 하며 어떻게 실천해야 하는 것인지 그 방법에 대한 것은 다루고 있지 않다. 개념의 정의가 부재한 상태에서 각 계각층에서의 논의는 탁상공론에 지나지 않는다. 다시 말해 公共性에 대한 바람직한 교육 구상 내지는 바람직한 公共性 형성을 기대하기 어려운 것이다.

## ▌ 公民교육이 요구하는 公共性

이러한 가운데 公共철학 공동연구회 소장 김태창(2011)은 일본의 公共에 관해 적지 않은 문제점을 지적하며 '公共(하는)철학'을 강조하고 있다. 그런데 여기에서 말하는 公共이라는 용어는 명사가 아니라 동사로 이해해야 한다고 주장한다. 公共이 명사로 쓰였을 때 이것은 '公共性의 철학'이 해결하려고 하는 주제이며, 주로 이념성, 규범성, 기준성의 각도에서 고찰하는 것을 의미한다고 말한다. 또 公共을 동사로 이해하면 주로 실천 활동의 관점에서 고찰하는 것을 의미한다고 하며 '公共(하는)철학'이야말로 현대를 살아가는 인류에게 요구되고 있음을 설명하고 있다.

한편 야규 마코토(柳生真)[7]는 김태창의 지론에 대해 공박하며 公共철학은 公과 私의 2원론이 아니라고 한다. 公共철학은 '公' '私' '公共'의 3차원적 사유를 기본으로 하여 '公'과 '私'와 그 사이를 매개하는 '公共'이라는 3차원의 상관연동(相関連動)을 생각하는 철학이라고 하

---

7  야규 마코토(柳生真, 2011), 「'公共哲学'의 올바른 이해를 위한 試論」, 『윤리교육연구』 제25권, 한국윤리교육학회.

고 이것이 公共철학의 핵심이라고 강조한다.

위의 두 견해는 公共이라는 용어를 구체화 내지는 형태화 하려는 노력을 보이고 있다는 점에서 가치가 있다고 생각한다. 즉 김태창이 말하는 동사로서의 실천하는 '公共'과 야규 마코토가 말하는 다원론적인 '公共'이 바로 그것이다.

그밖에도 민현정[8]등의 연구가 진행되며 公共性이 논의되고 있다. 이렇게 일본에서의 公共性에 관한 관심과 담론은 그 범위가 방대하고 양적 질적 연구가 상당히 진전되었다고도 볼 수 있다. 단, 公民교육을 통해 公共性 형성을 추구할 목적이라면 실천 가능한 내용으로 구성해야 할 필요가 있다.

다음은 公民科의 학습지도요령이 어떤 내용으로 구성되어있는지 알아보는 것을 통해 公民 교과서에 나타난 公共性의 의미가 어떠한 것인지에 대해 알아보자.

---

8　민현정(2009), 「일본 시민사회 성장과 공공성 재편 논의」, 『민주주의와 인권』 제9권 제2호, 전남대학교 5.18연구소. 閔賢貞(2006), 「일본에 있어서의 공공성 재편 논의와 지역협동에 관한 연구」, 『지방정부연구』 제10권 제3호, 한국지방정부학회.

## 3. 公民교과서에 나타난 公共性

### ▌ 公民科

公民科의 목표를 보면, "넓은 시야에서, 현대 사회에 대해 주체적으로 고찰하고, 이해를 심화시키는 동시에, 인간으로서의 바람직한 모습과 살아가는 방법에 대한 자각을 기르고, 민주적이고 평화적인 국가·사회의 유능한 형성자로서 필요한 公民으로서의 자질을 기른다."[9] 라고 되어있다.

여기에서 주목해야할 부분은 '국가·사회의 유능한 형성자로서 필요한 公民으로서의 자질'을 길러야 한다고 제시한 점이다. 과연 국가·사회의 유능한 형성자가 되기 위한 公民으로서의 자질은 어떠한 것인가. 이에 대해 각 과목에 나타난 내용을 자세히 검토해보기로 하자.

公民科의 과목 편성은 현대사회, 윤리, 정치·경제라는 3과목으로 나뉘어 각각 2단위씩 구성되어있다. 각각에 해당하는 교육내용 가운데 公民으로서의 자질 또는 바람직한 公共性 형성과 연관되어 있는 부분을 중심으로 그 내용을 살펴보자.

---

9  원문은 다음과 같다. 広い視野に立って、現代の社会について主体的に考察させ、理解を深めさせるとともに、人間としての在り方生き方についての自覚を育て、民主的、平和的な国家·社会の有為な形成者として必要な公民としての資質を養う。文部科学省(2011), 『高等校学習指導要領解説 公民編』。

## ▎현대사회

우선 현대사회 과목의 교육목표는 '주체적인 생각과 공정한 판단력'이 명시되어 있다. 여기에서 '주체적 생각' 이라는 것은 무엇을 말하는 것인가. 그 내용을 보면, "학생들의 현대 사회에 대한 관심을 높이고, 의욕을 가지고 고찰하는 학습, 또 학생들이 주체적으로 과제를 마련하고 추구하는 학습을 중시하는 것이 요구되고 있기 때문이다."[10]라고 되어있다. 말하자면 주체적 생각의 필요성을 명시하고 있다.

또 '공정한 판단력'을 명시하고 있는데 여기에서 말하는 공정한 판단력은 무엇을 가리키는 말인가. 그 내용을 보면, "사람이 무슨 일인가를 판단함에 있어 자신의 주관적인 판단만으로는 다른 사람에게 좀처럼 받아들여지지 않을 뿐만 아니라, 세상에는 다양한 입장과 생각이 있으며, 각기 근거를 가지고 존재 또는 주장하고 있다는 것을 이해하고, 그것을 근거로 넓은 시야에서 판단하는 것이야말로 스스로의 판단이 다른 사람에게 받아들여지는, 이른바 판단에 객관성을 갖도록 그 중요성을 나타낸 것이라고 할 수 있다."[11]고 되어있다. 현대 사회를

---

10  원문은 다음과 같다. 「主体的に考え」と示しているのは、生徒が現代の社会に対する関心を高め、意欲をもって考察する学習、また生徒が主体的に課題を設けて追求する学習を重視することが求められているからである。文部科学省(2011),『高等校学習指導要領解説　公民編』。

11  원문은 다음과 같다. 「公正に判断する」とあるのは、人が何事かを判断するに当たっては、自分の主観的な判断に依るだけでは他の人になかなか受け入れられないのであり、世の中には様々な立場や考え方があり、それぞれ根拠をもって存在し主張していることを理解し、それを踏まえ広い視野に立って判断することによってこそ自らの判断が他の人に受け入れられること、いわば判断に客観性をもたせることの大切

살아가는데 있어 기본적으로 갖추어야 할 태도 등을 설명하고 있음을
알 수 있다.

## ▮ 윤리

다음으로 윤리과목의 교육목표를 알아보자. 학생 자신의 인생관·
세계관 내지 가치관의 형성을 도모한다는 관점에서 다음과 같은 두
가지 주요 항목으로 나누어 제시하고 있다.

첫째, 청년기 과제와 인간으로서의 바람직한 모습 및 살아가는 방
법을 명시하고 있다. 그 내용을 보면, "이 항목 전반에 걸쳐 자기 삶
의 과제와의 연관성을 중시하면서 청년기의 의의와 과제를 이해시켜
스스로의 자기 형성의 과제를 명확히 갖게 하고, 선현들의 기본적인
생각을 단서로 하여 인생철학, 종교, 예술이 가지는 의의 등, 혹은 일
본인의 인간관, 자연관, 종교관 등의 특성에 대한 이해를 통해 인간
의 존재와 가치에 대한 사색을 심화시키는 것을 주된 목적으로 하고
있다. 특히 여기에서는 선현의 사상을 단순히 지식으로 배우는 학습
에서, 자신의 과제와 연결해 인간으로서의 바람직한 모습과 살아가는
방법에 대해 주체적으로 배우는 학습으로의 전환을 도모하는 것을 중
시하고 있다."[12]고 되어있다.

---

さを示したものといえよう。文部科学省(2011), 『高等校学習指導要領解説 公民編』。
12  원문은 다음과 같다. この項目全体を通じて自己の生きる課題とかかわりを重視し
ながら、青年期のもつ意義と課題を理解させ自らの自己形成の課題を明確にもたせ

둘째, 현대와 윤리에 대해 명시하고 있다. 내용을 보면, "현대의 윤리적 문제에 대해 자기의 과제와 연결하여 추구하고, 현대를 살아가는 인간으로서의 바람직한 모습과 살아가는 방법에 대한 자각을 심화시키는 것을 주된 목적으로 하고 있다. 특히 여기에서는 현대의 생활상의 윤리적 문제에 대해 자신의 삶의 방법과 연관된 학습 방법을 통해 사색을 심화시켜 살아가는 주체로서 풍부한 자기 형성을 도모할 수 있도록 하는 것을 중시하고 있다."[13]라고 되어있다.

## ▌ 정치·경제

마지막으로 정치·경제의 교육목표에 대해 알아보자. 여기에서는 '현대 일본과 국제사회의 정치·경제를 둘러싼 제 문제 각각에서 과제를 선택하고 추구하는 것'으로, 교육 목표를 달성할 수 있는 방법을 제시하고 있다. '현대일본과 정치·경제'에 관한 것이 9개 항목이고,

---

るとともに、先哲の基本的な考え方を手掛かりとして、人生における哲学、宗教、芸術のもつ意義など、あるいは日本人にみられる人間観、自然観、宗教観などの特質についての理解を通して人間の存在や価値について思索を深めさせることを主なねらいとしている。特に、ここでは、先哲の思想を単に知識として学ぶ学習から、自らの課題とつなげて人間としての在り方生き方について主体的に学ぶ学習への転換を図ることを重視している。文部科学省(2011)、『高等学校学習指導要領解説 公民編』。

13  원문은 다음과 같다. 現代の倫理的課題について自己の課題とつなげて追究し、現代に生きる人間としての在り方生き方について自覚を深めさせることを主なねらいとしている。特に、ここでは、現代を生きる上での倫理的課題について、自らの生き方につながるような学び方を通して思索を深め生きる主体としての豊かな自己形成を図ることができるようにすることを重視している。文部科学省(2011)、『高等学校学習指導要領解説 公民編』。

'국제사회와 정치·경제'에 관한 것이 6개 항목이다.

우선 '현대일본과 정치·경제'에 관해 구체적으로 명시되어 있는 항목의 내용을 보면, ①큰 정부와 작은 정부, ②저출산 고령화 사회와 사회보장, ③주민생활과 지방자치, ④정보화의 진전과 시민생활, ⑤노사관계와 노동시장, ⑥산업구조의 변화와 중소기업, ⑦소비자 문제와 소비자 보호, ⑧공해방지 및 환경보전, ⑨농업과 식량문제[14]로 구성되어 있다.

다음으로 '국제사회와 정치·경제'에 관해 구체적으로 명시되어 있는 항목의 내용을 보면, ①지구 환경문제, ②핵무기와 군축, ③국제경제 격차의 시정 및 국제 협력, ④경제마찰과 외교, ⑤인종·민족문제, ⑥국제사회에서의 일본 입장과 역할[15]로 세분화 하여 교육 목표를 제시하고 있다.

## ▌公民적 자질

위의 교육내용을 정리해 보자. 주된 내용은 인간으로서의 바람직한 모습과 살아가는 방법에 대한 자각을 위해 公民으로서의 자질을

---

**14** 원문은 다음과 같다. 大きな政府と小さな政府、少子高齢化社会と社会保障、住民生活と地方自治、情報化の進展と市民生活、労使関係と労働市場、産業構造の変化と中小企業、消費者問題と消費者保護、公害防止と環境保全、農業と食料問題。文部科学省(2011), 『高等学校学習指導要領解説 公民編』。

**15** 원문은 다음과 같다. 地球環境問題、核兵器と軍縮、国際経済格差の是正と国際協力、経済摩擦と外交、人種・民族問題、国際社会における日本の立場と役割。文部科学省(2011), 『高等学校学習指導要領解説 公民編』。

향상 시켜야 한다는 것으로 구성되어 있다. 그런데 公民으로서의 자질은 국가·사회의 유능한 형성자가 필요하기 때문에 갖추어야하는 것이라고 명시되어 있다.

또 공정한 판단력에 대한 설명을 살펴보면 객관성 여부에 중심을 두고 설명하고 있다. 바꾸어 말하면 스스로의 판단이 다른 사람에게 받아들여지는지의 여부에 따라 행동할 것을 강조하고 있음을 알 수 있다. 이는 공정한 판단력을 스스로 만들어가는 능력을 함양하여 주도적으로 公共性 형성을 추구하도록 유도하기 보다는 사회가 기정한 룰에 따라가야 한다는 것을 강조하고 있는 것이다. 그렇다면 객관성이라는 용어는 일본사회가 요구하는 강압적 룰을 대신 표현하고 있는 것에 지나지 않는 것이 아닌가.

특히 주목되는 점은 학생들 삶의 연관성을 일본을 침략국가로 이끌어 온 선현들에게서 찾도록 유도한 부분이다. 선현들의 기본적인 생각을 단서로 선현의 사상을 단순히 지식으로 배우는 학습이 아닌 자신의 삶과 연관시켜야 한다고 명시하고 있다. 이는 주체적 또는 주관적이라고 말하고는 있으나 사회와 국가를 우선시했던 선현의 자세를 인간의 바람직한 삶이라고 설명하는 것이라고 할 수 있다.

위와 같은 내용으로 볼 때 여기에서 말하는 '公民'으로서의 자세는 앞서 언급한 시민사회적 측면에서의 '公'의 의미를 지닌 公民이라고 보기는 어렵다. 오히려 국가권력적 측면에서의 '公' 성향을 지니고 있는 公民이라고 할 수 있다. 이러한 점에서 볼 때 公民교육에서의 公共性은 국가권력적 '公'을 지향하는 公共性의 성격을 보인다.

일본이 어떠한 公共性 형성을 추구해 가느냐라는 문제는 '共生'의 관점에서 볼 때 일본만의 문제로 차치할 수 없는 국제사회를 살아가는 모두의 문제이다. 이러한 상황에서 일본이 국가권력적 '公'을 강조하며 국가권력적 '公'을 지향하는 公民으로 교육하는 것은 범세계적 共生의 시대정신에 역행하는 것이라고 할 수 있다.

## ▮ 公共性의 향방

주지하는 바와 같이 公共에 관해 다양한 측면에서 논의하고 있는 궁극적인 이유와 그 필요성은 21세기 인류가 모두 함께 행복하기 위한 방법을 찾기 위해서다. 따라서 자타 공인의 경제선진국이고 문화선진국인 일본이 그 방법을 찾아내는데 앞장서야 하는 것은 두말할 필요도 없다. 그러나 현실을 보면 일본은 公共性 형성에 관한 담론만을 진전시키고 있는 것으로 그 역할을 다하고 있다는 생각을 하는 것은 아닌가. 더구나 바람직한 公共性 형성을 위한 실천적인 제안을 내놓아야할 시점에서 오히려 이에 역행하는 내용의 교육을 하고 있다면 이는 큰 문제가 아닐 수 없다.

公共性 형성에 관한 담론만이 무성한 이유는 논의의 내용이 애매하기 때문이라고 생각한다. 예를 들어 이마무라 쓰나오[16]에 의하면 일본의 경우에는 전쟁 중 '公'이라는 이름하에 수많은 생명이 희생되었

---

16  今村都南雄(2012),「公共性の再定義とガバナンス論-日本における状況を中心に」,『공공사회연구』제2권 1호, 통권3호, 한국공공사회학회.

고 이에 대한 반동으로 일어난 것이 과도한 개인주의라고 말하고 있다. 즉 역으로 '私'가 모든 가치기준이 되어 '公'을 철저하게 부정해야 한다는 생각이 사회 풍조의 바탕에 있다는 것이다. 이것이 가져온 폐해에 대한 인식이 정착됨에 따라서 '公'을 망각한 '私'의 횡포가 오늘날 일본 사회의 모든 문제의 근본 원인이라는 상황 진단을 하게 되었고 이는 많은 이들의 공감을 얻고 있다고 말한다. 그런데 문제는 여기에서 말하는 '公'은 어떠한 '公'이고, 또 '私'는 어떠한 '私'인가. 논의의 핵심에서 벗어나지 않으려면 적어도 '公'과 '私'의 의미를 분명히 해야 할 것이다. 나아가 국가권력적 '公' 또는 봉공을 강요하는 '公'과는 구분하여 논의되어야 할 것이다.

여기에서는 公共性에 관한 의미를 학교의 公民교육을 통해 찾아보았다. 그 과정에서 기존의 公共性에 대한 인식이 어떠한지를 발견할 수 있었으며 이에 대한 문제점 또한 알아낼 수 있었다.

학교교육의 내용으로 설정되어있는 公共性의 의미는 현대를 살아가는 일본인들이 지닌 公共性에 관한 인식과 직결되어있다고 할 수 있다. 그리고 기존의 公共性에 대한 인식이 어떠한 것이며 왜 그러한 인식을 갖게 되었는지를 파악하고 있을 때 비로소 향후 지향해야할 公共性의 개념이 명확해지는 것이다. 나아가 公共性의 명확한 개념을 인식하는 것이야 말로 公共을 실천할 수 있도록 근거와 방법을 제공하는 것이라고 할 수 있다.

제2절

# 武道교육

주지하는바와 같이 일본의 문부과학성은 2008년 3월 중학교 학습 지도요령 개정을 고시했다. 그리고 신학습지도요령에 중학교 무도교 육을 필수화하기로 했다. 무도교육은 준비와 시범교육 기간을 거쳤고 2012년부터는 모든 국공립 중학교에서 전면적으로 실시했다. 무도교 육을 통해 일본인으로서의 자부심을 갖게 함은 물론 일본의 전통과 문화를 사랑하는 마음을 배양하겠다고 했다. 또 체력 저하를 보강시 킬 뿐만 아니라 인성교육의 수단으로 활용하겠다는 것이다.

그런데 과연 이러한 목표가 무도교육을 통해 달성될 수 있는가. 그리고 전통과 문화를 사랑하는 마음, 체력보강, 인성교육을 꼭 무도 교육을 통해서 해야만 하는가. 이러한 의문으로 2018년 현재에도 시 행하고 있는 무도교육에 대해 알아보았다.

## 1. 武道와 武道교육

### ▌왜 무도교육에 주목해야하는가

무도교육의 전면적 실시를 위해 2009년부터 지도자 양성이나 교재개발 및 시설정비 등에 약 천억 원이 넘는 규모의 국고가 지원되었다. 나머지 50%는 해당 지방예산으로 책정되었다. 이렇게 상당한 규모의 예산만을 보더라도 일본 정부에서 얼마나 무도교육의 중요성을 강하게 인식하고 있는지 알 수 있다. 또 얼마나 무도교육 필수화 정책 실현에 충실을 기했는지도 알 수 있다.

그러나 이러한 일본의 무도교육 정책에 대해 일본 내의 일부 학계에서조차 우려의 목소리가 작지 않았다는 것에 주목할 필요가 있다. 그도 그럴 것이 역사적으로 볼 때 일본은 무사도 정신을 국민 도덕으로 자리매김하여 전쟁 범죄자를 양성하는데 큰 역할을 수행하도록 했던 과거사가 있다. 때문에 또다시 무도교육을 통해 일본인에게 과거와 같은 국가주의적·제국주의적 정신을 부활시키려는 의도가 아니냐는 의견이 보였다.

한편, 무사도의 재흥을 꿈꾸며 무도교육의 필요성을 주장한 대표적 인물가운데 후쿠다 카즈야(福田和也)[17]가 있다. 그는 게이오(慶応)대학 교수이자 문예평론가로 잘 알려져 있다. 그의 논리만을 보더라도 죽

---

17  福田和也(2002), 『日本及び日本人の復活』, 三笠書房.

음을 미화하거나 국가를 위해 희생하는 것이 무사도의 미덕이다.

그런데 이러한 무사도의 미덕을 바탕으로 무도교육이 이루어진다고 생각해보자. 과연 이러한 교육이 체력 단련이나 인성 교육에 부합하는 교육이 될 수 있을까. 즉 무사도의 미덕과 문부과학성이 제시한 교육목표와의 연계성을 어느 부분에서 찾을 수 있는지에 대해 의문을 갖지 않을 수 없다.

이렇게 일본의 무도교육에 대한 문제제기가 분분함에도 불구하고 무도를 일종의 체육이나 스포츠로 인식하고 있는 경향이 있다. 최성곤·박남환은 일본의 학교에서 무도교육이 어떻게 시행되어 왔는지에 대한 역사적 변천에 대해 연구한 바 있다. 그들도 "사회의 급속한 변화에 따라 스포츠와 무도를 명확하게 구별하는 것은 어렵다고 할 수 있다"[18]고 말하고 있다.

따라서 여기에서는 일본의 중학교 무도교육 필수과목화 정책의 실상에 대해 검토해 보고자 한다. 학습지도요령에 나타나 있는 교육 내용과 학교 현장 조사결과에 대한 자료를 토대로 알아보겠다. 이는 일본에서 시행하고 있는 무도교육 내용이 과연 문부과학성에서 제시한 교육 목표에 부합한 것인지 알아보기 위해서이다.

---

18  崔成坤·朴南煥(2003), 「日本学校武道教育の変遷に関する研究」, 『日本語文学』, 日本語文学会, p.449.

## ▌무도의 의미

무도를 어떻게 가르치고 있는지 무도교육의 내용을 파악하기 위해서는 우선 무도의 개념에 대한 검토가 선행되어야 할 것이다.

무도에 대한 사전적 설명을 살펴보면 다음과 같다.[19] 무도는 넓은 의미로는 고대 무도를 포함하지만 좁은 의미로는 메이지(明治)유신 이후에 고대 무도에서 발전한 것으로서 (1)사람을 살상·제압하는 기술이며, 그 기술을 연마하는 수련을 통해서 인격의 완성을 목표로 하고, (2)그러한 것에 '도'의 이념이 더해진 것이라고 한다. 고대 무도와 명확하게 구별할 경우에는 현대 무도라고 한다. '도'의 추구라는 점에 대해서는 미련을 나타내는 잔심(殘心), 잔신(殘身), 잔심(殘芯)등의 공통적인 마음가짐이나 소행으로, 다도(茶道)나 일본무용 및 예도(禮道)와도 연관을 지닌다. 또 경기라는 점에서 스포츠나 체육과의 공통점도 많다.

무도의 이념은 시대 또는 조직이나 개인에 따라 다양하며 정 반대의 생각조차 존재하고 있다. 주요 무도 10개 단체가 가맹하여 연맹을 맺고 있는 일본무도협의회[20]에 따르면, "무도는, 무사도의 전통에

---

19  https://ja.wikipedia.org/wiki.

20  日本武道協議会는 일본의 무도를 총괄하는 단체로서 1977년에 발족하였고, 가맹 단체는 公益財団法人日本武道館, 公益財団法人全日本柔道連盟, 一般財団法人全日本剣道連盟, 公益財団法人全日本弓道連盟, 公益財団法人日本相撲連盟, 公益財団法人全日本空手道連盟, 公益財団法人合気会, 一般財団法人少林寺拳法連盟, 公益財団法人全日本なぎなた連盟, 公益社団法人全日本銃剣道連盟이다(https://ja.wikipedia.org/wiki).

서 유래하여 우리나라에서 체계화 된, 무기(武技)의 수련에 의한 심기일여(心技一如)의 운동문화로 유도, 검도, 궁도, 스모, 공수도, 합기도, 소림사권법, 치도(薙刀), 총검도를 수련하여 심기체(心技体)를 일체(一体)로 단련하고 인격을 연마하고 도덕심을 높이고 예절을 존중하는 태도를 키우며 국가 사회의 평화와 번영에 기여하는 인간형성의 길(道)이다"라고 정의하고 있다.

무도라는 말은 에도(江戶)시대에는 무사도를 말하는 것이었으나 에도시대 후기쯤부터 무술도 무도라고 하게 되었다.

메이지(明治)기에 접어들면서 메이지 유신에 의해 무사 신분이 폐지되고 무술도 없어졌다. 그래서 무술 흥행 등을 실시해서 어떻게든 명맥을 유지해가는 실정이었다. 이러한 가운데 가노 지고로(嘉納治五郎)[21]는 유술을 독자적으로 이론화·합리화 한 강도관유도(講道館柔道)를 열어 번성시켰다. 교육자였던 가노의 사상은 후에 무도가(武道家)에 큰 영향을 주었다.

메이지 말기부터 다이쇼(大正)기에 걸쳐 무술의 주가 되는 내용은 지금까지의 전투 기술이 아니었다. 심신단련과 교육적 효과를 중요시하는 풍조를 보이게 되었다. 무술에서 무도로 명칭을 변경시킨 주창자는 니시쿠보 히로미치(西久保弘道)[22]이다. 니시쿠보는 다이쇼 시대

---

21  가노 지고로(嘉納治五郎, 1860~1938)는 유도 및 체육의 아버지라고 한다(朝日日本歷史人物事典).
22  니시쿠보 히로미치(西久保弘道, 1863~1930)는 정치가 겸 무도가다(日本人名大辭典).

에 대일본무덕회(大日本武徳会)의 부회장으로 취임하면서 명칭을 '무술전문학교'에서 '무도전문학교'로 변경했다.

변경의 배경에 대해서는 후쿠시마대학 교수 나카무라 타미오(中村民雄)와 쓰쿠바대학 명예교수 와타나베 이치로(渡辺一郎) 등의 연구[23]가 잘 설명해주고 있다. 그들은 무술흥행 등의 시행으로 인해 타락한 무술과 구별하고 교육적으로도 유용하도록 하며 진지하게 수행한다는 의미로 '무도'라는 명칭을 사용했다고 한다. 당시는 고대 무도와 현대 무도의 차이를 거의 의식하지 않았으나 현재는 많이 구별한다.

이와 같이 무도는 교육의 영역과 불가분의 관계를 유지하며 그 궤를 같이해왔다.

## ▮ 전시(戦時) 무도교육의 필수화

무도교육의 역사를 살펴보면 왜 중학교 무도교육 필수화 정책에 주목해야 하는지 알 수 있을 것이다. 그러면 지금까지 학교교육 및 학습지도요령의 보건체육에 무도교육을 어떻게 반영해 왔는지 그 역사적 변천을 살펴보자.

검도는 메이지기에 접어들면서 무사도라는 지지 기반을 잃고 대신 교육계에서의 길을 모색하기 시작했다. 따라서 목검체조법 등을 고안하여 보급해 갔다. 중학교의 검도·유도는 임의 교재(선택)로서

---

23  中村民雄, 渡辺一郎, 中林信二(2012), 「文明開化と武道 −撃剣興行を中心として−」, 『武道学研究』Vol.8(1975-1976), No.2, p.75.

1911년에 등장했다. 1931년에는 '우리나라 고유의 무도로 실질적으로 강건해지는 국민정신을 함양하고 심신을 단련하는데 적절한'것(중학교 시행규칙)이라고 하며 필수화 했다.

무도는 교육법규상의 용어로서는 1939년에 처음으로 사용했다. 5월 29일자 문부성령 제 45호로, 소학교 시행규칙 제10조 제3항 첫 번째에 "심상소학교 제 5학년 이상급 고등 소학교의 남학생에 대해서는 수업시간 외에 앞의 2항의 수업 취급에 준하는 무도를 가르쳐야 한다"가 추가 되었다. 이에 따라 이전까지 유도(柔術), 검도(撃劍)라고 부르던 것을 법규상 처음으로 '무도'라고 통칭하게 되었다. 아시아·태평양 전쟁이 시작된 1941년에는 초등학교 5, 6학년에서 또 1943년에는 고등여학교에서도 필수화 했다.

1941년의 '초등학교 령'에서는 '체련과 무도(体錬科武道)'로서 자리 잡았고 더구나 '대동아 전쟁 완수에 관해서의 초등학교 각 교과목상 유의해야할 점'으로서 '체련과 무도(体錬科武道)'를 한층 더 중시하여 지도하도록 했다.

## ▐ 무도=스포츠

전후에는 교련이나 무도 등의 군국주의·국가주의적 교재로 학생들을 가르칠 수 없었다. 그리고 호령(号令)에 의해 획일적으로 일제히 지도하는 법 등을 금지했다. 1946년 문부성의 '신교육지침' 제3책 제5장 '체육의 개선'에서 체육은 어떤 식으로 정해야 하는가에 대한 '교련적인 취급 방법 금지'를 보면, "다음으로 교재의 취급 방법에 관해서는, 군사 교련적인 방법을 중지해야 한다. 지금까지는 교련 이외의 교재를 취급하는 것도 교련과의 연계를 중요시하여 형식적인 훈련의 측면을 강조해 왔으나 이를 모두 중지하고 체육 운동 본래의 특색을 살리도록 노력해야 한다"라고 통보 했다. 여기에서 주목해야 할 점은 '체련과 무도(体錬科武道)'가 국가 도덕 및 복종의 정신 등을 주입하는 방법이 될 수 없도록 했다는 점이다.

그 후 유도는 1950년에 검도는 1953년에 부활했다. 이 시기는 운동 교재라고 하여 중학교 남학생에게 스모를 포함한 14 종목의 중심 교재와 유도·검도를 포함한 15 종목의 선택 교재로 세분화 했다. 1953년의 소학교 학습지도요령(시안)은 '생활에서 출발하여 생활로 돌아가는' 것이 중요하다고 하여 '생활체육론'이 등장했다. 즉 교사 중심의 일괄적 지도를 대신하여 학생 중심의 그룹 문제해결 형 학습으로 스포츠·레크리에이션 활동이 중심이 되었다.

1958년부터는 '격기(格技)'라는 새로운 명칭으로 재등장 했다. 종전 직후에 금지되었던 무도는 1950년대에 점차적으로 스포츠(외국의 격투기, 레슬링 등)로 부활 했는데 'combative sports'의 역어인 '격기'라는 명칭이 붙여졌다. 격기는 1958년도 중학교 학습지도요령(고시)에 표기되었다. 보건 체육에 운동 영역의 개념이 도입되었고 7영역(맨손체조, 기계운동, 육상경기, 격기, 구기, 수영, 댄스)으로 분류 되었다. 그 때 중학교 학생은 격기에 해당하는 유도, 검도, 스모 중에서 한 종목을 선택하여 이수하도록 결정했다.

각 운동 영역에 대해서는 각각 기술, 태도, 건강·안전에 대한 세세한 내용이 열거되어 있다. 지도 방법은 '그룹학습'이 학생 중심의 문제해결 학습이라는 중요한 핵심이 결여된 상태에서 획일적 지도를 하거나, 개별 지도와 함께 기능 및 태도를 육성하는 것이었다.

## ▌ 무도=도덕

운동기능의 학습과는 내용적 관계를 갖지 못한 채 '태도주의'가 대두한 것이 1958년의 중학교 학습지도요령(고시)의 특징이다. '약속이나 결정을 지킨다' 라든지 '책임을 다한다'는 것이 일방적으로 강조되는 등 민주적 성격과는 상반되는 태도의 육성을 목표로 했다.[24]

1960년대의 학습지도요령은 도쿄올림픽(1964)을 겨냥한 스포츠과학·체력과학의 발전과 연관시켜 구성했고 '체력 만들기'가 주목적이었다. 체육 수업은 스포츠 및 체조, 무용 등의 '체력'을 만드는 장(場)이 되었다. 게다가 전전과 전시중의 교련을 그대로 부활시켜놓은 듯한 '집단행동 지침'이 발행(1965)되어 애국심 및 '예'를 강조하는 격기

---

24  1950년대 배경은, 2006년의 교육기본법 개정부터 학습지도요령 개정, 그리고 '도덕' 과목의 강조 노선으로 나타난 흐름과 매우 흡사하다고 할 수 있다. 50년대에는 히노마루(日の丸) 게양과 기미가요(君が代) 제창이 바람직하다는 문부성의 통달과 교육기본법을 재검토 하자는 의견이 나왔다. 또 아마노 테이유(天野貞祐) 문부대신은 교육칙어에 상응할만한 도덕 요강을 '국민실천요령'이라는 형식으로 내놓아야 한다고 발언하여 물의를 일으켰다. 뿐만 아니라 1951년 국회에서 '천황은 국가의 도덕적 중심이다'라고 답변하여 여론에게 격렬한 비판을 받는 등 전반적으로 수신 교육의 부활 기운이 나타났다.

무도가 될 움직임이 강해지는 등 체육을 통한 도덕 육성화가 한층 더 고조되었다.

1977년의 학습지도요령(소학교 80년 실시, 중학교 81년 실시)은 운동의 즐거움을 강조했다. 체육의 생활화와 평생에 걸친 운동을 목표로 함과 동시에 60년대 고도 성장기의 능력주의 교육 정책에 대한 반성으로 '개인에 맞는 교육'을 주창하는 '즐거운 체육'이 발표되었다.

그러나 1989년의 학습지도요령(소학교 92년 실시, 중학교 93년 실시)에서는 개개인에게 맞는 '운동의 특성을 접하는 즐거움'의 경험을 통해 '즐거운 체육'이 되도록 하자는 것을 전면에 내세우고는 있다. 그러면서도 한편으로는 '우리나라(일본) 고유문화로서의 특성'을 살린다는 이유로 지금까지의 '격기'가 '무도'로 개칭되었다. 스포츠가 단지 무도의 특성으로서의 '예절을 중시하는 것' 또는 '전통적인 행동의 지침'을 중시하는 것이 되었다. 기술의 합리적인 학습보다도 신단(神壇)에 절을 하면서 정좌를 하고 정신적인 훈화를 듣는 '학습'이 중시된 것이다. 이러한 '예절' 및 '행동 지침' 중시가 정신교육으로 국민을 통제하려했던 관리주의와 쉽게 결합된다는 것은 과거의 무도가 수행해온 역할을 보면 알 수 있다. 더구나 무도를 폐지하고 다시 스포츠로서 부활시켜온 과정의 역사를 돌이켜보면 명확하다고 할 수 있다.[25]

---

25  이 시기는 특별 활동에서 '히노마루·기미가요'를 강제했다. 사회과의 역사 학습에서는 천황에 대해 '이해와 경애의 마음을 깊게' 하라고 했다. 국어 및 영어 등에서는 '국제 사회를 살아가는 일본인으로서의 자각'을 강조하기도 했다. 이렇게 과학적 인식이 뒷받침되지 않는 특이한 도덕관을 강요하며 일방적으로 국가주의

1998년의 중학교 학습지도요령은 주 5일 수업 제도를 도입하면서 '여유'와 '살아가는 힘'을 전면에 내세웠다. 보건 체육의 '개선 기본방침'에는 "무도에 대해서는 우리나라 고유의 문화를 접할 수 있는 학습이 계속 이루어지도록 한다"라고 했다. 또 그 내용을 살펴보면 "예의 범절을 존중하는 연습과 시합이 되어야 한다"라고 되어있어 마치 89년도의 것을 답습하고 심화한 것처럼 보인다.

이상과 같이 무도교육은 시대적 흐름에 따라 각 시대의 정치적 상황을 반영하며 조금씩 모습을 달리해왔다. 다만 여기에서 주목해야 할 부분은 무도교육을 필수화 했던 시기로, 만주사변으로 대변되는 1931년과 아시아·태평양전쟁 시기인 1941년과 1943년이다. 이 시기는 일본이 군국주의 또는 제국주의를 실현하기 위해 이에 적합한 국민 양성을 도모하면서 이에 맞는 정신 교육이 필수적으로 필요했던 시기였다. 그리고 무도교육을 통해 정신교육으로서의 도덕교육을 달성하려는 지속적인 움직임을 보여 왔다. 이를 고려해볼 때 오늘날의 무도교육이 필수 교과목으로서 어떠한 의미를 지니고 있으며 어떠한 역할을 하는지 확인할 필요가 있다.

---

이데올로기를 주입했다. 사회과 에서는 역사 평가를 국가가 실시하고 42인의 인물을 지정하여 천황 및 군인을 미화했다. 또 소학교 저학년에서는 사회과와 이과를 폐지했다. 그리고 사회적 자연 인식이 누락된 '기능 및 생활습관'을 몸에 익히도록 '예절과 규칙'에 중점을 둔 생활과가 신설되었다.

## 2. 武道교육 필수과목화

### ▌ 왜 무도교육이 필요하다는 것인가

문부과학성에서 제시한 무도교육 필수화 정책의 배경은 크게 세 가지로 나누어 살펴볼 수 있다. 첫째는 2006년의 교육기본법 개정에 수반된 정책이다. 교육기본법 제2조 제5호에는 '전통과 문화를 존중하고 이를 길러온 나라와 향토를 사랑하고' 라든지, '국제화 시대를 살아가는 일본인으로서의 자질 향상'이라는 교육목표가 규정되었다. 이에 따라 무도를 통해 일본의 전통과 문화를 배워 나라와 향토를 사랑하는 마음을 배양하겠다는 것이다. 또 아이들에게 일본 무도를 통해 일본인으로서의 자부심을 갖도록 하겠다는 것이다.

둘째는 1985년경부터 아이들의 체력저하 경향이 지속되고 있음이 문제가 되었다. 아이들의 체력저하로 인해 미래 사회 전체의 활력을 잃게 되는 사태가 우려된다는 것이다. 따라서 교육 진흥 기본계획을 통해 학생의 체력·건강 등의 상황을 파악하고 이를 체육에 관한 지도 개선에 활용하자고 했다. 1985년 이전의 체력 수준으로 회복하는 것이 목표라고 하며 신체를 움직이는 무도 교육이 필요하다는 것이다.

셋째는 신체 운동뿐만 아니라 무예로서의 무도를 계승하여 예법을 실천해야 한다고 말한다. 이를 통해 타인을 생각하는 마음이나 감사의 마음 등 올바른 인격 형성 교육이 이루어질 수 있도록 해야 한다는 것이다. 즉 청소년 범죄가 사회의 병리적 문제로 지적되면서 인

성 교육의 영역이 확대되어야 한다는 인식과 함께 인성교육 수단의
하나로서 무도교육의 중요성이 강조된 것이다.

## ▍무사도 정신과 무도교육

그밖에 무도교육의 중요성에 대한 강조는 후쿠다 카즈야(福田和
也)의 논리가 잘 대변하고 있다. 그는 무차별 살인, 길거리 폭력, 소
년 혹은 정신장애자에 의한 범죄 등 현대 일본 사회의 문제점을 열거
하며 무사도의 필요성을 다음과 같이 정리하였다.[26]

첫째, 죽음을 받아들여야 한다고 말한다. 죽음을 받아들임으로써
자신의 한계를 알 수 있고, 자신을 지속시킬 수 있다는 것이다. 자신
의 이에(家)[27]가 얼마나 지속되고 있는지 그 흐름 속에서 자신의 존재
란 무엇인가를 알게 되고 과거에 대해 일정한 배려를 한다는 것이
다.[28] 이러한 과거에의 배려를 통해 '자기 목숨만이 최고' 혹은 '살아

---

26  福田和也(2002), 앞의 책. 후쿠다는 교육자로서 교육계에 큰 영향을 미치고 있을
    뿐만 아니라 문예평론가 및 언론인으로서 일본사회에 있어 그 인지도가 낮다고
    할 수 없는 인물이다. 이렇게 사회적 영향력을 지닌 사람이 무도의 필요성을 주장
    하며 마치 공격적 내지는 폭력적 태도가 학생들이 갖추어야할 태도인 것처럼 설
    명한 것에 대해 재고의 필요가 있다.
27  여기에서의 이에(家)는 한국의 가계(家系)와 같은 의미이며 자신이 속해있는 조
    직으로도 이해할 수 있다. 이에(家)제도는 호주(戶主)를 중심으로 그와 가까운
    친족관계가 있는 사람들을 한 집에 속하게 하여 호주에게 이에(家)의 통솔권한을
    부여한 제도다.
28  여기에서 '과거에 대한 배려'는 살아있는 자가 죽은 자를 생각하는 마음으로 이해
    할 수 있다.

있는 것'만이 최선이라는 사고를 없앨 수 있다는 것이다.

둘째, 메이지(明治)이후 무사들에게서 칼을 회수했던 가타나카리 (刀狩), 혹은 전후 헌법 제9조등은 일본에서 폭력을 부정한 것이다. 그렇기 때문에 오히려 그만큼 '폭력의 억제'를 불가능하게 했다. 이것이 오늘날 일본의 교내폭력, 가정 내 폭력, 길거리 폭력 등의 범죄로 이어지게 했다고 한다.

셋째, 금전적 이익만을 중시하여 깨끗하고 가난하고 아름답게 사는 법을 잊었다는 것이다. 따라서 무사도의 명예라고 하는 무형의 가치를 중시해야 한다고 말한다.

넷째, 상대를 찌르고 찔리는 긴장감과 책임감이 사라짐으로써 여러 가지 문제가 발생하고 있다고 한다. 예를 들어 외국과의 교섭을 보면 정치가와 외교관은 이전과 같은 긴장감이 없다고 지적한다. 심지어 자위대조차도 긴장감을 잃어 버렸다고 한다. 즉 목숨을 걸고서라도 무엇인가를 해내야한다는 사명감을 지닐 수 있도록 긴장감을 회복시켜야 한다는 것이다.

후쿠다의 주장은 비록 한 사람 또는 일부의 논리일 뿐 그 이상도 이하도 아니라고 생각할 수도 있다. 그러나 전술한바와 같이 무도는 "사람을 살상·제압하는 기술이며, 그 기술을 연마하는 수련을 통해서 인격의 완성을 목표로 하고, 그러한 것에 '도'의 이념이 더해진 것"이다. 후쿠다의 논리가 이를 바탕으로 하고 있다는 점을 볼 때 무도교육의 내용 또한 무도가 지니는 의미를 바탕으로 구성하고 실천하려는 것은 어쩌면 당연한 것이라고 할 수 있다.

그러면 무도교육의 내용을 어떻게 구성했고 어떻게 교육에 반영하고 있는지 알아보자.

## ❙ 무도교육 내용

학교에서 무도교육이 어떠한 내용으로 어떻게 시행되고 있는지에 대해 살펴보기 위해서는 우선 학습지도요령이 어떻게 구성되었는지에 대해 알아볼 필요가 있다.

문부과학성의 '중학교 학습지도요령 해설 보건체육 편'에 나타나있는 교육의 목표를 보면,[29] "마음과 몸을 일체화하여, 운동 및 건강·안전에 대한 이해와 운동의 합리적인 실천을 통해, 평생 운동을 즐기는 자질과 능력을 기르는 것과 동시에, 건강 유지 증진을 위한 실천력의 육성과 체력 향상을 도모하고, 밝고 풍요로운 생활을 영위하는 태도를 기른다"[30]라고 되어있다.

위의 '마음과 몸의 일체화'에서 '마음'이라는 것은 곧 정신을 의미한다. 신체의 건강도 중요하지만 정신의 건강을 위해 정신 교육이 필요하다는 것이다.

교육내용은 '체육분야'와 '보건분야'로 나뉘어 있는데, 체육 분야의

---

29  文部科学省(2008), 『中学校学習指導要領解説保健体育編』, 文部科学省, pp.157-158.
30  원문은 "心と体を一体としてとらえ、運動や健康·安全についての理解と運動の合理的な実践を通して、生涯にわたって運動に親しむ資質や能力を育てるとともに健康の保持増進のための実践力の育成と体力の向上を図り、明るく豊かな生活を営む態度を育てる"이다.

교육내용 설명을 보면 '공정하게 임해야하고 서로 협력해야 하며 자기 역할을 완수해야 한다'라는 내용으로 되어있다. 대부분 운동에 임하는 마음가짐과 태도를 강조하고 있는 것이다.[31] 또 보건 분야를 보더라도 '심신 기능의 발달과 마음의 건강' 영역이 있다.[32] 이는 역시 정신건강의 영역을 강조하는 것이라고 할 수 있다.

보건체육 가운데 '무도'에 관한 교육내용의 설명을 보면, "무도는 일본 고유의 문화이며, 공격과 방어로 승패를 겨루는 즐거움과 기쁨을 맛볼 수 있는 운동이다. '예'로 대표되는 전통적인 사고방식을 이해하고 전통적인 행동 법을 지키도록 해야 한다"고 명시되어 있다.[33]

---

31  원문은 "運動における競争や協同の経験を通して、公正に取り組む、互いに協力する、自己の役割を果たすなどの意欲を育てるとともに、健康・安全に留意し、自己の善を尽くして運動をする態度を育てる"이다.

32  원문은 "心身の機能の発達と心の健康"이다.

33  원문은 "武道は、武技、武術などから発生した我が国固有の文化であり、相手の動きに応じて、基本動作や基本となる技を身に付け、相手を攻撃したり相手の技を防御したりすることによって、勝敗を競い合う楽しさや喜びを味わうことのできる運動である。また、武道に積極的に取り組むことを通して、武道の伝統的な考え方を理解し、相手を尊重して練習や試合ができるようにすることを重視する運動である。武道は、中学校で初めて学習する内容であるため、基本動作と基本となる技を確実に身に付け、基本動作や基本となる技を用いて、相手の動きの変化に対応した攻防ができるようにすることが求められる。また、技能の上達に応じて、基本となる技を用いた自由練習やごく簡単な試合で攻防を展開することを発展させて、得意技を身に付け、自由練習や簡単な試合で攻防を展開できるようにすることをねらいとしている。したがって、第1学年及び第2学年では、技ができる楽しさや喜びを味わい、基本動作や基本となる技ができるようにする。また、武道の学習に積極的に取り組み、伝統的な行動の仕方を守ることなどに意欲をもち、健康や安全に気を配るとともに、礼に代表される伝統的な考え方などを理解し、課題に応じた運動の取り組み方を工夫できるようにすることが大切である"이다.

전통적인 사고방식에 대한 설명을 보면, "무도는 단순한 시합의 승패를 목적으로 하는 것이 아니라 기능의 습득 등을 통해서 예법을 몸에 익히는 등 인간으로서의 바람직한 자기형성을 중시한다는 사고방식이 있다는 것을 이해할 수 있도록 해야 한다"[34]고 되어있다.

모토시마 나미카(元嶋菜美香)[35]등은 문부과학성이 학습지도요령에 "승패에 관계없이 상대를 존중한다. 스스로 자신을 다스리는 극기의 마음을 이해하고 대응할 수 있도록 한다"라고 명시한 것에 대한 견해를 밝혔다. 무술 특유의 전통적인 사고·태도를 몸에 익히게 하고, 무술 수업을 통해 기술 이외에 심리적 기술을 습득하도록 언급하고 있다는 것이다. 즉 무도교육은 스포츠로서의 무술보다는 정신교육에 비중을 두고 있음을 엿볼 수 있다.

## ▎무도교육 학습현장

다음은 중학교에서의 무도교육 현황에 대해 알아보자. 고모리 후지토(小森富士登)[36]는 사가현(佐賀県)의 60개 중학교를 대상으로 무도교육 실시 현황에 대한 데이터를 분석하고 교원을 대상으로 설문 조

---

34  원문은 "「伝統的な考え方」では、武道は、単に試合の勝敗を目指すだけではなく、技能の習得などを通して礼法を身に付けるなど人間としての望ましい自己形成を重視するといった考え方があることを理解できるようにする"이다.

35  元嶋菜美香·坂入洋右(2014), 「学校体育における武道関連ライフスキル尺度の作成と妥当性及び信頼性の検討」, 『長崎国際大学論叢』, 長崎国際大学, 第14巻, pp.59-69.

36  小森富士登(2013), 「学中学校武道授業の調査·研究」, 『武徳紀要』, 国士舘大学, 第29号, pp.21-29.

사를 한 바 있다.

그 결과를 보면, 무도 지도를 할 수 있는 체육교사 93명, 체육교사는 아니지만 무도 지도를 할 수 있는 교사 62명, 그리고 수많은 무도 경험자 교직원이 채용되어 있다. 그러나 무도의 정신성을 어떻게 전해야 하는지, 교육으로서의 무도의 다면성을 어떻게 설명하고 이해시켜야 하는지에 대한 대책이 당면한 과제라고 말하고 있다. 즉 무도교육을 통한 정신 교육의 방법이 난해하다는 것을 말하는 것이다.

이와 관련하여 보건 분야를 좀 더 자세히 살펴보면 사실상 무도교육에서의 마음(정신)에 해당하는 교육 내용은 도덕교육과 연계되어 있는 것을 알 수 있다. 즉 학습지도요령을 보면 보건 체육과의 특징에 맞게 도덕교육 목표를 바탕으로 도덕 시간과의 관련성을 고려하여 지도해야 한다고 되어있다.

좀 더 구체적으로 설명되어 있는 부분을 보면, "도덕 교육의 핵심인 도덕 시간 지도와의 관련을 고려할 필요가 있다. 보건 체육과에서 다룬 내용과 교재 중 적절한 것을 도덕 시간에 활용하는 것이 효과적인 경우도 있다. 또 도덕 시간에 다룬 것에 관련된 내용이나 자료를 보건 체육과에서 취급할 경우에는 도덕 시간의 지도성과를 살릴 수 있도록 고안 할 수도 있다. 이를 위해서도 보건 체육과의 연간 지도 계획 작성 등을 할 때, 도덕 교육의 전체 계획과 관련하여, 지도 내용 및 시기 등을 배려하고 양자가 상호 호환적 효과 상승을 할 수 있도록 하는 것이 중요하다"고 되어있다.[37]

이렇게 여기에서는 무도교육에 있어서의 정신교육 내용을 도덕교육으로 자리매김 하려는 의도가 명확히 보인다. 일본의 도덕교육에서 강조하고 있는 도덕관에 대해서는 기존의 연구결과에 나타난바와 같이 국가에 대한 개인의 권리 보다는 의무를 중요시 하도록 한다.[38] 또 개인의 가치보다는 국가의 존립에 가치를 두는 것을 국민 도덕으로 명시하고 있다. 이는 국민 도덕을 강요하며 일본인의 정신을 국가주의적 또는 제국주의적 성향으로 무장시켰던 전전의 상황과 다르지 않음을 나타내는 것이다. 다시 말해 앞서 언급한바와 같이 문부과학성은 무도교육의 필요성을 다양한 측면에서 열거하고 있다. 그러나 결과적으로 무도교육은 도덕교육을 한층 더 강조하고 있는 것으로서 도덕교육의 일환으로 시행되고 있는 교육이라고 할 수 있다.

---

37  원문은 "道徳教育の要(かなめ)としての道徳の時間の指導との関連を考慮する必要がある。保健体育科で扱った内容や教材の中で適切なものを、道徳の時間に活用することが効果的な場合もある。また、道徳の時間で取り上げたことに関係のある内容や教材を保健体育科で扱う場合には、道徳の時間における指導の成果を生かすように工夫することも考えられる。そのためにも、保健体育科の年間指導計画の作成などに際して、道徳教育の全体計画との関連、指導の内容及び時期等に配慮し、両者が相互に効果を高め合うようにすることが大切である"이다.

38  김경옥(2007), 「전후 일본 교육에서의 '公'의 이데올로기성 -초·중학교 도덕교육을 중심으로-」, 『日語日文学研究』, 한국일어일문학회, pp.143-169. 김경옥(2008), 「전후 일본 소·중학교 도덕교육에서의 '개인존중' 의미 고찰 -발달심리학 관점으로-」, 『日語日文学研究』, 한국일어일문학회, pp.243-268. 김경옥(2015), 「일본의 도덕교육에 나타난 '개인존중' -아비투스(Habitus)론을 근거로-」, 『日本研究』, 한국외국어대학교 일본연구소, pp.7-25 참조.

## 3. 武道교육의 실상

### ▌교육목적에 부합 하는가

무도교육 필수화 정책을 실현하는데 있어서 주목되는 점을 몇 가지 정리해 보면 다음과 같다.

첫째, 실제로 이루어지고 있는 무도교육이 무도교육 시행을 필요로 했던 이유와 목적을 충족시키는가에 대한 문제이다. 무도교육 필수화의 배경에 언급한바와 같이 '일본인으로서의 자부심과 전통 문화를 사랑하는 마음을 배양하기 위해, '체력 저하를 보강'시키기 위해, '인성교육'을 위해 무도교육이라는 방법을 선택했다.

그러나 오하시 노리코(大橋則子)는 "무도는 일본인에게 정신성을 중시하는 일면이 있고 놀이나 스포츠로 파악하기에는 위화감이 있다"[39]고 지적한다. 이렇게 단순히 놀이나 스포츠로 생각하기 어려울 만큼 위화감이 있는 무도 교육을 통해 과연 일본인으로서의 자부심과 전통 문화를 사랑하는 마음을 배양할 수 있는가.

또 체력 저하를 보강하기 위해 무도교육이 필요하다고 했다. 그럼에도 불구하고 실제 수업시간의 50% 정도를 명상이나 도덕교육과 연계된 정신교육 시간으로 할애한다. 더구나 무도 시간을 준비하는 시

---

39  大橋則子(2014),「中学校における武道教育の方向性を探る ―武道の特性を生かす剣道授業について―」,『教育学研究科論文集』, 滋賀大学大学院, 第17号, pp.87-99.

간도 30% 정도 소요된다. 따라서 스포츠 활동으로서 활용되는 시간은 고작해야 20% 내지는 30%다. 이러한 상황에서 과연 체력 저하를 보강할 수 있는지 의문이다.

다음으로 인성교육을 위해 무도교육이 필요하다고 했다. 그런데 전술한바와 같이 무도는 사람을 살상·제압하는 기술을 익히는 것이다. 물론 그 기술을 연마하는 수련을 통해서 인격의 완성을 목표로 한다는 취지일 것이다. 그러나 여기에서는 청소년들의 인성교육이 언급된 배경을 고려해 보아야 할 것이다. 다시 말해 중학교 무도교육 필수화 정책을 시행하게 된 배경 가운데 핵심적인 것이 사회적 병리 문제라고 하는 청소년 범죄 문제이다. 그리고 이러한 문제가 청소년들의 인성교육의 재고로 이어졌다. 따라서 무도교육을 통해 바람직한 인성을 갖도록 하겠다는 것이었다. 그렇다면 잔인한 폭력 및 살인 등의 청소년 범죄가 사람을 살상·제압하는 기술을 연마하는 수련을 통해서 올바른 인성을 갖도록 하는 방법이 될 수 있는지, 참으로 아이러니 하다.

이렇게 무도교육 필요성의 요인으로 제시된 교육적 목표와 무도가 지닌 성향과는 상당부분 상충하고 있으며 거리감이 있는 것으로 보인다. 따라서 교육의 방법으로 무도교육을 채택하는 것이 과연 교육 목적에 부합하는 적절한 방법 및 수단인가에 대해 재고해야 할 필요가 있다.

## ▍무도교육=애국심교육

둘째, 정신교육으로서의 무도교육이 지닌 문제점을 들 수 있다. 무도교육은 학습지도요령에 나타난바와 같이 도덕교육과의 연계를 통해 실시하도록 되어있다. 즉 도덕교육의 연장선에 있는 것이다. 그런데, 도덕교육에 내포된 사실상의 의의와 교육목표는 주지하는바와 같이 국가에 대한 애국심 함양이 상당부분 차지한다. 애국심을 도덕으로 자리매김하여 아이들에게 주입시키는 것이라고 할 수 있다. 따라서 체육을 통해서도 국가도덕 및 복종의 정신을 교육했던 전전의 군국주의 상황으로 회귀하려는 모습이 엿보인다고 할 수 있다.

더구나 최근 일본 정부는 지속적으로 군국주의 교육을 강화하려는 의도를 명확히 하고 있다. 2017년 4월 5일자 도쿄 신문에 의하면 제국주의 시대에 군인들에게 가르친 총검술을 무도의 선택과목으로 추가하여 학습지도요령 최종안에 명기했다는 것이다. 문부과학성은 총검술이 일본의 전통적인 창술이라고 말하고 있다. 그러나 사실상 총검술은 제국주의 시기 일본군 훈련에 사용한 군국주의의 상징이라는 점으로 볼 때 이러한 상황을 간과하기 어렵다.

셋째, 문부과학성이 제시한 무도교육의 필요성은 일본의 무도교육을 지극히 무난한 것으로 이해하도록 한다. 단순히 스포츠 활동을 통해 심신을 단련시키고 올바를 인성교육을 하는 바람직한 체육 교육쯤으로 인식하기 쉽게 되어있다. 이는 일본의 무도교육 필수과목화 정책을 긍정적으로 평가하도록 한다. 물론 무도교육에 대한 무조건적인 부정 인식이나 선입견을 갖는 것도 바람직하다고 할 수는 없다. 단, 교육의 영역에서 사용하는 용어들, 예를 들면 '애국심'을 '전통과 문화에 대한 경외'로, '국가를 소중히 여기는 마음'을 '公' 또는 '公共'을 소중히 여기는 마음'으로 포장하여 표현하고 있는 일본의 교육내용을 볼 때 무도교육의 필요성으로 언급된 '일본의 전통과 문화', '체력보강', '인성교육'과 같은 용어도 도덕교육을 강화하기 위한 포장된 용어로 보인다. 따라서 무도교육에 대한 재검토가 요구된다고 할 수 있다.

## ▌ 무도교육 재고의 필요성

무도교육은 시대적 흐름에 따라 각 시대의 정치적 상황을 반영하며 조금씩 모습을 달리해왔다. 즉 무도교육을 필수화 했던 시기는 일본이 군국주의 또는 제국주의를 실현하기 위해 이에 적합한 국민양성을 도모하면서 이에 맞는 정신교육이 필수적으로 필요했던 시기였다. 과거 무도교육 시행에 관한 내용을 살펴보면 무도교육은 대체로 기술의 합리적인 학습보다도 정좌를 하고 정신적인 훈화를 듣는 등의 학습이 중시되어 왔다는 것을 알 수 있다. 즉 무도교육에는 '행동지침'이라는 것이 반드시 수반되는데 이는 교육을 정치의 수단으로 이용하는 불가결한 요소이다. 또 이러한 '예절' 및 '행동지침' 중시가 관리주의와 쉽게 결합된다는 것은 과거의 무도가 수행해온 역할을 보아도 알 수 있다.

전술한바와 같이 무도는 '사람을 살상·제압하는 기술로 그 기술을 연마하는 수련을 통해서 인격의 완성을 목표로 하고 여기에 道의 이념이 더해진 것'이라고 했다. 무도교육에서 이를 교육내용으로 설정했다는 것은 학생들에게 가르치는 기술이 사람을 살상·제압하는 기술이 된다. 그리고 이러한 기술을 연마하는 수련을 통해서 학생들의 인격을 완성시켜가는 것이다. 다시 말해 잔인한 폭력 및 살인 등의 청소년 범죄를 무도 기술을 연마하는 수련을 통해서 올바른 인성을 갖도록 함과 동시에 체력을 향상 시키겠다는 것이었다. 과연 무도교육 필수화 정책이 이러한 문제를 해결하는 방법이 되었다고 할 수 있는가.

결과적으로 볼 때 일본 중학교에서의 무도교육은 무술지도를 위한 전문교사의 부재가 학생들이 다치거나 사망하는 사고를 초래했다는 비판적 의견이 표출되고 있다. 그렇다보니 실질적인 수업내용은 명상을 비롯한 도덕 수업으로 대체되고 있는 것이 현 실정이다. 즉 무도교육은 체력향상이나 인성교육이라는 교육목표를 이루는데 효과적인 교육이라고 보기 어렵다. 더구나 무도교육 필수화 정책을 우려하고 반대했던 문제점만을 고스란히 남기고 있는 것이다.

일본 국민은 무사도 정신으로 무장되어 전범자가 된 역사가 있다. 이러한 역사 사실을 다시 한 번 돌이켜보고 일본의 무도교육을 설계한 사실상의 이유와 목적에 대해 재고해야할 필요가 있다.

제Ⅵ장

# 전후 일본 교육의 이데올로기성

●● ● 일본 교육이념의 양축을 이루는 '公' 중시와 '개인' 중시의 실제 의미가, '公' 중시는 국가를 중시하고 '개인' 중시는 집단 구성원 전체를 가리키는 '世人'을 중시하는 것임을 알았다. 본 장에서는 이를 바탕으로 일본 교육의 이데올로기적 성향과 그 유래에 대해 알아보고자 한다. 학교 교육은 지배계급의 이데올로기를 반영시키기 위해 허위의식으로 분장하고 있다. 그리고 그 허위의식에 대한 동의를 얻어내는 방법으로 문화적 헤게모니를 이용한다. 그 결과 아비투스가 형성되어 교육을 통한 지배 이데올로기의 재생산이 반복된다. 먼저 제6장의 제1절에서는 허위의식 · 문화적 헤게모니 · 아비투스에 대한 이론을 간단히 소개하겠다. 제2절에서는 이론에 바탕 하여 일본 교육의 이데올로기성에 대해 이야기하고자 한다.

公·私관으로 본

# 일본 교육 이데올로기

# 교육과 이데올로기의 상호관계

## 1. 허위의식

### ▎이데올로기

여기에서는 우선 허위의식으로서의 이데올로기에 대해 알아보고 이것이 학교 교육과정에 내재되어 있다는 논거를 살펴보자.

이데올로기는 개념의 다양성으로 인해 규정하기가 매우 어렵다. 클리포드 기어츠(Clifford Geertz)는 "이데올로기는 이해할 수 없는 사회적 상황을 의미 있게 만들어주는 상징체계"라고 했다. 그는 이데올로기를 필수불가결한 창조물이며 복합적인 사회적 실재를 이해하기 위한 공유된 의미 체계로 보았다.[1] 또 애플은 "대부분의 사람들은 이

---

1    Clifford Geertz, "Ideology as a Cultural System" *Ideology and Discontent*, David

데올로기가 사회적 실재에 대한 사상, 신념, 기본적인 관념 혹은 가치관의 체계라는 점에서는 합의하고 있다."고 하며, "역사적으로 볼 때 이데올로기는 사회적 실재에 대한 개인의 인식을 왜곡시키고, 사회에서 지배계급의 이익에 봉사하는 허위의식으로 평가되고 있다."[2]고 했다. 즉 이데올로기 개념은 긍정적 의미도 있으나 부정적·비판적 의미에서 허위의식과 동일시된다. 그리고 그 주된 기능이 현실에 대한 일정한 왜곡과 은폐라는 것이다.

그런데 허위의식은 작위성을 수반한다고 할 수 있다. 박용구는 "이데올로기란 지향하는 목표가 있고 그 목적을 효율적으로 달성하기 위해 합리적·과학적인 치장을 하는 과정에서 인위적으로 왜곡되는 작위성을 지니게 된다."[3]고 했다. 이러한 논리로 볼 때 이데올로기는 지배세력이 인위적으로 대중의 인식을 왜곡하기 위해 만들어낸 허위의식 이라고 할 수 있다. 그리고 이러한 허위의식을 합리적으로 치장하는 과정에서 '작위성'을 수반한다고 할 수 있다.

이데올로기는 사회적 혹은 정치적 행동을 뒷받침해 주는 신념 체계가 된다. 즉 각 집단의 행동에 이론적 기반과 당위성을 부여하는 것이다. 이러한 신념 체계의 당위성은 교육을 통해 개인에게 전달되며 각 개인에게 내면화 된다.[4]

---

  Apter, ed. New York: Free Press, 1964, pp.47-76.
2  Michael W. Apple 저, 박부권 역, 앞의 책, p.36.
3  여기에서는 일본 문화의 이데올로기성을 논함에 있어, 이데올로기를 작위성·배타성·확장성으로 정리하고 있다. 박용구, 앞의 책, p.153.

## ▌ 학교교육과 이데올로기

라미레즈(Ramirez, F. O.)와 메이어(Meyer)는 이데올로기 통합의 기능을 담당하는 것이 학교 제도라고 했다.[5] 학교는 동일적인 규범과 지식을 모든 국민에게 전체적으로 보급하는 이데올로기적 국가 기구라는 것이다.[6] 학교에서 가르치는 교육과정은 이데올로기적 본질을 지니고 있으며 특히 윤리·도덕·철학과 같은 교과를 통해 이데올로기를 각 개인에 내재화 한다.[7]

애니언(J. Anyon, 1991)은 미국 중등학교에서 널리 사용하는 역사 교과서를 분석했다. 대부분의 사람들은 역사 교과서가 학생들이 역사와 현실 문제를 이해하고 해석하는데 요구되는 객관적인 지식과 정보를 편견 없이 제공하는 것으로 믿고 있다. 그러나 실제로는 특정 사회 집단의 이익에 봉사하는 이데올로기를 반영한 허위적 내용이 내재되어 있음을 확인했다. 또 애플은 사회교과와 과학교과의 교육 내용

---

4 한국산업사회학회 편, 앞의 책, pp.65-66.

5 Ramirez, F. O. and R. Rubinson, "The Political Incorporation and Expansion of Public Education," Meyer and Hannan, National Development and the Oorld System, University of Chicago Press, 1979.

6 학교교육의 이데올로기성에 대한 규명에 관하여 교육과정사회학에서의 연구는 교육과정 내용과 교육과정의 선정 및 조직의 뒤에 깔려 있는 이데올로기 및 그러한 이데올로기를 떠받치고 있는 사회구조 사이의 관계를 규명하고자 했다. 이 연구들은 대체로 교육 내용 안에는 정치·경제적 지배집단의 체제 유지 및 재생산을 위한 이데올로기와 가치관이 숨어있다고 주장했다. 김신일, 앞의 책, pp.404-411, pp.388-390, pp.204-206. Harris, K 저, 들불편집부 역, 『교사와 계급』, 들불, 1989, p.176.

7 Althusser, L. 저, 이진수 역, 『레닌과 철학』, 백의, 1991, pp.159-160.

을 분석했는데, "지배적인 모델과 전통들은 일반 사람들에게 정교하고 치밀한 것으로 보이게 하는 '수사적(修辭法)기능'을 발휘해 왔으며, 최종적으로는 이러한 모델들이 그들 뒤에 숨어 있는 실제적인 가치관과 이해관계 및 사회적 작용들을 은폐하고 있다"[8]고 했다. 즉 교육 내용 속에서 특정 집단의 이익을 정당화하는 이데올로기에는 수사적 기능이 발휘된다는 점을 밝힌 것이다.[9] 이렇게 학교교육 내용에는 지배집단의 성격[10]과 그들이 추구하는 가치가 허위의식으로서의 이데올로기로 나타난다. 그리고 이를 합리적으로 치장하는 과정에서 '작위성'이 수반된다.

---

8  Michael W. Apple 저, 박부권 역, 앞의 책, p.38.
9  김신일, 앞의 책, pp.402-403 참조.
10  크게 보면 세 개의 집단으로 구분할 수 있다. 첫째는 교육을 통해 직업 기술 훈련을 실시하고 인력을 공급함으로써 경제적 이득을 취하려는 집단(기업가, 자본가 등), 둘째는 인문 지향적인 교육을 통해 교양과 인품을 함양하는 데에 역점을 두고자하는 상류계층 관련 집단(학자, 종교인, 양반, 귀족 등), 셋째는 정치권력을 확보하고 국가 관료 기구에 대한 지배를 추구하며 국민들에 대한 정치적 지배를 위해 교육을 이용하려는 집단(정당을 포함한 각종 정치권력 집단)이 있다. 김신일, 앞의 책, pp.103-104. 교육과정에 반영하여 지향하는 한 사회의 보편적 가치는 그 사회의 지배집단에 의해 생산된다고 할 수 있다. 막스 베버(Max Wever)의 사회이론을 계승한 콜린스(Randall Collins, 1977)의 말에 의하면 역사적으로 교육은 스스로의 목적을 실현하려는 다양한 집단에 의하여 지배되고 이용되어 왔는데, 이들 집단 가운데 누가 교육을 장악하느냐에 따라 교육의 성격이 달라진다. 여기에서 말하는 교육의 성격은 당 사회가 지향하는 보편적 가치라는 것이 누구에 의해 어떻게 무엇으로 만들어 지는가를 나타낸다고 할 수 있다. 따라서 일본의 교육 내용에 나타나는 교육의 성격 또한 일본에서 지향하려고 하는 보편적 가치가 어떤 것인지를 나타내는 것이며, 이러한 보편적 가치가 누구에 의해 어떻게 만들어 지는지 지배집단의 성격이 나타난다고 할 수 있다.

## 2. 문화적 헤게모니론

### ▌헤게모니

문화적 헤게모니론을 살펴보기에 앞서 우선 헤게모니(hegemony)라는 개념에 대해 알아보자. 헤게모니란 일반적으로 한 국가 또는 집단이 정치·문화·사상 등의 영향력을 이용하여 다른 국가 또는 집단을 지배하는 것을 뜻한다. 그러나 본래는 한 나라의 지배권을 뜻하는 말이었다. 일상생활과 사회의식 속에 깊이 스며있는 지배집단의 의미체계와 가치체계가 바로 헤게모니이다.

헤게모니 개념은 저항이라는 개념을 자체 내에 포함하고 있다. 그러므로 헤게모니는 지배와 저항이라는 투쟁 과정을 통해 형성되는 것이라고 할 수 있다. 그리고 이 과정에서 지배집단에 대한 '대항 헤게모니'가 형성될 가능성도 열려 있다. 예를 들어 학교는 단순히 지배집단의 이데올로기를 주입하는 기구가 아니라, 지배 헤게모니와 대항 헤게모니가 투쟁하는 곳이기도 하다. 따라서 지배 헤게모니는 대항 헤게모니를 억제하려 한다.[11]

문화적 헤게모니는 지배 헤게모니가 대항 헤게모니를 직접적인 강압으로 억제하기보다는 대중의 능동적 동의를 이끌어낸다. 그렇게 함으로써 사회 전체에 대한 지도력을 확보하는 것이다. 따라서 국가

---

11  한국산업사회학회 편, 앞의 책, pp.65-66.

기구나 지배집단은 현 상황을 유지하는데 필요한 문화적 헤게모니를 달성하기 위해 국민들의 자발적인 동의를 어떻게 창출할 것인가를 핵심과제로 삼고 있다. 국가는 지배집단의 이익을 보장해 주면서도 마치 사회 전체의 일반 이익을 구현하는 것으로 가장한다. 이로써, 일반 대중의 불만소지를 제거하여 사회 전체의 응집 강화에 능동적으로 기여하는 정치적 역할을 수행한다.[12]

## ▮ 교육과정과 문화적 헤게모니

애플은 교육과정에 내재되어 있는 지배세력의 이데올로기를 파악하는데 문화적 헤게모니론을 사용했다.[13] 학교에서는 한 사회의 가장 강력한 계층의 이념적 헤게모니를 유지하는데 적합한 잠재적 교육과정을 가르친다고 하며 "그들(지배세력)이 학교 관련 문제들을 이해하고 분석하며 검토하는 지배적인 접근 방식은 '병리학적' 분석이다. 즉 학생과 교사들이 직면하는 어려움들은 일차적으로 학생 자신의 '결함'이나 '병' 때문이라고 설명하는 것이다. 교육 체제에 대한 많은 비판들이 이러한 접근 방식을 바탕으로 하기 때문에, 우리는 자칫 그 문제들을 더 광범위한 정치·경제 맥락에서 비판적으로 평가할 능력을 잃을 수 있다."[14]고 했다.

---

12  김천기, 『교육의 사회학적 이해』, 학지사, 2003, pp.216-219.
13  고형일 외, 『新教育社会学』, 학지사, 1998, pp.76-83.
14  Michael W. Apple 저, 박부권 역, 앞의 책, p.67. Michael W. Apple 저, 김미숙

이는 지배세력이 학교를 이데올로기적 국가 기구로 이용하고자 할 때 학교교육을 병리적 문제로 취급하여 학생이나 교육 자체에 문제가 있다고 비판한다는 것이다. 그렇기 때문에 그들(지배세력)의 숨겨진 의도를 대중이 광범위한 맥락에서 비판하기 어렵게 만든다고 말한다. 그리고 대중의 관심을 학생이나 교육 자체에 집중시켜놓고 지배세력의 의도는 다른 방향에서 관철시킨다는 것이다. 바꾸어 말하면 지배세력의 의도를 관철시키기 위해서는 대중의 긍정적 동의를 얻어내야 한다. 이때 학생이나 교육 자체에 문제가 있는 것처럼 대중의 관심을 집중시킨다. 이렇게 함으로써 대중의 비판능력을 상실시키는 방법으로 문화적 헤게모니를 달성한다는 것이다.

이상의 이론에서 가장 주목해야할 것은 문화적 헤게모니론의 핵심이 '대중의 긍정적 동의를 어떻게 얻어 내는가'라는 것이다. 이는 문화적 헤게모니를 달성하는 결정적 방법이 된다. 그렇기 때문에 지배세력이 어떠한 방법을 이용하고 있는가에 대한 검토가 문화적 헤게모니의 실체를 규명하는 것이라고 할 수 있다.

---

외 역,『문화 정치학과 교육』, 우리교육, 2004, p.129.

## 3. 아비투스론

### ▌아비투스

아비투스(habitus) 개념에 대한 사전적 설명을 보면, "습관·버릇·체형·체질이라는 뜻의 아비투스는 프랑스의 사회학자 부르되(P. Bourdieu)가 제창한 개념으로 일정하게 구조화된 개인의 성향 체계를 말한다. 아비투스는 무의식에 속하며 상속이 가능하다. 아비투스는 구조주의의 구조와 개인을 연결시켜주는 역할을 하며 개인이 행동하는 통계적 규칙성을 예측 가능하게 해준다."[15]라고 되어있다.

여기에서 구조와 개인을 연결시켜주는 역할을 한다는 것은 개인의 성향 체계와 사회라는 구조의 연관성을 말하는 것이다. 같은 구성원들의 공통적인 경험들(사고·인지·행동양식)로 인해 통합을 발생시켜 일정한 사회구조 안에서 개인이 통합되는 것을 의미한다. 그리고 비슷한 경험 등으로 인해 일정하게 구조화된 개인의 성향 체계가 무의식적으로 다음 세대에 전승되는 것을 말한다.[16]

아비투스 개념은 문화재생산 이론을 설명하는 용어로 쓰였다. 문화재생산 이론은 학교가 특정 문화자본에 가치를 부여함으로써 불평등한 사회구조를 재생산하는데 기여하고 있다는 사실을 밝힌바 있다.

---

15  http://ko.wikipedia.org/wiki.
16  Bourdieu 저, 정일준 역, 『상징폭력과 문화재생산』, 새물결, 1995, pp.33-35.

여기에서 말하는 문화자본이라는 것은 자본과 같이 부를 형성하는 것에만 가치를 두는 것이 아니라 '공식적으로 공표된 타협된 지식'이다. 이 지식은 정당한 것으로 공표되기 전에 복잡한 일련의 정치적 여과장치와 결정을 통해 걸러진다. 이것은 어떤 지식이 선별되는가에 영향을 미친다. 뿐만 아니라 선별된 지식이 학교에서 학생에게 가르치게 될 무엇으로 변환될 때 어떤 모양새를 갖추게 될 것인가 에도 영향을 미친다. 이러한 방식으로 국가는 '만인을 위한 지식'의 창출을 가능하게 하는 협정을 만든다.[17]

## ▌ 학교교육과 문화재생산

문화재생산 이론에서는 학교 교육이 지배집단의 문화자본을 재창조하고 정당화하는 역할을 수행한다고 설명했다. 이 이론에 속하는 대표적 학자인 부르되는 학교 교육이 수행하는 사회화 기능을 일종의 재생산 이라고 규정했다. 학교의 재생산 기능에는 두 가지가 있는데, 사회적 재생산(social reproduction)과 문화적 재생산이다. 사회적 재생산은 '사회자본(social capital)' 즉 경제력과 권력의 세대 간 상속을 말한다. 부모 세대의 경제적 재화 및 권력 구조 내의 위치가 자식 세대에 전승되는 것을 의미한다. 반면에 문화적 재생산은 문화자본의 세대 간 상속을 말한다. 부모 세대의 생활양식과 이로 인해 가정과 학

---

17  Michael W. Apple 저, 박부권 외 역, 『학교지식의 정치학』, 우리교육, 2002, p.147.

교에서 얻게 되는 제반 경험이 자식 세대에 전승되는 것을 의미한다. 부르되는 학교 교육과정을 사회적 재생산보다는 문화적 재생산의 도구로 보아야 한다고 강조했다.[18]

이렇게 문화적 재생산을 하기 위한 요소로서의 문화자본은 아비투스에 의해 형성된다. 부르되가 말하는 아비투스란 집단과 개인 사이를 매개하는 역할을 한다. 뿐만 아니라 개인들이 공통적인 방식으로 행동할 수 있도록 인지적이고 감정적인 가이드라인을 제공한다. 그래서 유사한 위치에 있는 사람들의 집합무의식(collective unconscious)이라고도 한다.[19] 또 아비투스는 특정 유형의 환경을 구성하는 조건에 의해 생산되는 것으로 실천과 재현을 발생시키고 구조화하는 원칙으로서 지속적이고 치환이 가능한 성향이다. 그렇기 때문에 과거의 모든 경험들을 통합하면서 인지와 행위로 기능한다.[20]

이상의 논리를 정리하면 아비투스는 사고 · 인지 · 행동 양식을 공유하는 집단 구성원의 공통적 성향 체계로 인해 한 사회 안에서 각각의 개인이 통합되는 기능을 한다. 그리고 여기에서 형성된 하나의 문화자본이 각 개인에게 내면화 되고 다음 세대에 전승되는 것이다.

---

18  김신일, 앞의 책, pp.406-407. Bourdieu, Pierre and Jean-Claude Passeron, *Reproduction in Educational Society and Culture*, Sage Publication, 1977, pp.487-488.

19  Turner, Jonathan H., *The Structure of Sociological Theory*, Dorsey Press, 1974, p.516. 조나단 터너 저, 정태환 외 역, 앞의 책, 참조.

20  Bourdieu, Pierre and Jean-Claude Passeron, *Reproduction in Educational Society and Culture*, Sage Publication, 1977, pp.178-179.

# 일본적 公·私의 이데올로기성

이 책에서는 이데올로기성을 허위의식·문화적 헤게모니·아비투스를 포함하는 개념으로 정리하였다. 따라서 허위의식을 치장하기 위한 '작위성', 문화적 헤게모니를 달성하기 위한 '양립성', 아비투스로 인한 '전승성' 이라는 관점으로 일본적 公·私의 이데올로기성에 대해 이야기해보자.

## 1. 허위의식으로서 公·私의 작위성

### ▌작위성

일본은 국민 통합의 일환으로 애국심 함양을 필요로 했다. 그러나 전전의 역사적 과오를 청산하고 민주국가임을 선언한 입장이었다. 또

다시 군국주의의 정신적 가치로 자리했던 애국심 이라는 용어를 표면적으로 드러내어 강조하기가 쉽지 않은 상황이었다. 전전의 천황제 국가주의에 대한 반감으로 애국이라는 관념이 기피되어 왔기 때문에 일본인의 심리적 저항감을 초래하기 쉬운 애국심이라는 용어를 직접적으로 사용할 수 없었다고 본다. 뿐만 아니라 일본국 헌법 제19조에 의하면 애국심을 강제하는 것은 사상 및 양심의 자유를 침해하는 행위이다. 그렇기 때문에 위헌 이라는 논란이 지속되어 왔고 이에 애국심 강조는 비판의 대상이 되었다.[21]

그러나 이 책의 제4장에서 살펴본바와 같이 일본 정부는 국민의 애국심 고취를 늘 요구해 왔고 애국심 강조를 위한 교육계의 움직임이 두드러졌다. 1980년대에 이르러 교육개혁의 문제가 세계적 조류가 되었고 일본 국내의 정치적 상황도 나카소네 수상에 의한 개혁의 바람이 불었다. 이에 연동하여 본격적으로 교육개혁에 박차를 가하며 애국심 교육에 관한 부분을 더욱 공고히 하려했다.

교육개혁을 통해 애국심을 강조할 수 있는 명분을 제공했던 요인 가운데 하나가 소년 범죄를 비롯한 청소년비행 문제였다. 청소년비행 문제를 사회의 병리적 현상으로 다루며 교육 황폐화의 원흉이라고까지 말하면서 교육개혁을 단행했다. 청소년비행 문제에 관한 진단에서

---

21  국가가 애국심을 강제하기 위한 행정적 조치와 이를 둘러싼 여러 사건의 법적 논란에 대한 경위 설명에 관해서는 국민일보 2006.9.21일자 기사와, 柿沼昌芳·永野恒雄 編, 『教育基本法と教育委員会』, 批評社, 2003. 제2부 참조. 국가에 의한 개인에의 내면 개입에 관해서는 乾彰夫, 앞의 책, p.405 참조.

는 '개인' 중시에 편중되어 있는 교육이념에 문제가 있다고 지적했다. 그리고 이에 따라 '公' 중시 교육을 강화해야 한다는 결론을 내리게 되었다. 즉 문부과학성은 지나친 '개인' 중시와 '公' 경시로 인해 이지메, 등교 거부, 교내 폭력, 학급 붕괴를 비롯하여 흉악한 청소년 범죄가 발생하고 있다며 '公' 중시 교육의 필요성을 주장했다. 그러나 개혁을 통해 새로 설정한 교육 내용을 살펴본 결과 '公' 중시 교육이라는 것은 결국 국가를 중시하도록 하는 애국심 함양을 위한 교육이었다.

## ▮ '公' 의 작위성

와타나베 오사무는 "애국심 함양이 복고주의라고 간주되지 않게 하려고 다양한 형태로 그렇지 않다는 것을 강조하고 있는 점이나, 애국심의 환기와 국제 사회의 일원으로서의 의식을 항상 세트로 강조함으로서, 지배층에서 현대 일본의 대국화를 추진하는 이데올로기의 주류가 '내셔널리즘'이 아니라 여전히 '국제 공헌'이라고 말하는 점을 생각하면, 교육기본법에서 이 '애국심'이 어떤 형태로 표현 될지는 그 곡절이 예상 된다"[22]고 했다. 이 말의 의미는 애국심에 관련된 내용을

---

22  여기에서 애국심의 환기와 국제 사회의 일원으로서의 의식을 항상 세트로 강조한다는 것은, 향토와 국가를 사랑하는 애국심이 일본인으로서 갖추어야할 자질이고 이로서 국제 사회에서 일본인으로서의 역할을 충실히 할 수 있다는 것이다. 즉 국제 공헌을 위해서 애국심을 갖추어야 한다는 것이다. 이는 66년도에 문부성이 제시한 기대되는 인간상에서도 엿볼 수 있는 내용이다. 渡辺治, 앞의 책, 2002. 12, p.229.

교육에 반영할 때는 애국심 이라는 용어를 그대로 사용하지 않고 다른 표현 방법을 모색하고자 할 것이라는 예견이라고 할 수 있다. 그리고 이러한 예견대로 모색되어진 것이 바로 다름 아닌 '公' 이라는 용어로, '公'을 중시해야 한다는 것이다.

그런데, 제2장에 서술한바와 같이 '公'은 국가권력적 '公'과 시민사회적 '公'이 있다. 시민사회적 '公'으로서의 의미로 公共性 형성에 관한 관심이 일본사회 안에서도 담론화 되어있는 상황에서 마치 이와 궤를 같이하는 것처럼 '公' 중시를 내세웠다. 그러나 사실상 교육 내용에서 강조하고 있는 '公' 중시는 국가를 중시하도록 하는 애국심 함양 교육인 것이다. 이는 애플이 이데올로기에는 수사적 기능이 발휘된다고 한 논리에 적용된다.

애국심은 학교교육을 통해 국가라는 지배체제를 옹호하고 국가권력의 정당성 확보를 위해 국가가 필요로 하는 교육이다. 이러한 애국심 이라는 용어를 직접적으로 또는 표면적으로 언급할 수 없는 상황으로 인해 '公' 이라는 용어를 사용하여 중시해야 한다고 하고 있다. 그러나 여기에서의 '公'은 국가를 말하는 것이기 때문에 사실상 국가를 중시해야 한다는 의미이다. 따라서 '公'은 애국심을 대신한 작위적 용어에 불과하다.

## ▌ '私'의 작위성

다음으로 '私' 라는 용어의 작위성을 살펴보자. '私'에 해당하는 '개인'의 실제적 의미를 살펴본 결과 일본적 '개인'은 우리가 일반적으로 인식하고 있는 독립된 개체로서의 개인이 아니다. 일본적 '개인'은 집단 구성원으로서의, 또는 집단에 매몰된 개인 즉 '世人'을 말하는 것이다. 따라서 '개인' 중시라는 것은 '世人' 중시를 말하는 것으로 결국 집단 구성원 전체의 중시를 의미하고 있다. 이는 교육이념의 표면에는 민주주의의 기본이념으로 대변되는 '개인' 중시를 설정해 놓고 사실상 학교에서는 '世人'을 중시하도록 가르치고 있는 것이다. 따라서 이 또한 '世人' 이라는 용어가 '개인'으로 대체된 작위성을 지닌다고 할 수 있다.

시민사회적 '公' 으로서의 公共性이 아닌 국가에 대한 애국심을 의미하는 '公'과, '개인 중시'가 아닌 '世人 중시'를 의미하는 교육이념은 마치 '公'과 '私'의 균형 있는 구조를 갖추고 있는 것처럼 허위적인 인식을 하도록 한다. 그러나 公·私는 수사적 기능을 이용하여 합리적으로 치장한 용어에 지나지 않으며 이러한 작위성은 公·私가 이데올로기적 기능을 하도록 하는 것이다.


## 2. 문화적 헤게모니로서 公·私의 양립성

**┃ '公'중시와 '개인'중시의 양립**

문화적 헤게모니는 이데올로기가 강압과 강요가 아닌 것처럼 인식하게 하여 대중의 긍정적 동의를 이끌어내는 것이라고 했다. 그러면 公·私 이데올로기가 문화적 헤게모니를 달성하기 위해 어떠한 방법으로 대중의 긍정적 동의를 얻어내는지 알아보자.

일본 정부에서는 청소년비행 문제를 교육 황폐화의 원흉이라고 하며 사회의 병리적 현상으로 다루었다.[23] 국민들은 청소년비행 문제의 심각성을 인식하고 있었기 때문에 교육에 그 대안을 의존할 수밖에 없었다. 그로 인해 교육이념을 재설정하는 문제에 있어서도 절대적인 저항을 행사할 수 없었을 것이다. 물론 교육기본법 개정을 통해 새로운 이념으로 추가 설정한 '公' 중시 교육이 사실상 애국심 교육이라는 것에 대한 문제제기는 일본 국내에서도 적지 않았다. 그러나 '公' 중시와 상반되는 '개인' 중시를 나란히 양립시키는 방법으로 저항을 억제하는 효과를 거둘 수 있었다고 본다. '公'은 국가주의적 이념을 대변하는 것이고 '개인'은 민주주의적 이념을 대변하는 것이다. 그런데 이 두 가지 이념을 함께 양립시키는 방법을 이용하여 국가주의적 이념에 대한 민주주의적 이념의 저항을 상쇄시키는 효과로 문화적 헤게모니를 달성했다.

이 책의 제3장에서 서술한바와 같이 개정 반대파가 지키고자 했던 기존 교육기본법의 교육이념은 '개인' 중시라는 민주주의 지향의

---

23  이는 애플의 연구 결과로도 알 수 있다. 즉 대중의 관심을 학생이나 교육 자체에 문제가 있다는 것에 집중시켜놓고 대중의 비판 능력을 상실시켜 지배세력의 의도를 다른 방향에서 관철시키는 방법으로 문화적 헤게모니를 달성한 예와 같은 맥락으로 볼 수 있다.

교육이었다. 개정은 이러한 기존의 이념을 그대로 유지한 채 '公' 중시라는 국가주의 지향의 교육이념을 추가하여 민주주의 교육이념과 나란히 양립시키는 방법을 택했다. 애국심을 '公'이라는 용어로 치장하여 마치 시민사회적 '公'으로서의 公共性을 중시하려는 것처럼 인식하게 하고, 더구나 이렇게 치장된 '公'을 민주주의 교육이념과 양립시켜 구성했다. 이는 국가권력적 '公' 교육의 정당성을 확보하고 국민의 동의를 얻어내어 문화적 헤게모니를 달성하는 하나의 방법이라고 할 수 있다.[24]

## ▎ 교육내용의 양립

이렇게 서로 상반된 교육 내용을 양립시키는 방법은 전후 교육에서 지속적으로 보여 온 양상이다. 신 일본건설의 교육 방침에 대해 문부대신 마에다 타몬은 "개성의 완성은 봉공심이 발휘되도록 하기 위해서"라고 했다. 또 문부차관 오무라 세이치(大村清一)는 "교양이 높은 국민이 있어야 비로소 민의창달(民意暢達)의 의의를 확인할 수 있고 이에 의해 비로소 국체 호지 및 평화국가·문화국가의 건설도

---

24 국민의 자발적 동의 없이 국가를 의미하는 公의 강조를 표면화 할 수 없는 상황에서 公共性의 강조를 양립시킨 것은 公의 강조가 公共性의 강조 속에서 자연스럽게 연동하도록 하는 방법이다. 앞에서도 언급한바와 같이 상반된 개념이나 상황을 대립적 관계로 구성하여 합의점을 도출하기 보다는 양쪽 모두를 취하여 혼재시키는 방법을 택하는 양상이 일본인에게서 흔히 발견된다. 일본문화를 연구하는 입장에서 이러한 점은 별도의 연구가 필요하다고 생각한다.

달성될 수 있다"고 했다. 이는 개성의 완성은 봉공심을 위해, 또 교양 높은 국민은 국체 호지를 위해 상호 보완적으로 모두 필요하다고 연결시키며 민주주의 지향 교육과 국가주의 지향 교육의 양립을 정당화하는 논리이다.

또 제1차 미 교육 사절단은 종래의 도덕교육 이었던 수신교육이 순종하는 公民이 되게 하는 것을 목적으로 했다고 지적했다. 이에 수신교육 폐지와 동시에 민주주의적 도덕교육을 요구했다. 그런데 교육방법을 일본에 전임했고 이에 문부성은 '公民科 교육안'을 만들었다. 이 과정에서 미 교육 사절단의 요구를 수용하여 민주주의적 도덕교육으로서의 '공공 생활상 필요한 지식'을 교육 내용으로 명시하기는 했다. 그러나 이와 나란히 전전의 수신교육 이었던 국가에 몸을 바쳐 헌신해야 한다는 내용도 함께 명시한 것이다.

이렇게 전전의 수신교육을 유지시키기 위해 미리 고안해 놓은 公民科는 미국의 요구를 수용하여 민주주의 도덕교육과 양립시키는 방법으로 구성했다. 그리고 이렇게 구성된 公民科는 이후 재구성을 거듭하며 양립성을 유지해 왔다.

## ▌양립성이 초래하는 혼란

상반된 교육이념과 교육 내용의 양립성에 대해 후루가와 테츠시(古川哲史)는 "개성의 완성 및 민주주의가 국체의 호지를 위해서 필요하다고 되어 있어 민주주의 교육이념과 국체 호지를 위한 국가주의 지향 이라는 양자가 모순 없이 양립하고 있다"[25]고 했다. 이 양립으로 인해 국체 호지를 위한 국가주의 지향 교육을 정당화하고 있는 점을 지적했다. 전술한 바와 같이 와타나베 오사무도 애국심의 환기와 국제 사회 일원으로서의 의식을 항상 세트로 강조하고 있음을 언급했다. 그리고 지배층에서 현대 일본의 대국화를 추진하는 이데올로기의 주류가 내셔널리즘이 아니라 여전히 국제 공헌이라고 말한다고 하며 상반된 사항의 양립성을 지적한 바 있다.

또 홍현길은 "일본 학교 도덕교육은 문부성의 막연한 전통적인 것과 현대적 사고의 조화를 강조한 지침을 통지함으로서 일본인을 이중 인격으로 만드는 혼란을 가져온다."[26]고 지적했다. 여기에서 말하는 '문부성의 막연한 전통적인 것'은 국가주의 지향의 교육을 말하는 것이며, '현대적 사고'라는 것은 민주주의 지향의 교육을 말하는 것이라고 한다. 이러한 것의 '조화를 강조하여 혼란을 가져 온다'는 것은 다름 아닌 상반된 개념의 양립성을 의미하는 것이라고 할 수 있다. 그밖에도 일본의 교육기본법이나 학습지도요령 등을 검토해 보면 서로 상반되거나 방향을 달리한 내용을 혼합하거나 양립시켜 핵심을 분산시키고 혼돈스럽게 하는 경향이 적지 않다.

국가권력적 '公'을 우선시 하도록 교육하고 '世人'의 태도를 갖도록 육성하는 것은 민주주의적 교육이념과는 거리가 먼 교육이다. 이에

---

25  古川哲史 編, 앞의 책, p.255.
26  홍현길, 앞의 책, pp.341-342.

대한 지적과 비판을 피하기 위해서 그 서두에는 언제나 민주주의적 교육이념인 '개인' 중시라는 문구를 함께 제시해 놓고 있다. 이러한 문구는 교육이념의 국가주의적 성향에 대한 지적과 비판을 피해갈 수 있도록 그 길을 만들어주는 역할을 한다. 결과적으로 公・私는 '公'과 '私(개인)'라는 용어 자체가 작위성을 갖고 있는 이데올로기적 용어임과 동시에 '公(국가)'에 상반되는 '私(개인)'를 나란히 양립시킴으로서 상호 보완성이라는 명분으로 정당화 또는 합리화되어 저항을 무마시키는 것이다. 이러한 방법은 강압과 강요라는 인식을 갖지 않도록 할 수 있으며 이것이 자연스럽게 국민의 동의로 연결되어 문화적 헤게모니가 달성되는 것이다. 다음은 公・私 이데올로기가 어떻게 역사를 거듭하는 과정 속에서 전승되는가에 대해 알아보자.

## 3. 아비투스로서 公・私의 전승성

### ▌公・私관의 전승

아비투스는 집단 구성원의 공통적 성향 체계가 문화 자본이 되어 각 개인에게 내면화 되고 다음 세대에 전승되는 것이라고 했다. 여기에 일본의 公・私관을 적용시켜 보자.

일본 公・私관의 원형이라고 일컬어지는 公・私의 중층구조적 형태는 '公'이 국가권력 체계로서만 존재한다는 것을 전제로 '公'과 '私'

가 연속하여 서로 중첩되어 있는 것을 말한다. 국가 권력 체계 안에서는 '私'보다 '公'이 우선되며 '私'는 '公'을 전제로 존재한다. 그리고 여기에서의 '公'은 천황과 국가를 가리킨다. 일본은 8세기 중엽부터 중층구조 형태의 公·私관을 지녀왔으며 이로 인해 천황과 국가를 '公'으로 인식하는 경향이 강했다.

근대에 이르러서 서양은 시민사회 속에서 公·私문제를 인식하고 '私(개인)'를 주축으로 하여 그 영역을 확대했다. 그리고 중국의 公·私관은 공(共) 통(通) 평분(平分) 이라는 윤리성을 갖고 있었다. 이에 비해 일본의 근대는 오히려 멸사봉공(滅私奉公)적 성격을 띠며 천황과 국가를 가리키는 국가권력적 '公'을 확고히 했다. 이로 인해 '公=국가'라는 인식이 굳어진 것으로 보인다.

이러한 公·私관은 고대로부터 근대에 이르기까지 오랜 세월동안 일본인의 공통적 성향 체계로 자리 잡으며 하나의 문화자본이 되었다. 그리고 이렇게 만들어진 문화자본은 생활 속에서 자연스럽게 일본이라는 집단 구성원 각각의 인식 체계에 내면화된 것으로 볼 수 있다.

## ▌ 일본사회에 내면화된 중층구조적 公·私관

현대에 이르러 일본은 패전을 기점으로 전전의 전체주의·군국주의·국가주의 등으로 표현된 국가 이념을 전면 수정하여 민주적 이념 체제를 제도화 했다. 패전이라는 상황에서 이것은 기존의 사고체계 틀을 새롭게 만들어 보겠다는 의지를 보인 것이라고 할 수 있다. 물론 일본인 스스로의 자발적인 것이 아니라 외부(GHQ)의 강압으로 인해 어쩔 수 없이 받아들여야만 하는 상황이었음을 감안해야 할 수도 있다. 어찌되었든 민주주의 이념을 국가 이념으로 표방하며 '私' 즉 '개인'이 사회의 주체가 되는 사고 체계를 갖추고자 했던 것이다.

그러나 이러한 과정이 있었음에도 불구하고 전후 일본 정부는 민주적 이념을 기반으로 한 公·私관 보다는 전통적인 중층구조적 형태의 公·私관을 계속적으로 유지하려 하고 있다. 즉 국가권력적 '公'을 우선시 하려는 것이다. 이로 인해 公·私는 하나의 이데올로기가 되었다. 물론 부분적 이라고는 해도 일본의 저항 세력은 기존의 사고 체계를 불식시키려고 했다. 그리고 새로운 사고 체계를 형성하기 위해 민주적 교육이념을 지키려 했고 주도세력에 대한 비판적 입장도 나타냈다. 그러나 일본 정부 및 문부과학성을 비롯한 주도 세력에 의해 만들어진 이데올로기는 그 기능을 발휘하기 위해 양립성을 이용하였다. 이에 국민적 동의를 얻어냈고 문화적 헤게모니를 달성했다.

현재의 상황에서 일본 국민들은 이데올로기성을 지닌 公·私관을 교육 내용으로 설정한 것에 대한 거부감을 극명하게 드러내지 않는 경향을 보인다. 또 그 내용을 학교라는 교육 현장에서 가르치고 있다. 이러한 경향을 보이는 것은 일부 주도세력 뿐만 아니라 일반 국민들의 사고 체계에도 어느 정도 중층구조적 형태의 전통적 公·私관이 하나의 문화자본으로 내면화 되어 있기 때문이라고 생각할 수 있다.

결과적으로 고대부터 문화자본으로 전승되어온 중층구조적 형태의 公·私관은 국가 이념과 제도를 수정하여 일본인의 인식 체계를 새롭게 만들려고 시도하는 과정에서도 쉽게 불식되지 않았다. 오히려 일본인의 공통적인 성향으로 무의식적 인식 체계에 깊숙이 자리하고 있으며 이것이 현재의 교육이념에도 나타나는 것이라고 할 수 있다.

아비투스는 집단 구성원의 공통적 경험으로 인해 한 사회구조 안에서 각각의 개인이 통합되는 기능을 한다고 했다. 이를 일본의 경우에 적용시켜보면, 중층구조적 형태의 公·私관은 공식적으로 공표한 타협된 지식이라는 문화자본이 된다. 이를 개개인의 일본인이 함께 공유함으로 인해 일본은 자연적으로 사회 통합을 이룰 수 있다고도 생각할 수 있다.

물론 사회 통합은 경우에 따라 중요한 기능을 할 수 있고 필요한 경우도 있다. 그러나 일본의 경우와 같이 교육이라는 매개로 인해 스스로 인식하지 못하는 상태에서 개인의 존중이 보장되지 않도록 하는 사회 통합이 과연 바람직한 것인가에 대해서는 신중히 재고해야할 필요가 있다.

제Ⅶ장

# 맺음말

● ● ●　21세기는 共生을 위한 公共性 형성이 절실히
요구되는 시대이다. 여기에서의 公共性은 시민사회적
'公'으로서의 公共性을 말하는 것이다. 그러나 이 책에
서 밝힌바와 같이 일본 교육에서 의미하는 公共性은
국가의식과 애국심을 강조하기 위한 것이었다. 청소년
비행 문제의 해결을 비롯하여 민주적 교육을 목표로 한
다면 애국심을 법제화하여 강화시킬 것이 아니라 바람
직한 公共性의 개념을 가르치고 이를 실천할 수 있도
록 이끌어가는 것이 범세계적 共生의 시대정신에 부합
하는 것이라고 할 수 있을 것이다.

公·私관으로 본

# 일본 교육 이데올로기

# 요약

    일본에서는 公共性형성 추구의 담론과 궤를 같이하여 기존의 교육기본법을 개정했다. 전후의 교육이념이 '개인' 중시에 편중되어 있기 때문에 '公'을 경시하게 되었다고 했다. 이로 인해 교육 황폐화로 대변되는 청소년비행 문제가 심각한 상황에 이르렀다고 하며 '公' 중시를 교육이념으로 추가 설정한 것이다. 그러나 公·私관을 둘러싼 논의 내용이 난해한 가운데 '公' 중시가 애국심과 연관 된다는 비판이 개정을 준비하는 시점부터 거론되었다. 논란의 핵심이라고 할 수 있는 일본 교육이념으로서의 公·私는 어떤 의미를 지니는가. 이를 알아보기 위해 이 책에서는 일본의 전통적 公·私관이 어떤 것인지 고찰했다. 그리고 교육에서의 '公' 중시와 '개인' 중시가 지닌 이데올로기성을 밝혀 전통적 公·私관과의 연관성을 알아보았다.

제2장에서는 公·私 용어를 영어·중국어·일본어로 나누어 개념을 정리하고 최근 담론화 되고 있는 公共性 논의를 통해 公·私개념을 어떻게 이해해야 하는지에 대해 알아보았다. 公共性이라는 개념에서의 '公'은 국가권력적 '公'과 시민사회적 '公'이 있으며 오늘날 논의되는 公共性 형성이라는 것은 적어도 국가권력적 '公'이 아닌 시민사회적 '公'으로서의 公共性을 가리킨다.

일본의 公·私관은 서양 및 중국과의 대비를 통해 살펴보았다. 公·私관은 시민(중국과 일본의 경우는 민중)의 등장으로 인해 상당한 변화를 보인다. 국가권력적 '公'에서 시민사회적 '公'으로의 인식 전환도 개인이 주체가 되는 시민이 형성되면서 부터라고 할 수 있다.

한편, 일본 公·私관의 원형이라고 일컬어지는 公·私의 중층구조적 형태는 '公'이 국가권력 체계로서만 존재한다는 것을 전제로 '公'과 '私'가 연속하여 서로 중첩되어 있는 것을 말한다. 국가권력 체계 안에서는 '私'보다 '公'이 우선되며 '私'는 '公'을 전제로 존재한다. 일본은 8세기 중엽부터 근대에 이르기까지 중층구조 형태의 公·私관을 지녀왔으며 이로 인해 국가권력적 '公'을 '公'으로 인식하는 경향이 강하다. 근대의 서양은 '私(개인)'를 주축으로 하여 시민사회 속에서 公·私문제를 인식했다. 이에 비해 일본의 근대는 오히려 멸사봉공(滅私奉公)적 성격을 띠며 천황과 국가를 가리키는 국가권력적 '公'을 확고히 했다. 또 중국과 비교해 볼 때 일본의 '公' 개념에는 윤리성이 배제되어 있다. 이로 인해 '公=국가'라는 인식이 굳어진 것으로 보인다.

제3장에서는 위와 같은 公·私관이 현대에 어떤 성격으로 나타나는지 알아보기 위해 전후 교육이념을 둘러싼 논쟁 속에 나타난 公·私관을 검토했다. 패전 직후 교육 체제 및 이념의 성립 과정을 보면 민주주의에 기반 한 민주적 교육이념을 지향했다. 천황과 국가를 지칭하던 '公'을 우선시하기 보다는 '私' 즉 개인이 주체가 되는 민주적 교육을 구상했다. 그러나 이러한 양상도 잠시 뿐, 전전의 교육이념을 부활시키려는 의도가 교육에 반영되었고 이 과정에서 자연스럽게 다시 국가를 지칭하는 '公'을 우선시 하려는 양상이 나타났다. 이러한 양상은 1947년에 제정한 교육기본법의 핵심인 민주적 교육이념이 공동화(空洞化) 되었다는 비판을 초래했다.

　이러한 상황에서 1980년대에 들어 '교육 황폐화'에 집중하게 되었고 교육개혁을 서둘렀다. 교육 황폐화 문제를 더욱 확고히 인식하게 한 것은 사회의 병리적 문제로까지 다루어진 청소년비행 문제이다. 그리고 청소년비행의 원인이 '개인' 중시에 편중된 기존의 교육이념에 있다고 했다. 이는 결과적으로 기존 교육의 근본적인 문제부터 재검토해야 한다는 논거를 제공함과 동시에 '公'을 중시하도록 교육해야 한다는 명분을 제공했다.

　이러한 과정을 거쳐 2006년에 교육기본법을 개정했고 '公' 중시를 새로운 교육이념으로 명시했다. 그런데 여기에서의 '公'이란 시민사회적 '公'으로서의 公共性 형성을 추구하려는 것이라고 하기 보다는 국가권력적 '公'의 성격을 지닌다. 즉 '公' 중시는 국가를 중시하는 것으로서 애국심 함양을 의미하며 이를 교육이념으로 추가 설정한 것이다.

제4장에서는 교육이념을 둘러싼 논쟁의 핵심인 '公의 경시'와 '지나친 개인중시'에 관한 교육 내용이 어떠한 것인지에 대해 확인하는 검토를 했다. 그 결과, 전후의 교육 내용은 '公'을 경시 했다기보다는 오히려 국가권력적 '公'을 중시하도록 지속적으로 강조해온 경향이 확인된다. 또 '개인' 중시의 실제적 의미를 검토한 결과, 일본에서의 '개인'은 독립적으로 존재하기 보다는 '世人'으로 존재한다. 따라서 '개인' 중시는 '世人' 즉 집단 구성원 전체를 중시하는 것임을 알았다.

교육이념의 양축을 이루는 '公' 중시와 '개인' 중시에서, '公' 중시는 국가를 중시하는 것으로, '개인' 중시는 집단 구성원 전체를 가리키는 '世人'을 중시하는 것으로 설정한 것이다. 이는 국가(公)와 개인(私)의 관계가 국가권력 체계 안에서의 중층구조라는 형태로 설정되어 있음을 말하는 것이라고 할 수 있다. 바꾸어 말하면 교육이념이 개인 보다는 국가를 중시하도록 설정되어 있는 것이다.

제5장에서는 도덕교육에 이어 公民교육과 武道교육의 교육내용을 검토하였다. 公民교육은 패전 후 금지당한 修身교육을 대신하여 정신교육의 중요한 핵을 차지하는 도덕교육 역할을 수행했다. 즉 도덕교육에 함축되어있는 애국심 교육의 일환으로서 기능했다는 것을 알 수 있었다. 현재의 公民교육 내용에서도 바람직한 公共性 형성 추구를 위한 교육내용이라기 보다는 국가권력적 '公'을 지향하는 것이 公民으로서의 자질을 갖추는 것이라고 강조하고 있다.

武道교육 또한 필수과목화 하여 정신교육의 일환으로 기능하게 한다. 武道교육 필수화 정책의 배경은 전통과 문화에 대한 바람직한 인식, 체력향상, 인성교육 등을 위해서라고 했다. 그러나 결과적으로 볼 때 교육 목표와는 다른 내용으로 시행되고 있음을 알 수 있었다. 따라서 일본 국민을 무사도 정신으로 무장하여 전범자가 된 역사적 사실에 근거하여 武道교육 필수화 정책을 우려하고 반대했던 문제점만을 고스란히 남기고 있다.

제6장에서는 제3장과 제4장 그리고 제5장의 검토 결과를 바탕으로 일본 교육에 나타난 公·私의 이데올로기성을 알아보았다. 그리고 제2장의 검토 결과를 바탕으로 일본의 전통적 公·私관과 현재 교육에 내포된 公·私관이 밀접한 연관성이 있다는 것을 밝혔다.

이데올로기는 대체로 '허위의식'과 동일시되고 있으며 허위의식을 주입시키는 방법으로는 '문화적 헤게모니'를 이용한다. 그리고 '아비투스'가 형성되어 교육을 통한 문화적 재생산이 반복된다.

허위의식은 어떠한 상황이나 논리가 합리적인 것으로 인식하도록 하기 위해 '작위성'을 수반한다. 시민사회적 '公'으로서의 公共性이 아닌 국가에 대한 애국심을 의미하는 '公'과, '개인'이 아닌 '世人'을 의미하는 교육이념은 마치 '公'과 '私'를 둘러싼 교육이 균형 있는 구조를 갖추고 있는 것처럼 인식하도록 한다. 그러나 公·私는 수사적 기능을 이용하여 합리적으로 치장한 용어에 지나지 않으며 이러한 작위성은 公·私가 이데올로기적 기능을 하도록 한다.

문화적 헤게모니는 이데올로기가 강압과 강요가 아닌 것처럼 인

식하게 하여 대중의 긍정적 동의를 이끌어내는 것이라고 했다. 公·
私 이데올로기는 '公(국가)'과 상반된 '私(개인)'를 나란히 양립시킴으
로서 상호 보완성이라는 명분으로 교육이념의 국가주의적 성향에 대
한 저항을 무마시킨다. 이렇게 양립성을 이용한 방법은 강압과 강요
라는 인식을 갖기 어렵게 할 수 있으며 이것이 자연스럽게 국민의 동
의로 연결되어 문화적 헤게모니를 달성한다.

아비투스는 집단 구성원의 공통적 성향 체계가 문화자본이 되어
각 개인에게 내면화되고 다음 세대에 전승되는 것을 가리킨다. 여기
에 일본의 公·私관을 적용시켜 보면 고대로부터 근대에 이르기까지
오랜 세월동안 중층구조적 형태를 지녀온 公·私관은 일본인의 공통
적 성향 체계로 자리 잡으며 하나의 문화자본이 되었다. 이렇게 형성
된 문화자본은 생활 속에서 자연스럽게 일본이라는 집단의 구성원 각
각에 내면화되고 전승되어 현재의 교육이념에도 나타나는 것이라고
할 수 있다.

# 향후 과제

**▌ 共生을 위한 公共性 추구**

일본이 현대에 이르러 전전의 전체주의·군국주의·국가주의 등으로 표현된 국가 이념을 전면 수정하여 민주적 이념 체제를 제도화 한 것은 일본인 스스로의 자발적인 것이었든지 아니면 외부(GHQ)로 부터의 강압적인 것이었든지 어쨌든 기존의 사고 체계 틀을 새롭게 만들어 보겠다는 의지를 보인 것이다. 그러나 이러한 과정이 있었음에도 불구하고 전후 일본 정부는 민주적 이념을 기반으로 한 公·私관보다는 전통적인 중층구조적 형태의 公·私관을 계속적으로 유지하려하고 있다. 이로 인해 公·私는 하나의 이데올로기가 되었고 이를 교육하고 있다. 일본인들은 이에 대해 아직 그다지 명확한 거부감을 드러내지 않는다. 이러한 경향으로 볼 때 결과적으로 일본의 주도세력 뿐만 아니라 일반 국민들의 무의식적 사고 체계에도 중층구조적 형태의 公·私관이 하나의 문화자본으로 내면화된 것으로 보인다.

21세기는 共生을 위한 公共性 형성이 절실히 요구되는 시대이다. 여기에서의 公共性은 시민사회적 '公'으로서의 公共性을 말하는 것이다. 그러나 이 책에서 밝힌바와 같이 일본 교육에서 의미하는 公共性은 국가의식과 애국심을 강조하기 위한 것이었다. 청소년비행 문제의 해결을 비롯하여 민주적 교육을 목표로 한다면 애국심을 법제화하여 강화시킬 것이 아니라 바람직한 公共性의 개념을 가르치고 이를 실천할 수 있도록 이끌어가는 것이 범세계적 共生의 시대정신에 부합하는 것이라고 할 수 있을 것이다.

## ▎일본 연구

지금까지 연구를 진행하면서 얻어진 성과와 향후의 연구를 통해 보완해야 할 내용을 정리하면 다음과 같다.

첫째, 일본 및 일본인에 관한 연구는 대부분 바라보는 시각에 따라 상반된 또는 각양각색의 견해를 나타낸다. 그러나 그 내면을 들여다보면 겉으로 드러나지 않은 일관성과 고유성이 내재되어 있는 것을 발견할 수 있다. 그 중 하나가 이 책을 통해 알아본 公·私관에 대한 역사와 현재의 연관성일 것이다. 현재는 역사의 총체라고 하듯이 현재 현상의 심층에 내재되어 있는 것이 무엇인가를 발견해내는 것은 그 사회의 성향을 규정하는 하나의 방법이 될 것이다. 즉 외관으로 드러나 보이는 일본 발견에 머무를 것이 아니라 일본의 내면을 발견하는 일에 좀 더 노력을 기울여야 할 것이다.

둘째, 한 사회가 가치를 부여하고 지향하는 것은 그 사회의 대중 교육 즉 학교 교육에 집약되어 나타난다. 따라서 일본 사회를 파악하기 위한 하나의 방법으로 학교 교육에 관한 고찰은 유용하다고 할 수 있다. 그러나 한국에서의 일본 연구는 교육행정이나 교육제도 등에 관한 내용에 그치고 있으며 교육학 분야에서도 교육 방법에 관한 내용을 부분적으로만 다루고 있는 것이 현 실정이다. 이러한 점을 고려해 본다면 향후 일본 교육에 대한 연구는 일본 및 일본인의 정체성을 조명하는 방법으로 적극 활용할 필요가 있다고 생각한다.

셋째, 이 연구를 통해 한국 사회에 바라는 바는 일본의 교육이 안고 있는 문제점에 주목해 주었으면 하는 것이다. 특히 청소년범죄의 질적 변화, 등교 거부, 이지메, 은둔형 외톨이와 같은 현상은 점차 심각성을 더해 가고 있으며 이러한 문제의 해결을 교육에서 찾으려는 경향을 보이고 있는 만큼 교육의 문제점 파악은 중요하다. 한국에서도 최근 은둔형 외톨이의 등장이나 청소년 범죄가 점차적으로 일본의 경향을 뒤이어가는 현상으로 나타난다. 이러한 점을 고려하면 이러한 연구가 한국의 교육 문제나 청소년 문제에 시사하는 바가 적지 않을 것이라고 생각한다.

## ※ 참고문헌

### ■ 단행본
### <일문>

青木保,『「日本文化論」の変容－戦後日本の文化とアイデンティティー』, 中央公論社, 1990.

阿部謹也,『「世間」とは何か』, 講談社, 1995.

_____,『日本人の歴史意識－「世間」という視角から』, 岩波書店, 2004.

荒木紀幸,『道徳授業改革－コールバーグ理論からの提案－』, 明治図書, 1990.

石井進 編,『日本思想大系21中世政治社会思想』(上・下),「解説」, 永川書房, 1986.

宇佐美寛,『「道徳」授業批判』, 明治図書, 1982.

碓井敏正 編,『教育基本法「改正」批判―21世紀における教育理念の創造』, 文理閣, 2003.

奥野信宏,『公共の役割は何か』, 岩波書店, 2006.

尾崎ムゲン,『日本の教育改革－産業化社会を育てた一三〇年－』, 中公新書, 1999.

押谷由夫,『小学校道徳 基礎・基本と学習指導の実際』, 東洋館出版者, 2002.

押谷由夫 外,『世界の道徳教育』, 玉川大学出版部, 2002.

片岡竜・金泰昌 編,『公共する人間1』, 東京大学出版会, 2010.

柿沼昌芳・永野恒雄 編,『教育基本法と教育委員会』, 批評社, 2003.

加藤寛 外,『立国は私なり、公にあらず－日本再生への提言』, 第一法規株, 2005.

勝部真長 外,『道徳教育の歴史－修身科から「道徳」へ』, 玉川大学出版部, 1984.

桂木隆夫,『公共哲学とはなんだろう』, 勁草書房, 2005.

門脇禎二 編,『日本民衆の歴史－全10巻－』, 三星堂, 1974.

門脇厚司,『学校の社会力』, 朝日新聞社, 2002.

苅谷剛彦, 『教育改革の幻想』, ちくま新書, 2003.

苅谷剛彦・浜名陽子・木村涼子・酒井朗, 『教育の社会学』, 有斐閣アルマ, 2002.

河合隼雄 編, 『「個人」の探求－日本文化のなかで』, NHK出版, 2003.

窪田祥宏 編, 『道徳教育』, 啓明出版, 2003.

小谷野敦, 『すばらしき愚民社会』, 新潮社, 2004.

甲野善紀・内田樹, 『身体を通して時代を読む―武術的立場』, 文芸春秋, 2010.

倉光修 編, 『学校臨床心理学』, 誠信書房, 2004.

レイモンド・ゴイス 著 山岡竜一 訳, 『公と私の系譜学』, 岩波書店, 2004.

作田啓一, 『個人』, 三省堂, 1996.

佐々木毅・金泰昌 編, 『公共哲学 1 公と私の思想史』, 東京大学出版会, 2001.

＿＿＿＿＿＿＿＿, 『公共哲学 2 公と私の社会科学』, 東京大学出版会, 2002.

＿＿＿＿＿＿＿＿, 『公共哲学 3 日本における公と私』, 東京大学出版会, 2002.

＿＿＿＿＿＿＿＿, 『公共哲学 4 欧米における公と私』, 東京大学出版会, 2002.

＿＿＿＿＿＿＿＿, 『公共哲学 5 国家と人間と公共性』, 東京大学出版会, 2002.

＿＿＿＿＿＿＿＿, 『公共哲学 6 経済からみた公私問題』, 東京大学出版会, 2002.

＿＿＿＿＿＿＿＿, 『公共哲学 7 中間集団が開く公共性』, 東京大学出版会, 2002.

＿＿＿＿＿＿＿＿, 『公共哲学 8 科学技術と公共性』, 東京大学出版会, 2002.

＿＿＿＿＿＿＿＿, 『公共哲学 9 地球環境と公共性』, 東京大学出版会, 2002.

＿＿＿＿＿＿＿＿, 『公共哲学 10 21世紀公共哲学の地平』, 東京大学出版会, 2002.

西尾勝・小林正弥・金泰昌 編, 『公共哲学 11 自治から考える公共性』, 東京大学出版会, 2004.

長谷部恭男・金泰昌 編, 『公共哲学 12 法律から考える公共性』, 東京大学出版会, 2004.

今田高俊・金泰昌 編, 『公共哲学 13 都市から考える公共性』, 東京大学出版会, 2004.

小林良彰・金泰昌 編,『公共哲学 14 リーダーシップから考える公共性』, 東京大学出版会, 2004.

宮本久雄・金泰昌 編,『公共哲学 15 文化と芸能から考える公共性』, 東京大学出版会, 2004.

稲垣久和・金泰昌 編,『公共哲学 16 宗教から考える公共性』, 東京大学出版会, 2006.

平石直昭・金泰昌 編,『公共哲学 17 知識人から考える公共性』, 東京大学出版会, 2006.

山脇直司・金泰昌 編,『公共哲学 18 組織・経営から考える公共性』, 東京大学出版会, 2006.

市野川容孝・金泰昌 編,『公共哲学 19 健康・医療から考える公共性』, 東京大学出版会, 2006.

鈴村興太郎 外 編,『公共哲学 20 世代間関係から考える公共性』, 東京大学出版会, 2006.

佐藤進一 編,『中世法制史料集』全6巻, 岩波書店, 2005.

斎藤純一,『公共性』, 岩波書店, 2000.

芹沢俊介,『子どもたちはなぜ暴力に走るのか』, 岩波書店, 1998.

鈴木英一,『日本占領と教育改革』, 勁草書房, 1983.

杉本良夫・ ロス-マオア,『日本人論の方程式』, 筑摩書房, 1994.

高田利武,『「日本人らしさ」の発達社会心理学』, ナカニシヤ, 2004.

高山次嘉,『社会科教育の回生』, 教育出版, 1996.

辻本雅史・沖田行司 編,『新体系日本史16－教育社会史』, 山川出版社, 2002.

中嶋充洋,『ボランティア論―共生の社会づくりをめざして―』, 中央法規, 1999.

中野光 外 編,『史料 道徳教育』, 総合労働研究所, 1982.

中村雄二郎・上野千鶴子,『日本社会－21世紀へのキーワード――インターネット哲学アゴラ』, 岩波書店, 1999.

西川長夫，『地球時代の民族＝文化理論－脱「国民文化」のために』，新曜社，1995.

橋川文三 編，『近代日本政治思想史』，有斐閣，1971.

浜口恵俊，『「日本らしさ」の再発見』，日本経済新聞社，1977.

＿＿＿＿＿＿，『間人主義社会日本』，東洋経済新報社，1982.

林雄二郎，「日本の原価値観とフィランソロピー」，『日本社会における公と私』，アステイ
　　　　　オン，1997.

原尻英樹，『しなやかな子どもの心身を求めて－義務教育化された武道教育』，勉誠出
　　　　　版，2012.

原清治・山内乾史・杉本均 編，『教育の比較社会学』，学文社，2004.

藤田英典，『教育改革－共生時代の学校づくり－』，岩波新書，2003.

船山謙次，『前後日本教育論争史』，東洋館出版社，1979.

福田和也，『日本及び日本人の復活』，三笠書房，2002.

古川哲史 編，『日本道徳教育史』，有信堂，1975.

堀尾輝久，『教育－勅語基本法期待される人間像』，1967.

本村清人編，『新しい柔道の授業づくり』，大修館書店，2011.

前野徹，『亡国日本への怒りの直言』，PHP研究所，2004.

益子英雅，『イデオロギーとしての「日本」-「国語」「日本史」の知識社会学』，三元，2003.

松本健一，『日・中・韓のナショナリズム』，第三文明社，2006.

溝口雄三，『一語の辞典 公私』，三省堂，1996.

＿＿＿＿＿＿，『中国の公と私』，研文出版，1995.

宮台真司 編，『教育'真'論』，ウェイツ，2004.

宮原誠一 編，『資料日本現代教育史1』，三省堂，1979.

村田孝次，『児童心理学入門』，培風館，1997.

森田尚人 編，『教育と政治－戦後教育史を読みなおす』，勁草書房，2003.

吉田孝，「律令国家と公地公民」，『律令国家と古代の社会』，岩波書店，1983.

山口定 編，『新しい公共性』，有斐閣，2003.

山田昌弘, 『希望格差社会 -「負け組」の絶望感が日本を引き裂く』, 筑摩書房, 2004.

山脇直司, 『公共哲学とは何か』, 筑摩書房, 2004.

寄田啓夫・山中芳和 編, 『日本の教育の歴史と思想』, ミネルヴァ書房, 2002.

渡辺治 編, 『現代日本社会論 - 戦後史から現在を読む30章』, 労働旬報社, 1996.

渡邉達生 編, 『子どもの豊かさに培う共生・共創の学び』, 東洋館出版社, 2004.


## <국문>

고영복 편, 『사상사 개설』, 사회문화연구소, 1992.

고전, 『日本教育改革黒・白書』, 학지사, 2003.

고형일 외, 『新教育社会学』, 학지사, 1998.

권용혁 외, 『한중일 시민사회를 말한다』, 이학사, 2006.

권혁태 외, 『아시아의 시민사회 -개념과 역사』, 아르케, 2003.

김신일, 『교육사회학』, 교육과학사, 1997.

김양희 외, 『일본 우익사상의 기저 연구』, 보고사, 2007.

김재춘 외, 『교육과정과 교육평가』, 교육과학사, 2002.

김천기, 『교육의 사회학적 이해』, 학지사, 2003.

김태훈, 『도덕성 발달이론과 교육』, 인간사랑, 2004.

김필동, 『근대 일본의 민중운동과 사상』, 제이앤씨, 2005.

남궁달화, 『콜버그의 도덕교육론』, 한국학술정보, 2002.

_____, 『도덕교육론』, 철학과현실사, 1999.

박아청, 『Erikson 아이덴티티론』, 교육과학사, 1998.

박용구, 『글로벌시대의 일본문화론』, 보고사, 2001.

박재주, 『서양의 도덕교육 사상 -소크라테스에서 레비나스까지-』, 청계출판사, 2003.

박진우, 『근대일본형성기의 국가와 민중 -근대천황상의 형성과 민중-』, 제이앤씨, 2004.

박진우 편, 『21세기 천황제와 일본 – 일본 지식인과의 대담』, 논형, 2006.

배한동, 『민주시민교육론』, 경북대학교출판부, 2006.

이광형 외, 『일본 교육정보』, 주일 대한민국 대사관 교육관실, 2002.

이남주, 『중국 시민사회의 형성과 특징』, 폴리테이아, 2007.

이시재, 『현대일본(사회학으로 풀어본)』, 일조각, 2005.

이종각, 『새로운 교육사회학총론』, 동문사, 2004.

전득주 외, 『현대민주시민교육론』, 평민사, 1992.

정재정, 『일본의 논리』, 현음사, 1998.

조한상, 『공공성이란 무엇인가』, 책세상, 2009.

최경숙, 『발달심리학 -아동・청소년기-』, 교문사, 2000.

최옥채 외, 『인간행동과 사회환경』, 양서원, 2004.

한국국민윤리학회 편, 『현대사회와 윤리』, 형설출판사, 2004.

한국산업사회학회 편, 『사회학』, 한울아카데미, 1998.

한영혜, 『일본의 지역사회와 시민운동』, 한울, 2004.

한준상, 『교육사회학이론과 연구방법론』, 한국학술정보, 2003.

홍현길, 『일본의 도덕과 도덕교육』, 보고사, 2001.

'교과서에 진실과 자유를' 연락회 공저, 김석근 역, 『철저비판 -일본 우익의 역
        사관과 이데올로기-』, 바다출판사, 2001.


### <국문번역>

고케츠 아츠시 저, 박현주 역, 『부활하는 일본의 군국주의』, 제이앤씨, 2007.

드 배리 저, 표정훈 역, 『중국의 '자유' 전통』, 이산, 1998.

루이 알튀세르 저, 이진수 역, 『레닌과 철학』, 백의, 1991.

마이클 애플 저, 김미숙 외 역, 『문화 정치학과 교육』, 우리교육, 2004.

마이클 애플 저, 박부권 외 역, 『학교지식의 정치학』, 우리교육, 2002.

마이클 애플 저, 박부권 역, 『교육과 이데올로기』, 한길사, 1985.

부르되 저, 정일준 역, 『상징폭력과 문화재생산』, 새물결, 1995.

사토 요시유키 저, 송원석 역, 『NPO와 시민사회』, 아르케, 2004.

야스마루 요시오 저, 박진우 역, 『현대일본사상론-역사의식과 이데올로기』, 논형, 2006.

애니타 울포크 저, 김아영 외 역, 『교육심리학』, 학문사, 2001.

오가타 히로야스 편, 辛容局 역, 『日本教育史』, 教育出版社, 1993.

위르겐 하버마스 저, 한승완 역, 『공론장의 구조변동』, 나남 출판사, 2004.

이에나가 사부로 저, 세키네 히데유키·윤종갑 역, 『일본도덕사상사』, 예문서원, 2005.

조나단 터너 저, 정태환 외 역, 『현대 사회학 이론』, 나남, 2001.

캘빈 홀 저, 안귀여루 역, 『프로이드 심리학 입문』, 범우사, 1999.

케빈 해리스 저, 들불편집부 역, 『교사와 계급』, 들불, 1989.

클로드 모세 저, 김덕희 역, 『고대그리스의 시민』, 東文選, 2002.

하가 토루 저, 손순옥 역, 『명치유신과 일본인』, 도서출판 예하, 1989.

한나 아렌트 저, 이진우·태정호 역, 『인간의 조건』, 한길사, 2003.

후쿠자와 유키치 저, 정명환 옮김, 『文明論의 概略』, 弘盛社, 1986.


**<영문>**

Anderson, D. *From antiquity to feudalism.* London: NLB, 1974.

Anthony Giddens, *Sociology*, London: Polity Press, 1997.

Apple, Michael W. *Ideology and curriculum.* London: Routledgze & Kegan Paul, 1979.

Apple, Michael W.(ed), *Cultural and Economic Reproduction in Education*, Routledge and Kegan Paul, 1982.

Apple, Michael W. *Education and Power*, London : Routledge and Kegan Paul, 1982.

Apple, Michael W & Weins, L. (eds.), *Ideology and Prachice in schooling.* Philadelphia: Temple University Press, 1983.

Bendix, Reinhart, Nation-Building and Citizenship, Wiely, 1964.

Bernstein, Basil, *Class, Codes and Control, Vol, 3, Toward a Theory of Educational Transmissions,* 2nd edition, Routledge and Kegan Paul, 1977.

_____, *The Structuring of Pedagogic Kiscourse : Class, Codes and Control, Vol, IV,* Routledge, 1990.

_____, *Class, Codes and Control, Vol.* 1, London : RKP 1973a.

_____, *Class, Codes and Control, Vol.* 2, *Applied Studies Towards a Sociology of Language,* London : Routledge and Kegan Paul, 1973b.

Bourdieu, Pierre and Jean-Claude Passeron, *Reproduction in Educational Society and Culture,* Sage Publication, 1977.

Collins, Randall, *The Credential Society : A Historical Sociology of Education and Stratification,* Academic, 1979.

Durkheim, Emile, *The Division of Labor in Society,* The Free Press, 1933.

_____, *Education et Sociologie.* Paris : Alcan, 192. Education and Sociology, Glencoe, III : Free Press, 1956.

_____, *L'Education moral.* Paris : Alcan, 1925. *Moral Education* Glencoe, III : Free Press, 1961.

_____, *The Evolution of Education Thought,* Routledge and Kehan Paul, 1978.

Erikson, H. H, *Childhood and Society.* New York: Norton, 1950.

_____, "Identity and life cycle", *Psychological Issues,* No. 1, New York: International University Press, 1959.

_____, *Young Man Luther: A Study in Psychoanalysis and History,* New York: Norton, 1962.

_____(ed.), *Youth: Change and Challenge*. New York: Basic Books, 1963.

_____, *Identity: Youth and crisis*. New York: Norton, 1968.

_____, *Dimensions of a new identity*. New York: Norton, 1974.

Evans. R. I.(ed.), *Dialogue with E.H. Erikson*. New York: Harper and Row, 1981.

Habermas, Jurgen, *The Sturctural tuansformation of the public spbere*, Cambridge, Polity press, 1996.

Huelle. L.A. & Ziegler. D.J. *Personality Theories*. New York: McGraw-Hill, 1983.

Karabel, Jerome and A. H. Halsey(ed.), *Power and Ideology in Education*, Oxford University Press, 1977.

Krippendorf, K, *Content analysis*. Beverly Hills, CA: Sage, 1980.

Neuman. B.M. and Newman. P.R. *Development through Life: A Psychological Approach*. Illinois: The Dorsey Press, 1975.

Turner, Jonathan H., *The Structure of Sociological Theory*, Dorsey Press, 1974.

Weintraub, Jeff and Kumar, Krishan(ed.), *Public and private in thought and Practice-Perspectives on a grand Dichotomy*, The University of Chicago Press, Chicago, 1997.

■ 논문

<일문>

青木新, 「日本の学校教育における武道教育の変遷と問題点」, 『早稲田大学教育学会紀要』第12号, 2010.

石坂友司, 「中学校保健体育における武道必修化の影響と授業展開に関する一考察」, 『関東学園大学紀要』第21, 関東学園大学, 2013.

右島洋介, 「戦前の修身科と道徳の時間の異同」, 『現代教育科学』 No.307, 1982.

沖田行司, 「井上哲次郎の国民道徳と世界道徳」, 『日本教育史論叢』, 思文閣出版, 1988.

大橋則子, 「中学校における武道教育の方向性を探る―武道の特性を生かす剣道授業について―」, 『教育学研究科論文集』, 滋賀大学大学院, 第17号, 2014.

押谷由夫, 「道徳教育を中核に21世紀の学校を創る」, 全国連合小学校長会, 『小学校時報』, 第一公報社, 2002.

_____, 「'道徳の時間'特設批判論の再検討(上)」, 昭和女子大学初等教育学科紀要 (『学苑』No.743), 昭和女子大学近代文化研究所, 2002.

金子真理子, 「90年代の学校社会学の展開―選抜学校内過程社会変動」, 『社会科学研究』 第53巻 第1号, 2002.

小森富士登, 「中学校武道授業の調査・研究」, 『武徳紀要』, 国士舘大学, 第29号, 2013.

橋爪大三朗, 「愛国心の根拠は何か」, 『論座』 100号, 2003.9.

洪顕吉, 「韓国の道徳教育と日本の道徳教育に関する比較考察」, 『教育と教育思想』, 日本筑波大学大学院教育思想研究会, 1997.

水林彪, 「わが国における「公私」観念の歴史的展開」, 『歴史と方法1日本史における公と私』, 青木書店, 1996.

根上優, 「武道の必修化に寄せて」, 『体育・スポーツ教育研究』, 九州地区学体育連合, 2010.

渡辺治, 「いまなぜ教育基本法改正か」, ポリティーク 第五号, 2002.12.

_____, 「日本思想史的脈絡から見た公私問題」, 『比較思想史的脈絡から見た公私問題』, 将来世代国際財団, 1998.

元嶋菜美香・坂入洋右, 「学校体育における武道関連ライフスキル尺度の作成と妥当性及び信頼性の検討」, 『長崎国際大学論叢』, 長崎国際大学, 第14巻, 2014.


**<국문>**

権五鉉, 「일본중학교 사회과 학습지도요령과 후소샤(扶桑社)판 공민교과서의

　　분석: 국가주의적 교육의 강화를 중심으로」, 『歷史敎育論集』 제27권, 歷史敎育学会, 2001.

권향숙, 「주희(朱熹)의 公과 私」, 『철학논구』 30권, 서울대학교 철학과, 2002.

김경수, 「마르크스와 공공성의 논리」, 『시대와 철학』, 한국철학사상연구회, 2003.

_____, 「현대마르크스주의에서의 공공성의 논리」, 『시대와 철학』, 한국철학사상연구회, 2004.

김경옥, 「전후 일본 교육에서의 '公'의 이데올로기성 -초 · 중학교 도덕교육을 중심으로-」, 『日語日文学研究』, 韓国日語日文学会, 第62輯 2巻, 2007.

_____, 「전후 일본 소 · 중학교 도덕교육에서의 '개인존중' 의미 고찰 -발달심리학 관점으로-」, 『日語日文学研究』, 韓国日語日文学会, 第66輯 2巻, 2008.

김철중, 「맥킨타이어(A. MacIntyre)의 덕론에 기초한 도덕교육론 연구」, 한양대학교 교육학 박사학위논문, 2005.

남경희, 「일본의 학교 교육에서 시민교육의 추진 동향」, 『社会科教育』 제51권 2호, 韓国社会科教育研究学会, 2012.

문철수, 「교육칙어와 수신교육」, 『일본학보』 74집 2권, 한국일본학회, 2008.

민현정, 「일본 시민사회 성장과 공공성 재편 논의」, 『민주주의와 인권』 제9권 제2호, 전남대학교 5.18연구소, 2009.

閔賢貞, 「일본에 있어서의 공공성 재편 논의와 지역협동에 관한 연구」, 『지방정부연구』 제10권 제3호, 한국지방정부학회, 2006.

박영규, 「긍정적 자아개념 형성을 위한 대안학교 교육과정 개발」, 단국대 교육학과 박사학위논문, 2005.

박충석, 「유교에서의 공 · 사 관념과 현대한국사회」, 『퇴계와 함께 미래를 향해』, 안동대퇴계학연구소, 2001.

백운용, 「日本 保守政治勢力에 의한 象徴天皇制의 政治的 利用에 관한 研究」, 한국학 중앙연구원 한국학대학원 박사학위논문, 2005.

서기재・김순전, 「日本 메이지(明治)・다이쇼(大正)期의『修身』교과서 연구 -『균질 공간』과 어린이 수신교육-」, 『일본 학보』, 한국일본학회, 제56호 2권, 2003.

島淳子, 「韓国과 日本에서의 相対国 教育研究 分析」, 서울대학교 교육학 박사학위논문, 1998.

関根英行, 「일본의 도덕교육」, 『세계의 도덕 윤리교육』, 교육과학사, 1998.

関根英行, 「韓・日 中等学校 道徳・倫理(科) 教育課程 比較研究」, 서울대학교 국민윤리교육과 석사학위논문, 1993.

손용택, 「일본교과서에서 본 우경화문제」, 『白山学報』 제69호, 白山学会, 2004.

柳生真, 「'公共哲学'의 올바른 이해를 위한 試論」, 『윤리교육연구』 제25권, 한국윤리교육학회, 2011.

윤정일 외, 「한・중・일 교육의식구조 비교연구」, 서울대학교 사범대학 교육연구소, 1999.

이경호, 「일본사회의 국제화와 사회통합을 위한 학교교육의 대응 -일본 고등학교 사회과 교과서에 나타난 외국인 노동자관을 중심으로-」, 서울대학교 사회교육과 박사학위논문, 2000.

이규수, 「일본의 공민교과서 왜곡 구도와 우경화 : '종축(縱軸)의 철학'론 비판」, 『지역과 역사』 제18호, 선인, 2006.

今村都南雄, 「公共性の再定義とガバナンス論-日本における状況を中心に」, 『공공사회연구』 제2권 1호 통권3호, 한국공공사회학회, 2012.

이은선, 「한나 아렌트의 '인간의 조건'과 '공공성'에로의 교육」, 『교육철학』, 교육철학, 2003.

이은진, 「Kohlberg의 도덕성 발달이론의 교실에의 적용」, 『학생생활연구』 v.7, 한국외국어대학교, 2004.

이종은, 「일본에서의 개인Ⅰ」, 『사회과학연구 제13집』, 국민대출판부, 2000.

_____, 「일본에서의 개인Ⅱ」, 『사회과학연구 제14집』, 국민대출판부, 2001.

_____, 「일본에서의 개인III」, 『사회과학연구 제15집』, 국민대출판부, 2002.

임성모, 「국기·국가법 제정을 통해 본 일본의 내셔널리즘과 역사교육」, 『동아시아역사연구』 제6집, 동아시아역사연구회, 1999.

임의영, 「공공성의 개념, 위기, 활성화 조건」, 『정부학연구』 제9권 제1호, 고려대학교 정부학연구소, 2003.

정태준, 「日帝強占期 朝鮮의 天皇制思想教育研究」, 경상대학교 일본학과 박사학위논문, 2005.

최석만, 「공公과 사私」, 『동양사회사상』 제5집, 동양사회사상학회, 2002.

崔成坤·朴南煥, 「日本学校武道教育の変遷に関する研究」, 『日本語文学』, 日本語文学会, 2003.

한규석, 「한국인의 공과 사의 영역: 공정과 인정의 갈등」, 『한국심리학회지』 제6집 2권, 한국심리학회, 2000.

한영혜, 「일본의 내셔널 아이덴티티와 전후 민주주의의 이중성」, 『역사비평』, 역사문제연구소, 1998.

황혜숙, 「日本社会科教育의 理念変遷研究」, 한국교원대학교 박사학위논문, 2000.

홍현길, 「한일 초·중학교 도덕과 신교육과정의 비교」, 『한국일본교육학연구』, 한국일본교육학회, 2000.

_____, 「한국과 일본의 초·중학교 도덕교육에 관한 고찰」, 『일본 학보』, 한국일본학회, 1997.

## <영문>

Anderson, C. Arnold, "A Skeptical Note on Education and Mobility," *American Journal of Sociology*, Vol, 66, No. 1, May 1961. Halsey, Flound, and Anderson, 1961.

Apple, Michael W. "The new sociology of education: Analyzing cultural and economic reproduction.", *Harvard Educational Review*, 1978.

Bernstein, Basil, "On the Classification and Framing of Educational Knowledge", M.F.D. Young(ed.), *Knowledge and Control*, London : Collier Macmillan, 1971.

_____, "Social Class, Language and Socialization", J. Karabel and A.H. Halsey(ed.), *Power and Ideology in Education*, Oxford University Press, 1977a.

_____, "Code Modalities and the Process of Cultural Repreduction", M.Apple(ed.), *Cultural and Economic Reproducton in Education*, London : RKP, 1982.

_____, "Class and Pedagoies : Visible and Invisible", Karebel and Halsey, Power and Ideology in Education, Oxford University Press, 1977.

Bourdieu, Pierre, "Cultural Repreduction and Social Repreduction", in Richanrd Brown.(ed), *Knowledge, Education, and Cultural Change*, 1973.

_____, "Systems of Education and Systems of Thought", in Michael Young(ed.), *Knowledge and Control*, 1971.

_____, "The School as a conservative force : Scholastic and Cultural inequalities,"("L'ecole Conservtice," *Revue francaise de Sociologie*, 7, 1966) John Eggleston (ed.), *Contemporary Research in the Sociology of Education*, London : Methuen, 1974.

Clifford geertz, "Ideology as a Cultural System" *Ideology and Disconteent*, David Apter, ed. New York: Free Press, 1964.

Collins, Randall, "Functional and Conflict Theories of Educational Stratification", *American Sociological Review*, Vol, 36, December, 1971.

_____, "Some Comparative Principles of Educational Stratification", *Harvard Educational Review*, Vol, 47, No.1, 1977.

Karabel, Jerome and A. H. Halsey, "Introduction", *Power and Ideology in Education*, NY: Oxford University Press, 1977.

Ramirez, F. O. and R. Rubinson, "The Political Incorporation and Expansion of Public Education," Meyer and Hannan, National Development and the Oorld System, University of Chicago Press, 1979.

Shapiro, S., "Education and the State in Capitalist Society : Aspects of the Sociology of Nicos Poulantzas", Harvard Educational Review, Vol 50., No. 3, 1980.

Wallace, A.F.C., "Revitalization Movement", *American Antropologist*, Vol. 58, 1956.

Young, Michael F. D. "An Approach to the Study of Curricula as Socially Organized Knowledge", Young(ed.), *Knowledge and Control*, 1971.

■ 기타자료

文部省, 『学習指導要領 一般編』, 1947.

_____, 『学習指導要領 改正 一般編』, 1951.

_____, 『小・中学校学習指導要領 社会科編』, 1955.

_____, 『小・中学校学習指導要領 社会科編』, 1956.

_____, 『小・中学校学習指導要領 道徳編』, 1958.

_____, 『小・中学校学習指導要領 道徳編』, 1968.

_____, 『小・中学校学習指導要領 道徳編』, 1978.

_____, 『小・中学校学習指導要領 道徳編』, 1991.

_____, 『小・中学校学習指導要領 解説 総則編』, 1997.

_____, 『小・中学校学習指導要領 解説 道徳編』, 1998.

_____, 『中学校学習指導要領 解説 社会編』, 1998.

_____, 『中学校学習指導要領 解説 特別活動編』, 1998.

_____, 『小学校学習指導要領 解説 社会編』, 1999.

_____, 『小学校学習指導要領 解説 生活編』, 1999.

_____, 『民主主義 上』, 1948.

_____, 『民主主義 下』, 1949.

_____, 『小学校 読み物資料とその利用－「主として自分自身に関すること」』, 1991.

_____, 『小学校 読み物資料とその利用－「主として他の人とのかかわりに関すること」』, 1992.

_____, 『小学校 真理や学ぶことを愛する心を育てる』, 1995.

_____, 『小学校 文化や伝統を大切にする心を育てる』, 1999.

_____, 『中学校 読み物資料とその利用－「主として他の人とのかかわりに関すること」』, 1992.

_____, 『中学校 読み物資料とその利用－「主として自然や崇高なものとのかかわりに関すること」, 1993.

_____, 『中学校 読み物資料とその利用－「主として集団や社会とのかかわりに関すること」』1994.

_____, 『中学校 真理や学ぶことを愛する心を育てる』, 1995.

_____, 『中学校 社会のルールを大切にする心を育てる』, 1997.

文部科学省, 『小・中学校学習指導要領 改正 解説 総則編』, 2003.

_____, 『小・中学校学習指導要領 解説 総則編』, 2004

_____, 『小学校学習指導要領解説 道徳編』, 2004.

_____, 『中学校学習指導要領解説 道徳編』, 2003.

_____, 『高等校学習指導要領解説 一部補訂 公民編』, 2005.

_____, 『高等校学習指導要領解説 一部補訂 地理歴史編』, 2005.

_____, 『高等校学習指導要領解説 総則編』, 2011.

_____, 『高等校学習指導要領解説 公民編』, 2011.

_____, 『こころのノート 小学校1・2年』, 2002.

_____, 『心のノート 小学校3・4年』, 2002.

_____, 『心のノート 小学校5・6年』, 2002.

_____, 『心のノート　中学校』, 2002.

_____, 『中学校学習指導要領解説保健体育編』, 2008.

_____, 『中学校学習指導要領』, 2010.

『青少年白書』, 内閣府, 2004.

『教育白書』, 文部科学省, 2006.

『犯罪白書』, 法務省, 2006.


■ 인터넷 홈페이지

1. 21世紀教育新生プラン, http://www.mext.go.jp/a_menu/shougai/21plan/main
   _b2.htm

2. 文部科学省, http://www.mext.go.jp

3. 中央教育審議会, http://www.mext.go.jp/b_menu/shingi/index.htm

4. 新学習指導要領, http://www.mext.go.jp/a_menu/shotou/youryou/index.htm

5. 교육인적자원부, http://www.moe.go.kr

6. 文部科学白書, http://wwwp.mext.go.jp/wp/jsp/search/IndexBodyFrame.

7. 国民教育文化総合研究所, http://www.jtu-net.or.jp/soken/index.html

8. 学習指導要領, http://wwwp.mext.go.jp:8080/es/Launcher

## 김 경 옥

| | |
|---|---|
| 학력 | 武蔵野女子大學 幼兒敎育科 卒業 |
| | 인간사회·문화 석사(武蔵野女子大學) |
| | 일본학 박사(한국외국어대학교) |
| 경력 | 숙명여자대학교 다문화통합연구소 책임연구원 역임 |
| | 한양여자대학교·카톨릭대학교 시간강사 역임 |
| | 현 한국외국어대학교에서 일본일본인·일본사회문화·동북아학 등 강의 |
| 저서 | 편저『일본 지역학 입문 1 - 문화·사회』(2011) |
| | 역저『우리들의 전쟁책임』(2013) |
| 논문 | 「韓国·日本の幼児に対するデス·エデュケーイション」, 「일본 현대 교육에 나타난 공공성」, 「일본의 시쓰케(躾)를 명분으로 한 아동학대에 관한 연구」외 다수 |

한국외국어대학교 일본연구소 총서 **10**

## 公·私관으로 본 일본 교육 이데올로기

| | |
|---|---|
| 초 판 인 쇄 | 2018년 12월 17일 |
| 초 판 발 행 | 2018년 12월 27일 |
| 저      자 | 김경옥 |
| 발 행 인 | 윤석현 |
| 발 행 처 | 제이앤씨 |
| 책 임 편 집 | 안지윤 |
| 등 록 번 호 | 제7-220호 |
| 우 편 주 소 | 서울시 도봉구 우이천로 353 성주빌딩 3층 |
| 대 표 전 화 | 02) 992-3253 |
| 전      송 | 02) 991-1285 |
| 홈 페 이 지 | http://jncbms.co.kr |
| 전 자 우 편 | jncbook@daum.net |

ⓒ 김경옥 2018 Printed in KOREA.

ISBN 979-11-5917-130-7  93300          정가 25,000원